一个经济人的文学观察

龚曙光——著

生活·讀書·新知三联书店

目　录

第一部分 对话

第二部分 评论

序

三十多年来，中国的经济以令人瞠目结舌的速度发展，伴随着这个领域的腾飞，涌现出一批传奇人物。在我的身边，看得见摸得着的人中，曙光应是其中一个。

认识曙光，缘于二十多年前，他的一篇题为《印象与随想》的年度文学作品述评。在那篇文章中，他用了较大篇幅谈到我在那一年出版的长篇历史小说《旷代逸才杨度》，并结合先前的《曾国藩》，发表一通他对历史小说写作的宏论。我在述评中读出他的博览、思考与文学追求，以及他那满溢个性的文字张力。

我那时虽然写了两部历史长篇，但一直与文学界无多少交往，先前并不知道龚曙光这个人，也没有读过他的评论文章。我叹息自己的孤陋寡闻：国有颜子而不识。后来我们终于有机会见了面。我还记得当时的他很年轻，精气神完足，话并不太多。

后来听说他下了海，再后来又听说他举旗创办《潇湘晨报》，最后又出掌湖南出版投资控股集团的帅印，于是自然也就接触多了。借助资本运作与高新技术的推进，湖南出版从大到强，从国内的巨头到世界前列，完成一个历史性的蜕变。在这场史无前例的变革中，曙光扮演着极其重要的角色。文人会写会说，而绝大部分不会做；曙光是会写会说又会做，甚至做的比写的说的要更好。

但他常常会有遗憾，遗憾未能坐在书房里安心读书写文章，做别人期许他的车尔尼雪夫斯基。他有一个很壮观的书房，朋友们送给他的签名书，被放在书架最显眼的地方。由此可以看出，名山事业的确在他心目中有着很高的位置。在一次闲聊中，我说，时下文化领域里，最需要的是一种新机制的建立与完善，从这方面来看，你对文学的贡献要远过于一个一般意义上的作家、评论家。中国读书人其实更看重经世致用，我的话并非泛泛宽慰，而是实情心声。我想他一定也是认可，并以此为欣慰的。

只是他的文化情怀太浓郁了，一边在全力推动中南传媒旗下各出版社一年数千种图书的出版，一边自己又在不断地著书立说。这也难怪他。但凡抱负很大的中国士人，几乎都有既立功又立言的情结：事业轰轰烈烈，文章走入人心。这些年里，他还在从事另一项文化工程，那就是常常与一些著名作家对话。这些对谈便是这本书的重头。

近年来，国内书业每逢重大活动，中南传媒便有一个节目，那就是董事长龚曙光与某一个作家的对话。这事若搁在别的董事长头上，那一定是为了吸引读者和媒体的注意，借此推介本集团或本公司的新书。曙光来做此事，不排除也有这种团队功利目的，但我知道，这里更多的是他个人的强烈意愿。

在这个瞬息万变的时代，当年的文学评论家有许多思考许多感慨，要与能心灵相通的作家倾诉畅谈；眼下的上市公司掌门人更有许多疑惑许多不解，要与有共同语言的智者探讨求索。我们看那些话题：近二十年中国经济发展对中国文学的影响，数字化时代的文化生态与精神重构，文化传播者的当代使命，文化人的宿命与抗争等，以及对话中常出现的彷徨、纠结、焦虑、孤愤等词语。这些思索不大可能聚集在商人与官员的脑袋里，它只能是文人的专利。

一边是思考有素的叩问，一边是才情充沛的议论。在熙熙攘攘的红尘，在长沙，在海口，在银川，在贵阳，在那一个特定的时刻，暂时安静下来，聆听几个文化人对历史的回眸与梳理，对眼下的反省与检索，虽没有当年“朱张会讲”的学理深沉、机锋交汇，却也不乏激情荡漾、火花闪烁。

叩问并非要得到准确的回答，时代的那些大问题也绝不是几个文人可以解决得了的，能让我们心中感受到文学的激情，眼前看到思想的火花，也就足够了。

承蒙曙光信任，要我为他的新书写几句话，我将这几天读书稿时的随想记录下来，以此表达我的祝贺。

唐浩明

丁酉孟夏于静远楼

自　序

1997年，我离开省文联到一家五星级酒店当老总，这事被好友张炜数落了好多年。他说我不仅叛离文学，而且糟践才华，很长一段时间不愿搭理我。

也正是这个时点，将我与文学的关系赫然划分为两个阶段：之前的十五年，我是一个职业的文学人，无论教书还是做研究，都是吃着文学的饭；之后的二十年，我在传媒、旅游、金融、地产多个行业挣饭吃，就是没再端文学的饭碗。

2011年，我侥幸被推选为"CCTV中国经济年度人物"。张炜听说后，打了个电话给我，说不务正业能弄成个人物，也算没有辜负文学。几日后，他应湖南省作协之邀来长沙讲学，我们得以重聚。

媒体得知我与张炜的友情，以及交往中的故事，觉得一个刚获"茅盾文学奖”的文学人物与一个经济人物，分别二十多年后聚首再谈文学，应该是件有趣的事。于是便有了那场关于近二十年中国经济发展对中国文学影响的对谈。这是一场没有任何准备的遭遇式对话，两人信马由缰，自说自话，倒也谈锋甚健。媒体将录音整理刊发，惹来不少关注和肯定。也许正是这种“鸡同鸭讲”的角色反差和视角错位，使这场对话从纯文学的视角中跨出来，获得了更开阔的社会视界，更多元的观察坐标。

次年的全国书市，我和秋雨在银川做了另一场对谈。此后每年一届的书市，我的对话成了中南传媒参展的固定节目。少功、残雪、跃文、阎真、修文等著名作家俯下身来，相继捧场，使这场几乎无法为继的对话接力得以延续。

书业的好些朋友，不断鼓动我将这些对话结集出版，甚至有人登门索稿。我把握不住这些鼓动中，究竟包含了多少鼓励的成分，所以一直没有动手。熬不过友人的一再怂恿，我抽了一个长假细读这些文字，阅读中，我慢慢认同了结集出版的提议。

就当下文坛而言，这些话题确有某种穿透性，切入的视角与解读的语码，也与时下流行的文学批评相去颇远。尤其是对谈中作家的不少观点，是在现场思想碰撞中激发的，并不见诸其他文本。作为一份文学史的特殊文本，确有某种独有性。一方面，在当今文坛约请这么多著名作家对谈，绝非一件易事。且不说作家们是否给你这份面子，就是要找到彼此感兴趣而且有话可说的话题，便足以让人绞尽脑汁；另一方面，对话是在一个文学人和一个经济人之间展开，围绕文学又不囿于文学，聚焦视点又不重叠视角，思想碰撞又不思维崩裂，话题要进得去出得来，更是一件难上加难的事。

于我而言，出版这些对话更重要的意义，还是纪念与这些作家的友情。他们中的好几位，都是我交往三十余年的老朋友。少功与残雪，我在读研究生时便撰文评论过，在他们当年蜗居的老房子里，不止一次激情澎湃地谈论文学，那时节，在我们眼中文学便是世界的轴心。至于张炜，1986年秋天我们在一场关于《古船》的研讨会上相识，之后彼此惦记了三十多年。跃文和阎真，与我栖居在同一座城里，不期而遇的相聚和始终如一的守望，让我们在不同的圈子里不舍不弃。与秋雨虽相识稍晚，然银川一席对谈，可谓一见如故。修文与我，似乎都具有楚人那种悲天悯人的生命体察，悲壮慷慨的审美情愫，相晤几次，即成忘年兄弟……

之所以在对话之外收入一些早年的评论，一是因为对话篇幅不够，二是希望构成某种文本对照，即文学人与经济人的话语对照，专业评论与非专业观察的视角对照。一个专业的评论家如何演变为一个非专业的观察者，一个非专业的观察者又如何与职业作家探讨专业话题，这中间的时代隔膜、角色反串和视角错位，或许正是这本集子耐人寻味的地方。

约请浩明先生为序，固然有景仰其文学及学术地位的因素，但更多的还是因为先生是我从文从商的见证人。不仅关于文学与学术我们曾多有交流，而且先生出任过中南传媒的董事，我的重大经济战略，他都亲与亲历。刘原和复生，最初是我为《潇湘晨报》延揽的人才，他们的才情与思想，曾为报纸添彩。两人虽性情不同、文风各异，但都是我内心偏好的一类。让他们来写“老板”，难免有强人溢美之嫌，好在二位都是讲品性、惜名头的人，不会为了给我“擦皮鞋”而委屈自己的文字。跋文固然是在写我，其实本质上他们还是写自己，写文学与文化在当下政治、经济、文化等多种利益、多种价值角逐中的艰难与蓬勃、束缚与疯长。在这一意义上，刘原和复生，既是在见证我的观察，也是在延伸我的观察……

曾想用“鸡同鸭讲”作为书名，以表达这种角色反串的错位感，并表达我对七位对话作家以及我在评论中论及的所有作家的尊重，最终编辑没有接受。大抵在他们心中，文学仍是一个被供奉的高贵而神圣的牌位，不可以鸡鸭这等俗物作喻。

其实，在我的心里，文学也依旧是高贵而神圣的，相距愈远，敬畏愈深。

龚曙光

2017 年 5 月 1 日于抱朴庐

第一部分

对话

2011 年 12 月 18 日，湖南长沙

对话张炜：近二十年中国经济发展对中国文学的影响

二十五年后。

两张在 1986 年的《古船》研讨会上开始惺惺相惜的年轻面孔，再一次因为文学生动坦诚。

2011 年 12 月 18 日，张炜、龚曙光，长沙倾谈。

这一年，当年的青年作家张炜，获得了对于他来说有些迟的“茅盾文学奖”。

这一年，当年的青年评论家龚曙光，则因为深耕出版和传媒获得 2011 年“CCTV 中国经济年度人物”奖。

这二十五年里，飞速的时代撞击着膨胀的人欲，迟疑的灵魂打量着令人眩晕的世界。

文学与世界，此岸与彼岸，永恒与刹那 —— 浓缩着彼此生命经验

的对谈，自此开始。

从文学能力上，应该说，现在的中国作家超过了 20 世纪 80 年代和 90 年代初期的作家，但他们的精气神，我觉得越来越散。

龚曙光：我跟张炜是好朋友，但是我对他的尊重不是因为朋友关系，而是因为我对文学的评价尺度。今天，我跟张炜的对谈，不仅仅是重叙友情，更是希望从各自已经不同的身份和站位来看这二十年中国经济对文学产生了什么样的影响，中国文学对中国经济又产生了什么样的影响，从文学和经济两个角度，去看在这二十年中，中国社会的哪些因素发生了深刻变动。

我和张炜是在 1986 年我刚刚上研究生的时候认识的。那时《古船》刚刚出版，我参加山东师范大学为《古船》开的第一次研讨会，在那个会议上，我有一个很短的发言，张炜引为知音，从此我们二人成为好朋友。

二十多年过去了，我们依然彼此关注，彼此认同，也许就是一对终生的朋友了。

从《古船》到《你在高原》，二十多年过去了，张炜一直坚守在文学这块土地上。而我从文学这块土地走向了服务文学的文化经济领域，我很想知道从《古船》到《你在高原》的这些年中，你觉得中国的当代文学发生了变化没有？如果发生了，你个人感受最深刻的是什么？

张炜：我和曙光是在文学院的时候认识的，他比我要小四五岁的样子。我在那个座谈会第一次见到曙光，很多的人，一大屋子的人，但是他的讲话给我留下了很深的印象——我遇到了一个有才华的人。后来，我就向他导师打听他是哪里人。从那时起，我们有很多交往。

曙光毕业以后，我特别希望他留在山东，如果那样的话该是多么好。我对他的导师几次表达了这个意思，但后来他还是离开了。很惋惜。离开了也不要紧，他做的还是文学的事情。因为出于对文学的那种挚爱，我觉得只要他留在文学的领域里，我们就离得很近。

而后来，他慢慢又离开评论界，做了刚才他说的为文学和文化服务的一些事情，做出了很大的成绩。“CCTV 中国经济年度人物”的评选，比其他的评选水分少得多，它几乎像是体育比赛一样的评选，可以准确计量，有量化的一些指标。这不仅是团体的光荣，也是文化出版界的光荣。我非常高兴，还有一点自豪：有这么一个奇人，文学做得好，商业、经济、文化事业都做得好。

回答曙光提出来的一个问题，是近二十多年来，就是 1986 年到现在，我个人眼里，文学发生了怎样的变化。

《古船》的时候，我眼里的文学界比现在单纯，它最关注的还是文学事业本身，大家的精力没有分散出去。几乎每一个作家都想写出自己最好的作品，而且完全是从文学本身去用心、用力，人的精气神特别凝聚，聚于一点，就是文学。至于说作家对文化事业、文学事业这些东西，文学的历练如何，个人的文学水准从技术层面到其他层面到底能达到怎样的一个水准，那是另外的问题。

随着时间的延伸，我们的社会越来越开放，文化上很开放，大量的文学舶来品来袭，各种各样的文化、五花八门的文化产品、各种各样的东西都打开窗口流入中国，作家们的视野也打开了，阅读也越来越宽泛。从文学能力上，应该说，现在的中国作家超过了20世纪80年代和90年代初期的作家，但他们的精气神，我觉得越来越散，不像一开始那么集中在一个点上——这是一个大的变化。

商品意识的觉醒，我觉得对于作家来说，负面的作用多于正面的作用——他们的心更多地脱离了文学本身，他们想的可能更多了一些（经济利益）。这也不完全是负面的作用，我是说负面的作用大于正面的作用，就文学的写作而言，精力涣散了，这个一涣散，在他的作品里就能够看得比较清楚。品种很多，方向趋于多样，但读者都觉得他们作品的震撼力量在降低，文学的纯度比较低，这是我看到的一些不好的方面，发生的根本变化应该就在这个地方。

在社会转型的过程当中，作家还处于一种恍惚、不能立足、不能稳固个人立场的时候，就像要往外面投掷一样，肯定推不远也推不高，这个时候就暂时处于这种恍惚的、紊乱的文学时期。

龚曙光：按说我们的文学视野越来越宽广，社会对于文学作品的宽容度也越来越大，也就是说，作家所获得的创作环境应该比当年拥有了更大的自由空间，但是就一个普通读者的感受而言，好像是中国的文学从20世纪80年代——假如我们以1990年、1991年作为一个时间点的话，似乎从那个时候开始——不是往上走，而是往下走的。环境的开放和文学的繁荣在走势上形成了某种悖反，你怎么看这一现象？

张炜：这里面原因可能比较多。刚才你讲得很对，可能活跃在新时期初期的这些作家、评论家，也包括一部分老出版人，会同意这一类判断：那曾经是我们中国文学最好的一个时期，它是以作品为标志的，那就是20世纪80年代中期和90年代上半期。那是一个黄金时期，不能说中国所有有力的作家和作品都出现在这个区段里，但是占的比重极大。

回忆一下，那个时期产生了多少激动人心的作品！这激动人心不是因为那时候可读的东西少，不完全是因为这个。有人说现在的数字时代，可读的东西越来越多，吸引注意力的触点越来越多，所以同样的一部作品可能在今天就没有那么动人了。但是今天打开当年令人感动的那些作家的作品，仔细读，仍然会感受那种气息、那种清新、那种思想的力度和强烈的社会责任感，包括他们对文学的那种忠诚——是这些综合到一起，在深深地打动我们。

我们今天的写作，从数量上讲是过去的几十倍，花样翻新；"作家"的数量也是过去的几十倍，这是广义的"作家"，指写作的人，但是似乎很少产生像80年代中期、90年代上半期那样的一批作家和作品了。

刚才曙光讲了，环境宽松了，信息增多了，窗口开大了，出版流畅了，发行渠道更宽了。依据当年《古船》的影响，《当代》发表之后，单行本发行应该有个十万本吧，但实际上初版还不到三万，印数并不多。它的高印数是后来积累的。假使把《古船》在当年对于文化界影响的比重、比例挪到今天，它的发行量肯定会大得多。

龚曙光：应该是一百万（本）以上。

张炜：那还不好说，二十万（本）是没有问题吧。

龚曙光：就应该是一百万（本）以上。

张炜：可见我们今天的人，大家都说读书的人数比那个时候减少了。20世纪80年代的时候人人读书，那时候恋爱的人都愿意拿一本书坐在路边读，只为了吸引对方。社会风气是那样的。今天没有这种风气了，图书馆和书店里的人在减少。可是图书发行量比过去大了。这还是一个发行渠道是否畅通的问题，那时没有充分调动起发行者那一部分潜藏的能量，有好多死角，书过不去。从发行、写作宽松的环境来讲，现在的创作应该有不同的面貌才对。

写作的环境变得宽松，作家的物质条件也在改善，相反，我们的作品总体来看没有那个高度了，没有那个冲劲了，原因还是心力涣散了。人还是要有一股精气神，这个东西，随着物质主义、商业主义在中国的兴盛改变了。商业不是一个坏的东西，商品流通维持社会生活的物质命脉。可是商业主义给社会带来的负面东西很多，特别是对于精神方面的劳动者，它有时候起到的是相反的作用。特别是中国经过长期的计划经济禁锢，在那种生活的规则里面，对已经习惯于那种生活的文化人来说，它来得太快，太突然，没有过渡，还没有经过一个相对漫长的适应期，没法让人习惯，没法在这里找到个人的角色定位。很可能因为诸多原因，一大批创作者在这个过程和时段里，表现得不够理想。

龚曙光：我觉得，假如我们简单地把经济和文学归纳为解决身体和灵魂存在的问题，一个是怎样放置自己的身体，一个是怎样放置自己的灵魂，那么，是不是二十年来的经济发展至少使人们已经有了第二个关注的兴奋点？确实在80年代，人们对经济关注的兴奋远不及对于灵魂关注的兴奋，那不是因为富裕，而是因为贫穷，所以现在一本书的发行量和当初比，的确大了很多。这也说明读书的人没有减少。读书人已经没有办法把对一本书的兴奋提到当年那样的高度，这是不是说明社会本身的兴奋点增多了，人们的关注点增多了？而这一点，并不完全是因为作家不是那么集中精力？

或者，我们反过头来说，是不是二十年来的经济发展反倒使文学在整个社会生态中回归到了当然的状态？也就是人类要安置好自己的身体，也需要安置好自己的灵魂。安置好自己的身体是重要的，安置好自己的灵魂同样是重要的。当然，社会除此还有更多的需求，二十年来经济的发展使文学回到了它原本该有的一个生态中，而不是文学自身失落了或者下降了。

张炜：是应该分开看。你讲的完全有道理。就是人们兴奋点多了以后，不像过去那样容易聚焦到“文学”这个点上。聚光灯没有投射在文学上，这个显然是对的。因为现在有那么多吸引人读的东西、看的东西、关心的东西，或者说刚才讲的物质和精神两个层面的平衡使文学回到了它自己的位置上去，这是对的。

但是我们刚才谈的还有另一个问题，就是作为作家本身，即个体的劳动能力、表达能力、个人形成的作品的质量，是这些在下降，而不是说作家形成的作品在社会里的位置发生了变化——他个人的创造能力出现了问题，这是事物的核心。

我们今天要研究的方面，就是考虑为什么作家在创作环境得到改善的局面下，创作力反而削弱了。像20世纪80年代中期90年代上半期的那一片生机勃勃似乎消失了。

就观察来看，恐怕是作家们还习惯于在潮流里面生活。个人的倔强，就是那种很独立的性格还没有养成。我们希望有一些独立于潮流的人物出现。这个群体，基本上是随着社会潮流往前移动的。

如果说20世纪80年代和90年代，有许多人在寻找思想，寻找自己的艺术，把文学作为一个心灵表达的重要通道的话，那会发现，二十年的时间一点一点地向着另一个方向走去了，就是被物质主义的潮流裹挟了。作家是随着这个潮流往前的，他的创造物是配合了整个潮流的，他为商业主义服务，服从于物欲利益，比如不得不更多地考虑读者的认同，不得不更多地考虑发行和出版，顺应这个潮流，并且越走越远。而这些东西在短的时间内是会损害文学品质的，影响作家精神层面的顽强攀登、挖掘、表现和表达。

说到“文革”时期的文学，大家都在写阶级斗争，尽管今天看这种文学表达浅薄、虚假，但仍然是沿着当时那个潮流的方向。从那个向度上看，其表达是很透彻、很专一、很有力的——方向有问题，但是有力，精气神是紧凝的，没有涣散。

到了商业主义越来越深入时，作家顺应的只是这个物质主义的潮流了。但是我们也应该有一个乐观的展望，就是随着这种新的游戏规则在中国大地上植根，随着这个阶段的拉长，随着比较成熟的社会形态的形成，作家会有一个反思、一个落定，最后还会站稳，然后再发力。在社会转型的过程当中，作家还处于一种恍惚、不能立足、不能稳固个人立场的时候，就像要往外面投掷一样，肯定推不远也推不高，这个时候就暂时处于这种恍惚的、紊乱的文学时期。

这个时期不光是文学，所有思想方面的，比如哲学、美学、翻译，所有从事这方面工作的人，都会不同程度地存在一种浮躁、紊乱、急就、慌促的状态。这或许不是一个产生伟大作品的环境。我们有时候看到的发行、创作环境的好，是更外在的东西。作为一个创作者，他其实面临着非常复杂矛盾的时刻，还需要个体的能量在心里聚积，形成很坚实的硬块。现在还没有。现在基本上处于一个催化期和涣散期。

“茅盾文学奖”的评价标准应该是在不断地进化，在不断地向文学的本原接近，在不断地向一个文学评奖的尺度接近。当然，推进这样一种变化，可能各方面的因素都有，但是我认为最大的推动力或最彻底的推动力应该是经济。

龚曙光：如果说二十年的中国经济对文学也有积极的影响的话，我认为主要的影响应该是中国社会对于文学有这样一种宽容的态度和多向度的需求。

我举个例子，当年读《古船》的时候，就觉得《古船》应该得“茅奖”，但是当年就是没有得。现在《你在高原》能得“茅奖”，其实就思想的坚硬程度、现实的批判力度，很难说它比《古船》要软、要弱。那么可以想象的是，“茅奖”的评价标准应该是在不断地进化，在不断地向文学的本原接近，在不断地向一个文学评奖的尺度接近。当然，推进这样一种变化，可能各方面的因素都有，但是我认为最大的推动力或最彻底的推动力应该是经济。因为经济让人们不再把世界的中心摆在意识形态上，不再把世界的尺度定格为政治，这应该是经济对文学最大的贡献。如果没有这样一种推动，我认为《你在高原》今天也还是不能获得政府的文学最高奖项。

那么它最大的负面作用是什么呢？我认为这二十年经济发展的速度成为整个社会变化的加速器。这二十年什么变化最快？经济的变化最快。是经济的这种推动力，使整个社会在高速地运转，作家作为一种社会职业也必然被裹挟其中。所以你所说的商业主义，其实是包括两个方面：第一，作家在为别人也为自己解决灵魂问题的时候，还要解决自己的生存问题。应该说，二十年的经济发展为作家通过自己的创作解决生存问题提供了很大的便利，当然它同时提供了很大的诱惑。而当身体和灵魂都需要安妥的时候，至少有一大部分的作家是要被裹挟的，不能独身事外。

在这种状态下，经济给文学所带来的最大的负面力量，就是把速度加快了。在这样一种速度中，你所讲的迷茫、眩昏，甚至极少一部分人的沉沦都是必然的。

同时，我认为还有一个更深刻的原因，就是 20 世纪 80 年代末 90 年代初的这个文学高峰，它是以我们从“文革”到改革开放的社会生活的积淀为资源进行转化的，这个生活基础是很牢靠、很扎实的。而从 80 年代末 90 年代初开始，经济急剧地推动社会转型，作家几乎没有时间来积淀这种全新的生活。对新的生活连观察都来不及，哪能有积淀？而他又必须面对这个新的社会写作，生活资源的空壳化使大多数作家失去了底气，让他们沉不住气也沉不下心来。他的生活已经被掏空了，但是他还必须不停地往外掏，在这种情况下，你要他坐下来十年磨一剑，他拿什么磨砺？我不知道这种状况是我的一个误判还是文学界一个普遍的状况。

张炜：这番话抓住了一些要害。20世纪80年代中期和90年代上半期，出了那么一批杰出的作家和作品，作家经历了"文革"，经历了"拨乱反正"那一段历史，这些经历在一些作家那里得到了很好的归纳、概括和沉淀，他们的思考立场坚定、方向准确、心气下沉、意守丹田。后来中国社会的变化太快，一大批人在速度里面变得眩晕，不能立足，所以也就不能发力和投掷，这是一个事关要害的问题。无论外部的环境看起来得到了多大的改善，仍然只是外部的。有些搞文艺管理的人会非常不解，问各方面的条件如此之好，作家为什么写不出杰作，产生不了大师？他忘记和忽视了，文学写作是极其复杂的心灵活动，没有比这个更复杂的事情了。它不像我们在院里养鸡，给它好多虫子吃，第二天就能收获更多、更好的蛋。文学可没有那么容易，它整个反刍和转化的过程很漫长。

但是我们相信这一代人的生活一定会沉淀下去，一定会转化为重要的营养，转化成作品，这当然要有一个过程。现在，这个过程好像还远远没有完结，一切还在积累当中，还没有像作家对待"文革"、对待极"左"的反思和批判一样那么主意坚定、目标准确，没有达到那个地步。

作家面临的是空前的多元、多解、多判断这样一个复杂的社会局面。作家突然来到一个十字路口，对社会进步产生了疑惑。这与20世纪80年代、90年代是不同的。那时的作家基本上相信社会与人性的发展就像达尔文的生物进化论一样，是会随着时间的延续一点点走向进步和完善的。而现在，作家对这个产生了怀疑。

拥有巨大能量的人物，才会突破线性的时间速度和简单的社会进化论的思维模型。中国作家还等待一个时机，等待一个突破口。

龚曙光：我可能是一个社会达尔文主义者，对于人类社会是用进化论来看的。

张炜：可是好多作家、知识分子不相信这个东西。过去我们认为，无论今天受到多么大的挫折，我们终究会踏上一条正确的道路，会避免原来的错误，社会一定会进化得更好，如鸟类一样进化出翅膀飞起来。人的器官、动物的器官、海洋和陆地的生物，会适应客观环境，如变换自己羽毛的颜色，适应更高级的生存。一句话，会变得更好。

但是通过这么多年的折腾，加速度的社会运行，好多作家怀疑起社会进化论，发现人性和社会不能够简单套用达尔文主义。人性变幻莫测，翻来覆去；社会经历了各种各样的动荡，进步当中有退步，退步中有进步。人性不单单是朝向完美，有时会愈加变恶，没有底线，人性离完美有时显得越来越远，唯利是图，对环境急剧破坏，社会上各种远远超出过去的、耸人听闻的恶劣现象开始出现。

这些东西，对于作家的道德判断、理性的社会判断，都会产生深刻的影响。一旦打破了时间的线性思维，打破了社会的进化论思维，作家就觉得心里没底。他觉得人类的前途、社会的前途不是靠时间能解决的。这种慌留在心里，当然影响思想的进行。只有巨大的思想力、巨大的思想穿透力，才能越过这片怀疑的迷雾，继续往前追索。但这类人物很难产生。

有一句话叫“觉今是而昨非”，就是说明白了今天是正确的，昨天是错误的。类似的知道错误、改正错误，遇到坎坷、回避坎坷，仍然是社会进化论的一种思维方式。以为过去我们之所以经受了挫折，完全是因为沿着不对的方向走了，如果我们反过来，就一定会是康庄大道，这就太简单了。社会和人性诸问题，可能要比这个复杂得多。

因为实际上远非如此。

我们会看到，所谓的全球一体化，经济等好多方面都接轨了，一拨人又一拨人到国外去学习，学习它的法治和商业，各种各样的游戏规则都学来了。但结果怎样呢？有的方面得到了改善，但是自然环境和人文环境常常遭到破坏。

同时我们还发现，运用资本最娴熟的、游戏规则最完备的老牌国家，比如欧洲和北美的一些国家，也出现了大问题。我们观察生活，静下心思考问题，有可能更加找不到北。

作家如果是一个很能够思考的人，在这个时候面临的任务会非常艰巨。拥有巨大能量的人物，才有可能综合这一切，会站得更高，突破线性时间观和简单的社会进化论的思维模型这些东西。不然，作家的个人才能难以在短时间内得到淋漓尽致地发挥，他们还要等待一个时机、一个出口。就像新时期的80年代和90年代前期的作家终于得到了一个突破口一样，中国作家也许正在走向一个临界点。

之前所有这些恍惚、徘徊，在文学界出现的疲惫现象，以及其他让人非常失望的东西，都是进步的一个过程，一定会结出果子来。短则十年，长则二十年，中国文学会有一次飞跃，这飞跃一旦发生，也许会超过20世纪80年代中期和90年代上半期。就目前而言，我们的确没有出现当年那么好的状态，没有处在一种被激活的状态，没有一种力量感。

我们有时候不能为了新的一代作家的出现而迁就他们，改变我们的标准。人类对于文学的标准、对于语言艺术的标准，就像人和太阳的关系一样。不会因为你是“九〇后”而获得了文学的豁免权，不会因为你发行了一千万（册）而获得了豁免权。

龚曙光：但是你要看，从20世纪80年代走过来的作家，用你的话来讲，从进化论到非进化论，是一个转变、一种发现。这种发现可能是以迷茫、惶惑，甚至恐慌作为表征的。但是我们还要看到，这个时代又出现了一批新的作家。这样一批人，毫无疑问，在这个时代所受到的关注和追捧是有热度的，要不然他们的小说卖不了那么多，他们的影响力没有那么大。那么，究竟是因为他们所在的时代就是一个商业化的时代，他们习惯并且得心应手于这样一个时代的文化商业化操作，所以他们在这样一种游戏规则中游刃有余，获得了社会的关注和追捧，还是他们所出生的时代原本就是一个更经济化的时代，他们没有 80 年代、90 年代的那样一种生活经历和记忆，他们的生命甚至灵魂原本就属于这个时代，因而他们对这个时代比老一辈的作家具有更敏锐的感悟、更深刻的理解、更准确的表达？也就是，他们的作品是不是对这个时代更本真、更深刻的艺术代言？

张炜：这是在好多文学场合都要谈到的问题，即对于新一代作家真正的价值如何评价和认识。一代作家有一代作家的文运，比如四五十年代的人有他们的文运，所谓的“红色经典”是某一代作家的文运，80 年代走红、90 年代走红的人，他们有自己的文运，一代作家不能取代另一代作家。

对于年轻的作家，对后一代，我们一点都不必悲观，他们有未来，并且已经取得了很大的成绩。他们的兴奋点、对社会的一些触点和前人已经完全不一样了。社会飞快发展的速度，也体现在这种不同的代际交替上，比如新作家的涌现。

一方面要肯定他们的作为，肯定他们的未来，肯定他们的成就，因为他们这一代人的创造是上一代作家所不能替代的，很可能也是后一代作家不能弥补的，这是一个方面。

从另一方面看，也不能把文学问题局限在一个时代的局部和一个地域的局部去判断，还要打开自己的文学视野和文化视野。也许需要把判断的坐标放得更大，要放到几十年、上百年，放到世界文学的版图上。如果这样看，会发现新一代作家提供了新的文学元素，提供了新的内容、新的形式。这是有目共睹的。但是这些东西没有从根本上改变人类千百年来形成的永恒的文学标准。人类对于文学的标准、对于语言艺术的标准，就像人和太阳的关系一样：太阳每天都在行走，人和太阳的距离、地球和太阳的距离都在变化，但是由于人类太渺小了，太阳系太大了，这中间的变化几乎可以忽略不计。只有天文学家才可以去计较这些变化。文学对于人类来说，语言艺术对于人类来说，就像太阳一样巨大而遥远，早就形成了那样一个永恒的标准，变化是很少的，对于“八〇后”“五〇后”都一样，谁也没有文学的豁免权。

单从一个作品的永恒价值和永恒标准而言，放在这个坐标里看就清楚了，判断作家的文学价值就很清楚了。这对任何作家，对于发行量上百万册、上千万册，还是发行量如鲁迅当年一样少的作家，都会一视同仁的。这意味着我们要像相信永恒的真理一样，相信那些重要的标准。对于语言艺术，我们有时候迁就太大，这是因为我们根据时尚随意改变标准。语言艺术的标准实际上变化得很慢很慢，最后还要回到公认的、过了千百年才形成的那些评判标准上——作品的思想含量、文学含量、语言艺术，多大程度上深入了人性的内部，包含了多少生命信息，等等。这就涉及人生阅历。文学总体上还是相信满脸皱纹的。

不过生命奥秘无限，年轻作家有更多的敏感，他们对爱情，对社会事物特别敏感，因为他们的生命新鲜，还没有苍老。这种敏感在一个五十岁的人那儿要发生起来就困难一些，所以从文学艺术表达的层面上看，并不是越老的人写得越好，年轻人也有自己的优势。但这毕竟是文学里面的一个道理，不是全部的道理，从大的道理上讲，还是要阅历。

文学的技法、文学的成熟表达要经历一个漫长的时期，这不是十年、二十年，甚至不是三十年、四十年能够解决的。在特殊而早熟的怪异的天才那儿，比如俄罗斯的普希金、莱蒙托夫，特别是法国的兰波，他们二十多岁就写完了一辈子最好的作品，但这仍然是个案。

总体来说，年轻的一代作家是前一代作家所不能取代和与之互换的，但是他们的文学价值就像上一代作家一样，要放到一个更大的历史坐标里去衡量，对于他们的标准和对于其他一代的标准，最终都是一样的。在文学标准面前，谁也没有豁免权。文学不是一个发行量的问题，也不是一个拥有多少读者的问题；它是一个时间的问题，谁赢得了时间，就最终赢得了读者，谁赢得了时间，就最终赢得了自己的文学地位。

鲁迅就是一个最好的说明。鲁迅当年的书要出也就几百本、千把本，而其他人的书像河水一样奔流。但后者今天又在哪里？所以说，要赢得时间。在这点上，文学的标准、文学的规律，实际上没有改变。从这个角度讲，我们有欢欣也有不安，有怀疑也有自信。

茅盾的《子夜》使我们第一次也可能是唯一一次，在一个中国大作家的作品中，看到了对经济很中性的评价和温暖的表达。而中国的企业家，为什么在文学家那里几乎是一面倒地被批判、被否定？

龚曙光：我很认同你所说的，文学的标准可能是有一个普遍的标准和相对永恒的标准。

我最近重读茅盾的《子夜》。我之所以选择读它，是因为我认为一百年来对于中国经济或金融社会的把握，到今天为止，还没有一个人超过茅盾。然后我也把曹禺的《雷雨》和《日出》拿过来重读。

虽然茅盾的《子夜》在中国的长篇小说中一直位置不低，但我认为它的价值从来没有像今天这样值得发掘，中国的经济社会经过一百年轮回之后，似乎又回到了茅盾《子夜》中所描写的那样一个情景、一个氛围，乃至于一个故事。我刚才联系到茅盾的《子夜》，他在他的故事中对当时社会经济发展的变化态度，和你刚才讲的近二十年中国经济对文学的侵害的态度其实是有距离的。茅盾的《子夜》使我们第一次也可能是唯一一次，在一个中国大作家的作品中，看到了对经济很中性的评价和温暖的表达。

我们可以简单地说，茅盾在《子夜》中很严厉地批判了殖民主义资本，即赵伯韬式的掮客，那么就是对于民族资本的衰落给予了同情。其实不是。如果我们稍微把眼光放开一点，茅盾是把经济对社会的推进看作一个中性的力量，而不是一个简单的反面或简单的正面的力量。在这点上，我觉得茅盾不仅仅超越了他所在时代的作家，而且也超越了我们这一百年来的作家。

假如我今天不站在当年是一个文学爱好者或者一个文学工作者的角度，而是站在我今天是一个企业家的角度来谈这个问题，我就会发现我身边的很多企业家，其实他们所从事的工作，从他们的主观意愿到客观业绩，都是在为社会创造财富，为民众创造幸福，为国家赢得自尊。

这次跟我一起获奖的王雪红，就是我很敬重的一位年轻企业家。她的父亲曾是台湾首富，她不要他一分钱，借了五百万台币起家，十五年后自己成为台湾新首富。这不重要，重要的是她在英特尔、诺基亚，甚至像“苹果”这样的国际级巨型公司的重压下，创造了她自己的品牌(HTC)，创造了自己的产品，她也为人类带来了更好的高科技服务，她把这一切归结于为中国人争光。

像这样的企业家我身边有一大把，不是一个两个。那么对他们而言，从主观上来讲这么积极的一个人生选择，对社会来讲这么务实的财富贡献，为什么在文学家那里几乎是一面倒地被批判、被否定？是因为我们在社会的生物链中所承担的完全不同的角色和职能，还是因为如你所说的，可能更多的企业家是社会达尔文主义者，他们的努力会推进社会进步；而在文学家看来则恰恰相反，他们认为你的推进、社会财富的增加未必使社会变得更美好？那么在企业家和文学家之间永远找不到一个交集点，是不？

张炜：是的，海内外有许多优秀的企业家，他们非常使人感动，无论是个人的生命力的顽强、意志的坚定，还是别的。他们的社会责任感，他们的理想主义，真的是让人肃然起敬。推动社会强大的力量中，商业是很重要的，需要企业家的推动、实业家的推动，当然还有科学家、道德家、艺术家，这些自不待言。

讲到文学家和实业家、经济人士的关系，几乎是一面倒的，但也不尽然——我们还是可以看到大量的歌颂企业家的报告文学，看到大量的写企业家的小说。

龚曙光：但是报告文学都有着为某一个人歌功颂德的嫌疑，而纯文学对于一个行业、一个类型的人的评价，才是你所说的“定评”。

张炜：一大部分写作者是那么强烈地歌颂我们的企业家，有一类文字大概有 90% 都在歌颂企业家。但曙光说得很对，他们往往是作家当中那一部分表达比较表面化的，没有植根于个人的才华和生命质地的表达。所以也不能太当真，确实如此。

但是也得看到，作家的忧患意识总是比较强，比如对科学家，他们更多地看到了科学对人类造成的负面作用，一直如此；对于经济人士、商业主义那些东西，作家有时候也是过多地看到了负面的东西。他们特别理想主义，这个倾向，古今中外好像莫不如此。《你在高原》塑造了一个特别了不起的企业家。《无边的游荡》写了一个事业大得不得了的企业家，他在海内外的产业很多，同时阅读量巨大，精神方面的关怀非常大，是一个了不起的人物，这个人物也是在生活当中的观察和综合所得，不是简单的虚构。他们当中的一些人确有那种博大的胸襟，有精神的开阔度。

我觉得这种认识也得有个过程，作家会写到这一部分人。这一部分人有一个被中国社会广泛认可的过程。现实中也的确是，唯利是图的商人太多，为经济而经济、为利益而利益的这部分人实在太多了。

文学，和别的东西不一样。人们总是有一个错觉，当他回到理性的时候，这个错觉就消失了。但一般而言，这个错觉总是笼罩他，即觉得艺术、社会、人性这些东西都是线性发展的，都会进化、进步的。实际上，文学不会进步，文学不是因为到了 20 世纪、21 世纪就一定往前走，不是这样的。比如我们今天登上了月球，但是还没有一个人写月亮的诗超过了李白。艺术、文学是不会进步的。科技会进步。如果用进步的观点去看待文学，肯定是错误的。今天摆到我们广大作家、思想者面前最尖锐的一个问题，就是社会能不能随时间而进步，人性能不能同样如此；如果说文学不能进步的话，那么社会能不能线性进步、人性能不能，这个问题太尖锐了，没有几个人能够回答，没有几个人有能力去回答。这正是文学家面临的最大问题。

在 20 世纪 80 年代中期、90 年代上半期的时候，99% 的中国作家都能够回答这些问题，虽然他们回答得不一定对。

那么到了今天，所有稍微有一点深邃度的作家，大概其中 99% 的人不敢回答这个问题。这就带来了大量连带的问题，比如对待经济人物的评价、对于科学人物的评价——没有什么比经济和科技再直观、再有力地推动社会发展的了，它们都是强力。当年说发展是硬道理，主要是指经济、科技。科技的目的也落在经济上，这个不必讳言。

对于推动社会进步和发展速度的主体部分，作家却很难把握。

比如说商业主义对于生活环境的污染。商业是支撑我们社会物质生存的，它不可或缺，社会的繁荣、文明的建立，不可能没有商业，人类物质生活的基础是维系在经济创造、经济活动上的。可是商业主义对生活无所不在的腐蚀，让人望而生畏。爱情、艺术、伦理，各个方面，只要稍微放眼一望，无不看到商业主义对它们的污染和损害，人和人之间没有真的情感，什么爱情、父子之情，都被污染了。过度的商业主义在社会生活里，会污染每一个角落，会让人的生活变得空前危险。“二战”

发生前，西方的一个歇斯底里的政治人物曾以商业主义对人类社会令人恐惧的后果、巨大悲惨的前景为理论依据，犯下了滔天大罪。但事实证明他不是关心人的精神层面，而是为了攫取和称霸世界。

还有，商业主义无所不在的地方爆发了金融危机，这都给我们好多的反思。如果人类依然这样发展下去，也没有什么好的结局。要有一种遏制它的力量，那么这个力量最终来自哪里？可能不光要依靠所谓的作家、道德家这样一些人文工作者，关键还是要依赖所有的人，即调集人性本身所拥有的全部健康力量。这包括那些经济人物。他们要和精神方面的人物联手，才会起到一点作用。不然就没有任何的可能。

现在一些人根本没有底线，为了赚钱什么都干。我走过了好多地方，听到、看到的那些事情，有的简直不愿说起。细节之惨烈、事件之悲痛、行为之恶劣，没法诉诸语言。《你在高原》写了几个地方，但是因为不忍回头去看，我还是把它们抹掉了。

这个社会已经到了极其危险的时期。在这个时期，我们特别希望出现那些经济方面的精英，他们要有特别清醒的头脑，有危机感，思考问题要超越自己的专业。可惜这样的人物还是少，那些不顾后果的、纯粹的经济动物太多了，这个是我们遇到的特别糟糕的问题。

如果说过去的艺术平均化的外壳有一厘米厚，那么到了互联网时代，这个大面积的平均化结成的硬壳，大概有一尺厚。所以个人的强大、才华的强大，需要能够足以顶起一尺厚的外壳才行，这才有可能成为一个基本合格的作家。

龚曙光：实际上你是给了企业家未必能够承担的一个义务，企业家除了要为社会创造财富之外，还得像作家一样为这个社会承担道德的建设责任。当然，优秀的企业家应该是这样子的，但我估计这样一个期许的全面实现还需要很长时间。

我也很赞同你讲的，今天我们每个人在自己的岗位上为之奋斗、为之奉献的人类，他的未来究竟是更美好还是更丑恶，恐怕企业家们也难以回答。文学家们虽然总要面对，却也未必敢于正面回答。

今天你讲数字时代的语言艺术，我在微博上说，你选这个题目出乎我的意料，因为这个题目太好谈也太不好谈。我后来又仔细一想，你就应该谈这个题目，因为实际上数字传播所带来的这场革命，它不仅仅是在改变人们的阅读方式，其实还在改变人们阅读或传播的角色的定位。

你讲到现在的出版更自由了，更方便了，也就是所有的人都变成作者了，那么在这种情况下，其实我们可能要更多地分析。绝大多数人提供的可能是信息，这种信息包括一种知识、一个事件、一份情感，它都只是信息，不是创作，或者说它不是文学，不是语言的艺术。这些表达有没有意义？有意义的。因为更多的人可能需要的仅仅是信息，而今后，这个社会可能只需要很少的作家。

所以，我认为在互联网时代，可能未来更多的是把信息的交流便捷化，让所有人成为信息的提供者和传播者，而让真正的作家越来越少。比方说我现在也写微博，要我写微博时像你写《你在高原》那样去处理语言，恐怕那是很难的。但是我的微博的“粉丝”四天到了十五万人，那说明有人是需要的，不论这种需要是主流的还是末流的。从这个意义上来讲，我觉得一个真正的作家可能在未来的社会中所受到的尊重会越来越高，但是成为一个真正作家的要求也会越来越高。因此，我不认为互联网会给人类带来更多的作家，恰恰相反，互联网会使人类的作家越来越少。

张炜：也许看起来作家越来越多，实际上是越来越少。时代对于真正的语言艺术的要求越来越高，越来越严苛了。而现在特别容易处在一个平均的写作水准上，要突破这个平均值非常困难。如果说过去的艺术平均化的外壳有一厘米厚，那么到了互联网时代，这个大面积的平均化结成的硬壳，大概有一尺厚。所以个人的强大、才华的强大，需要能够足以顶起一尺厚的外壳才行，这才有可能成为一个基本合格的作家。

龚曙光：现在，我也要做数字出版，作为一个出版商必须做，但我也知道数字传播所带来的，一定是人类在很大程度上精神的同质化。

数字传播带来的最大问题是知识的同质化。过去，我读一本书他读一本书，是很个体的，你很喜欢普鲁斯特，那我更喜欢陀思妥耶夫斯基。但是现在你只要说今天流行张炜的《你在高原》，那么一经网络传播，马上，只要是读书的人，《你在高原》就成了他的必读书。明天说我喜欢《于丹〈论语〉心得》，从官员到商人，从大学到中学，都一窝蜂地追捧。数字传播把整个人类或者说范围很广的人群的知识框架一体化了。

第二个呢，是价值观的一体化。其实价值观是最难得独立的一个东西，而我们现在的网络以一种集聚人气的传播、一种无形的投票给你塑造价值观。

从知识框架到价值观都一体化之后，一个作家最需要做的事情就是坚守自我，而要在这样大的一种力量面前坚守自我，是很难的。所以我经常说网络是一种意志“暴力”，所以我在进入微博的时候约定了“四项基本原则”。其中第一项就是：可以围观，不可以“围殴”。我不参与围殴人家，也不希望人家围殴我，但是网络最常见的意志暴力就是围殴。在这种状态下，我想问你的是，仅仅以拒绝网络或拒绝传媒来抵挡信息数字传播时代的信息，对于你坚守自己真的就那么有效吗？你不看电视，不看网络，就真的能够坚守自己吗？

张炜：简单一点讲，对初学写作者或许可以说少上网络，少看电视，少看各种各样的报纸，多读经典，这是简明扼要的、行之有效的、近在眼前的、立等可取的办法——但它绝不是根本的办法。

按时下的情形，一是完全地跟随，完全混在里面，追求最大公约数的那种表达，跟上时尚。这样做肯定是一个失败者，因为他必然失去个人的独立表达方式和表达内容。完全地跟随和追逐是不会成功的。再一个就是走向它的反面，彻底地拒绝，不看不闻，不管不顾，完全埋头在个人的世界里。这也不妙。因为数字时代呈现的这一切复杂和烦琐，像潮流一样涌来的生活，是生命面临的一种真实境况，人是无法拒绝的。

如果还有第三条道路，那也不会是二者的折中，比如有意地回避一点网络，有节制地回避一点当下数字时代广泛的、密集的传播，有意地规避一点，但是又吸收可以为我所用的东西。可是，果真有这样的第三条道路吗？也难说。真正的第三条道路，还是要有勇气直面全部的真实，消化它，面对它，从中去省察和感悟、去获取。我们要比过去更深入地研究它，而且主要是更深入地阅读人类历史上积累下来的所有文明成果。我们要根植在我们自己的传统上，因为传统太深远了，它有几千年的时间，而眼前的数字时代只有十几年的时间，我们不可能把几千年的根完全拔脱，一头栽到十几年的薄薄的泡沫上去。

我们植根于传统的经典、语言艺术的经典，但绝不回避今天的数字时代。我们要在今天时代的水流里淘洗、淬火，锤炼出一个新的个人。这个要求是很高的。

我觉得《你在高原》里面最大的一个语言变化，就是我吸取了数字时代的那个倾向，就是社会化写作的倾向。

龚曙光：我曾经说《九月寓言》的语言是我最喜欢的小说的语言。今天的《你在高原》，其创作过程伴随了网络语言的逐渐兴盛乃至成为浩荡之势，你也说你的语言发生了很大的变化，用你刚才的话来讲，《你在高原》已经经过了网络时代的淬火。那么从《古船》到《你在高原》，你用很简短的语言来概括一下，你的小说语言到底发生了什么变化？

张炜：《古船》和《九月寓言》的语言绵密，心要非常静才能读进去。它叙述上留给人的空间感比较小。但是《你在高原》不同，读者不一定被它的密致缠住，很容易进入，但渐渐又可以感受到原有的语言质感。

龚曙光：其实当年我读你的中、短、长篇小说，已感觉你的语言风格弹性很大，比方说《古船》和《九月寓言》，你的中篇、短篇小说的语言，乃至你的小品文的语言，它们的弹性是很大的。其实我一直认为，当年你多方面的探索或者你驾驭语言的能力是中国当代作家中少有的。那么现在，你说语言的空间更大了，那是不是意味着《你在高原》把你当年对多种语言风格的尝试进行了糅合之后，让语言具有更强的弹性和张力？

张炜：《古船》和《九月寓言》在品质上可能跨度比较大，有人说不像同一个作者写的。《九月寓言》的叙述方式、语言的密度、节奏和速度都发生了变化。《你在高原》经过了数字时代的洗礼，吸收了大量的报道风格。英国有一个文学理论家，他说好的作家基本上具备两种能力，一是写实和报道记者的能力，即能够将一个事件非常客观、生动、及时、准确地报道出来；还有一种能力，就是想象和变形的能力，这是诗人所具有的能力。

到了数字时代，社会化的写作趋向越来越强，它不停地通过直白的文字迅速地报道社会。这其中并没有过多的想象和变形。即使是一些想象大胆的怪异小说，只是在题材上往那个方向走，运用的手法也还是社会性的、大众的，具有那种直观性和直接性，非常通俗。

歌德说“诗与真”，“诗”就是想象，就是变形，就是充分的个人化；“真”就是非常客观地、如实地、直接地描述和报道。《你在高原》吸取了数字时代的社会化写作经验，但这只是外部的情形。这样使文字的空间感加大了，意象和文字一起变得疏朗了。

但这只是“貌似”社会性写作，它的个性与功力潜在更深处。毕加索曾经说过自己十几岁的时候就达到了拉斐尔的水准，可是却想要一辈子学习儿童那样去作画。他的意思无非就是说，单纯从技法层面解决的问题对他来说已经不难，难的是精神层面的、超出了技法层面的一些东西。我在这里不是自比毕加索，我没有那么狂傲和愚蠢。我是说，对于我而言，最大最严重的问题，同样是艺术和生命的关系问题，是从生命的本质出发走向更加阔大和遥远的问题。

对于整个数字时代的全部营养，我们肯定不会漠视，不会简单地拒绝。在这方面，我们会有足够的好奇心。我们会从这个时代的全部信息中，得到个人的综合。

有人认为尽管《你在高原》很长，但是比过去的作品好读。因为它“貌似社会性写作”的这种形式加强了，那种强烈的专业色彩，至少从表面上得到了遏制和压缩。

这样说，就是貌似和数字时代达成了某种共识，同样是追求那种表达的最大公约数和平均化，而会读的人、内行人，当然会读出更内在的东西。

龚曙光：一部作品，二十二年，而且也正好是中国经济社会发生最大转变和人欲发生最大膨胀的二十二年，甚至是世界政治、经济、文化格局发生急剧变化的二十二年。这样一个时代，对你在二十二年前所草拟的这个艺术品的框架，其实在不断地撞击。实际上，不管是从语言风格到故事构架，你要经过多少次的修正？当然我们也看到全世界有很多杰出的艺术品是要经过很多年的，比方说西方有很多教堂的建设甚至要经过几十年、上百年，又比如澳大利亚的悉尼歌剧院也经历了漫长的建设过程。一个建筑的设计应该在草拟之后基本上不会变的，当然也有经过修改的；但是一个小说的构架，就像一个人去做一个公司，二十二年足以从一个小公司做成一个大公司，那么这样一个作品，它最早的构架和你现在的作品之间，在不断的冲击中，你做了怎样的改变或坚守？

张炜：今年早些时候在澳大利亚，一个电视台采访我，还有观众在下面。其中有一个提问者说，二十二年去写一个东西，中间那种巨大的变化，一个作者是没法承受的，所以也没法做下去。这二十二年的变化真的太大了，整个世界的变化太大了，这要逼着作者不停地修改，最终将把原来的设计撕毁——这种可能是存在的。

可是，文学最终还是写人性的，我们发现两千年前的人性和现在的人性，其核心部分变化是不大的。孔子有一句话叫“性相近，习相远”，这个东西是讲时间，实际上也讲了空间。比如齐国到鲁国，人性是相近的，但是人们的生活习性相去很远，这是空间上的；时间上也是这样，古人遇到了哪些事情高兴，今天的人仍然会为之高兴，人性的核心部分变化不大。

但是有些东西变化既大又快，比如说生存的客观环境。科技发展很快，还有其他，那就予以保留。有好多的设计框架、对于生活的把握、对于感觉的把握，二十二年间肯定有很多变化——特别是个人认识上的变化，一定会表现出来。种种变化都在作品里留下了痕迹，对于“我”的否定，也就构成了这本书的一个重要内容。无论如何，作者没法掩盖的那些自责、忏悔、否定——类似的一些意味，恰好构成了这本书的繁复之美。一部长篇不需要像溪水一样欢畅到底，它倒需要跟时间相匹配的反反复复、重重叠叠的痕迹，各种不可调和的矛盾。这一切组成了另一种和谐，使其变得苍浑起来。它内部的繁复和外在的巨大体量，正是我追求的一个美学方向。

当然，事情也不是说说那么简单。为了服从一个统一的韵律，需要解决好多技术性的问题，需要拿出很多的时间来一一修理。

问答环节

提问 1：我是张老师的“粉丝”，我觉得今天这堂课是特别而又有意义的，这种意义首先来源于两位的身份，一位是文学领域的高端人物，一位是商业领域的高端人物；第二个意义来源于今天的对话主题，文学和商业，所以我觉得对于整个社会而言都是有启示意义的。我首先想问一下张老师。龚总刚被评为“十大经济人物”，他本身是一个文学评论家，又是一个企业家，还是一个出版人，您觉得像龚总这样的出版企业家让您感动欣慰，我就猜测一下您这种欣慰，是不是您看到了文学与商业最后能够产生某种融合，这种融合不会像您刚才讲到的要等到十年二十年之后，或许会提前？

另外还有一个问题，像龚总这样的出版企业家，能否让您看到文学的前景？谢谢！

张炜：这二十年来，我们的出版界、文化界发生了很多重要的事件，不一一历数了。我们说要等十年二十年，甚至更长的时间，是说整个社会从大的方面实现那样一个面貌所需要的时间——一定是局部的亮点、一些阶段性的奇迹，不停地产生，最后越来越密集，越来越频繁，也就迎来了那个相对好的局面。

为文化事业献身的方式很多，不仅是创作，还有与创作者联手共行，这是一个伟大的工程、一个文化的工程。曙光这一类人，从事的不是一般的商业和经济活动，而是具有更高道德感的工作。

他说了一句话，你们可能不会忽略："一个搞经济的人，一个搞商业的人，他很难肩负道德建设这么巨大的任务，但是他也应该充分地考虑到这个问题。"他的意思蕴含了这样的意思，就像一个科学工作者，他的整个科学行为的全过程，都渗透了个人的道德判断。同样，一个经济工作者、一个商业工作者，他的整个商业行为并不是跟道德剥离的。有人说这个是搞经济的，那个是搞道德的；这个是搞物质的，那个是搞精神的——事情远非如此。人类文明社会里，从事任何行当，都伴随着个人的道德完善、道德判断。

记得那一年，在出版人的年会上，我们俩被评为"年度人物"。那次见面特别高兴。他几十年前做学生时显露的才华终于显示出来。这既是一种巧合，又是一种必然。我们作为一对年轻时候的朋友，在文化的轨道上有交集了。他做的不是一般的商业工作，这比一般的商业人物和经济人物更多了一个难度，就是直接介入文化，从事文化产业，他的力度和意义表现在这里。

提问 2：我这里还有一个问题，想请教一下龚总。您首先是一个企业家，然后才是一个出版人，您首先要面对财务报表上的压力，如果张老师给您带来财务报表上的压力，您会怎么看？

龚曙光：一个企业家成功与否是有一个基本标准的，这就是创造多少利润。但是我同时也认为，好的作家，真正好的作家，他的作品一定是好的。那么他的好就一定是社会需要的，他就一定能把一个作品转化成商品。当然有两种情况，一种情况是在当代、当时就能够迅速地转化为商品，也有可能是在更长远的时段后，它会成为商品。既然人类有需求，它就一定能够由作品转化为商品，它就一定能够给企业家、给企业带来商业利益。这是一个层面。

第二个层面，不仅仅是文化商人，所有的商人都是有道德约束的。所有做房地产的人都有能力去贩毒，那么为什么这么多做房地产的人面临着巨大的市场压力不去贩毒呢？这是因为贩毒是被商业行为拒绝的，是对人类有害的。作为一个文化商人，他也有基本的道德，就是不能出版一个危害社会的东西，不能贩卖鸦片，当然也不能贩卖精神鸦片，这是很简单的。所以，不能给企业带来利益的，我认为绝大多数的产品不是好产品，那么能够给企业带来利益的，也不一定都是好产品；但是，好产品一定能给企业带来商业利益。

提问 3：作为一个企业家，您面对的财务报表肯定是即时的，不会有那么长的时间让您等待这种利益，碰到这种情况您会怎么办？

龚曙光：第一，张炜的书，用他的话来讲，他任何一个长篇，三年销量都过十万册了，这就说明是畅销的，具备这样畅销的素质。第二，如果真是一个好作家，不仅是我的眼光，还有你们的眼光都判断他是一个好作家，是一个好的文化企业应该培养的。如果一个好的文化企业每年不能培养十个、二十个有潜质的作家或作者，它就没有未来。我固然关注当期的财务报表，但是我更关注企业未来的财务报表，所以在这点上，我认为中南传媒已经有足够的能力去均衡当期的财务报表和未来财务报表的需求。

提问 4：之前我问过一些朋友对您的看法，台湾的一个文化记者跟我说：“张炜，我觉得他很奇怪。第一，我觉得他是一个非常优秀的作家，非常好的作家；但是另一方面，张炜又像一个不出世的官员。”我们刚才听了您和龚总的对话，是关于经济发展与文学的关系。我们理解社会，经济应该是一个框架，还有一个框架就是政治。今天，有个年轻的记者也对我说，以前对您不感兴趣，因为觉得您是个官员，但是今天听了演讲之后想法有一些改变。我想请教您的问题是：第一，您介入政治生活后，政治和文学保持了什么样的关系，这些政治生活经历和阅历在文学中怎样慢慢地发酵，成为您的文学养分？第二，您怎么看待目前类型小说里面作品最多的一个门类——官场小说？

张炜：第一个问题比较好解答，不知是谁，在百度百科上面搞了我的介绍，上面讲是什么领导，真是子虚乌有，滑稽。那些年号召下去挂职，要求我们这一批都要下去，结果全国有好多人都去了。这算什么当领导？

龚曙光：何立伟、何顿都挂过。

张炜：挂职不是当官，海外的不了解国情，误解成当官。

对作家跟社会的关系，深入阅读作品后，完全不会产生误解，只有不读作品的，才会非常肤浅地理解问题。作家和社会生活的关系是相当紧张的，任何一个稍微像样的作家，都是挑剔的、批判的、不满足的、忧思满怀的。他是这样的一种人，不然的话，他就不会极度地追求完美，源于个人生命内部的感动也就大打折扣了。

说到官场人物，书里总是贬多褒少，因为作家就观察到的一些领域发言，总要真实地表达。官场小说在中国的小说史上叫社会谴责小说，有写得相当好的。比如王跃文的小说，写人性，写生活的细节，是入木三分的。

回过头来说，挂职，在机关里面工作，这些对于作家都是养料。因为作家应该对社会生活的方方面面，从最底层的劳动民众到比较高层的社会人物，都应该了解，这是非常重要的，是知识的一部分。一个好作家、有良知的朴素的人，是不会没有是非感，不会失去正常的判断力的。这些严格讲来是不在话下的。

提问5：我特别喜欢您的《刺猬歌》，我觉得所有这些伟大的作品都是书写人类文明的。我记得您有一次接受采访的时候谈到刺猬那种精灵更能够观察到人间庞杂的闹剧，在黑暗中能够处于更好的观察的角度。我在想一个问题，就是从您的角度，您是想以作家的身份去参与这一场社会的进程，还是以一个精灵的身份去旁观人间的闹剧？第二个问题，得诺贝尔奖有一个标准，就是奖给那些有理想化倾向的作品。很多理想主义的作品的创作者本身可能是一个理想主义者，但同时他的基础应该是一个深度的悲观主义者。我刚刚从您的表述中间能感受得到，您说您对现在这种状态感到很悲观，希望有一些改变，我觉得悲观的这种能量是不是理想主义倾向的一个光源或者是照亮它的一个灯塔？

张炜：《刺猬歌》对我来讲是很重要的一本书。《你在高原》是因为体量很大，作为文学现象容易被人注意到，《刺猬歌》还没来得及被回味和咀嚼，《你在高原》就出版了。我不会像野地精灵一样地去看待社会。仔细看，每一个动物、每一个精灵都有出处，这从现实层面解释得通，不是简单的荒诞。难在它是一个现实感很强的、从逻辑和语境上说得通的那么一个怪异传说，写这个比较难。如果毫不负责任地“穿越”，一会儿变成马，一会儿变成神仙，一会儿又变成妖怪，那叫画鬼容易画狗难。《刺猬歌》的难度，在于它是一个朴素的神奇故事。

感受绝望和悲观，现在一点都不难，难的是绝望之后的选择。人既然要活下去，就要选择，第二次选择才是最困难的。因为绝望而悲观，就沉沦，就痞子气，就胡作非为，那是一种选择。还有一种选择，就是仍然积极地生活，哪怕给这个世界只增添一点点温暖，做一点点弥补也好。尽管悲观，觉得一己之力无济于事，也还是要努力去做，因为人活在这个世界上。所有绝望之后的积极都沾上了伟大的色彩，每一个绝望而积极的人都很了不起。伟大和平凡，在一个人的身上就这么结合了。所有的痞子、罪犯、胡闹者，都是这个世界的毁坏者。

有一位德国哲学家叫弗洛姆，他说人有两种东西在生命里，一种是生本能，一种是死本能。生本能使人对生活充满了希望，是向上生长的一种力量，是创造一切美好事物的根源和动力。死本能就是绝望和毁坏，很残酷的东西都源于它。人类要战胜死本能，因为这种负面的力量十分可怕。好在人是有理性的，是经过了几千年文明淘洗的，有能力遏制自己身上不时泛起的恶力，突破它的规定性和强制性、潜在的指引性，做一点创造的事业。

提问6：我看了您的作品，相信有人也这样问过，作为一个作家，在价值观上您是有自己的坚守的，那么我想请问一下，您如何看待当今社会很多作家的这种多元文学价值观？您觉得必须要坚守的是什么？另外，在您的《古船》《九月寓言》后面都会有后记，那么从作品的去向到后记的抽象的哲理的表达，您是不是也想进一步向我们阐述您个人的文学价值观，您是不是也特别看重读者或者国人对文学价值观的理解和认同？

张炜：每一个人都有自己的价值取向，文学表达从风格到内容都是不尽相同的，不可能让别人都和自己一样，这一点是肯定的。作家应该有足够的包容、足够的理解，这些都是好的。众声喧哗强过一声独唱，会产生一种丰富性，形成复杂交集的声音。

一个作家运用文学策略，说话还是越少越好。小说家不停地演讲，不停地谈吐，不是很蠢吗？因为理性表述越多，对于感性的压迫和局限就越大。一个以写虚构作品为业的作家，如果把嘴巴闭上该是多好啊。评论家将从他的虚构作品里分解出各种各样的思想，这个作家只会越来越多解，越来越博大，越来越神秘，越来越具有不可预测性。小说家写下的言说文字，一般来说越少越好。

可是有人为什么要这么愚蠢呢？把嘴巴闭上很容易，可是想要直接说出来怎么办？看到社会上的很多状况，精神状况、社会状况、物质状况，忍不住就要说，就要提醒，就要呼喊，因为作家面对的这个世界太危险，更因为心里不忍。

如果是这样的一个人，连这种朴素的质地都不敢保留，只为一点文学策略去设计，去强制自己，斤斤计较，也算可怜。

理想的写作人格是这样：一路走下去，该呼喊就呼喊，直到喉咙喊哑，同时也会沉醉到虚构的快乐里。这是一样的。这样一辈子，到了完结个人文学生命的那一天，会对得起自己：呼喊了一生，虚构了一生，只为了这个生存的世界。

提问 7：还有一个问题，有一本书可能在您的整个创作期间里面比较独特，就是您说的那个《芳心似火：兼论齐国的恣与累》。从表面上看，它是谈齐国文化的，很容易被人误解，但是实际上它的目标是在谈中国当代的现实。副标题是“兼论齐国的恣与累”，其中“恣”就是齐国的重商主义政策使齐国得到很大的发展，但这也是齐国衰败的一个很重要原因。商业主义也是您今天演讲之后再谈的一个主题，就是您一直在反思，思考、思辨商业主义对文学及对人心和社会的一些影响，尤其是一些负面的影响。这个是我的一个理解。这本书是很独特的，您没有表达得那么直接，但是通过这种隔了一层的表达，只能由读者去理解，不同的读者有不同的理解方式。我想请您谈一下创作这本书的出发点是什么? 第二个，我一直有一个疑问，您为什么要在这个社会提出“芳心”这个概念，我一直有点疑惑，所以想请您解一下惑。

张炜：我在写《你在高原》这二十二年里阅读了大量的齐国文献，发现齐国那么兴盛却被灭掉了，我要寻找这个原因。同时又看到中国现实的很多问题，引起了深入的联想，于是它成了《你在高原》的副产品。有人甚至说可以把它当成《你在高原》的一个长长的后记，当然那也未必。但它肯定是个人的重要思考。

可以说，长时间来，我关于社会、商业主义等的一些思考都概括在这本书里了。

“芳心”比喻男人和女人之间的恋爱，“芳心”是还没有充分燃烧起来的之前的那段过程，像花儿一样，没有衰败。但是剧烈燃烧之后，也就变成灰烬了。关键要保持一个“度”，人和自然的关系，也要如此。巨大的爱、巨大的爱的张力，这个时候才是最有创造力的——爱是最有力的。

对话嘉宾简介

张炜，1975 年发表诗，1980 年发表小说。现任山东省作家协会主席，专业作家。发表作品一千余万字，出版单行本两百余部。作品被译成英、日、法、韩、德等多种文字。

主要作品有短篇小说《一潭清水》《声音》《玉米》《冬景》，中篇小说《蘑菇七种》《瀛洲思絮录》《秋天的愤怒》，长篇小说《古船》《九月寓言》《外省书》《柏慧》《能不忆蜀葵》《丑行或浪漫》《刺猬歌》，散文《融入野地》《夜思》，文论《精神的背景》《当代文学的精神走向》等。

1999 年，《古船》被评为“世界华语小说百年百强”和“百年百种优秀中国文学图书”，并被法国教育部和巴黎科学中心确定为法国高等考试教材；作者本人与《九月寓言》分别被评为“九十年代最具影响力十作家十作品”。《古船》与《九月寓言》入选北京大学出版社的《百年中国文学经典》。其作品《声音》《一潭清水》《秋天的愤怒》《九月寓言》《外省书》《能不忆蜀葵》《鱼的故事》《丑行或浪漫》等分别获全国优秀小说奖、人民文学奖、庄重文文学奖、齐鲁文学奖、当代奖、中国环境文学奖、金石堂最有影响力书奖、中国畅销书奖、中国最美的书奖等。新作《刺猬歌》与《芳心似火》亦反响热烈。

2013 年 4 月 19 日，海南海口

对话韩少功：数字化时代的文化生态与精神重构

数字化，无疑是这个世界带给人类生活最大的变化。它改变的远不止于生活方式，更重要的是，它以快捷的传播手段、爆发式的影响力冲击、颠覆传统文化。

这种变化，命题宏大，难有破解方案，但却必须应对。

2013 年 4 月 19 日下午，著名作家韩少功与龚曙光在海口市香格里拉大酒店做主题对话：数字化时代的文化生态与精神重构。

韩少功是寻根文学的旗手，公认的海南文化名片。他在文学创作的巅峰时期回到乡村潜思独行，用一种回归本真的方式滋养自己的文学，填充了一个时代的灵魂空缺。

龚曙光是中国当前最重要的文化推手之一，他的生命底色与文学不可分割。两位都曾在湖南岳麓山下经历并参与了当代中国文学的黄金时代。龚曙光二十多岁时曾被著名作家张炜寄予了“未来中国的车尔尼雪

夫斯基”的期许，在攀登了人生的种种高度后，这两年又回到文化批评的现场。

一位作家与一位出版人对话，从各自的立场和责任出发，思考如何面对数字化时代，进而重构我们的文化生态与精神家园。

假如唐朝有视频的话，流传下来的唐诗会减少 70%。

龚曙光：谢谢大家来捧场。自古以来，好像对话都要捧场，与唱京剧要有观众喝彩一样，所以在座的各位也是这场对话最重要的人物，也感谢少功前来履行我们一年之前的约定。

其实我跟少功一直相距很近，我俩是同一所大学、同一个系的同学。但他比我早半年，这个“早半年”非常重要，使我与少功又一直相距很远，使我从青春时代到中年以至现在，一直在追赶他。他写小说时，我评小说；他若不写，我就没东西可评。后来他作为中国最重要的作家之一，不断地为社会贡献文学、艺术、思想、文化的精品，而我作为出版人要永远地追赶他。有时，为了他的一部著作，我要去反复地跟他纠结、撒泼；当然，他也会跟我耍赖，他至今还欠我一部小说。我们这样的“近”和“远”的关系，决定了我们之间这场对话有共同主题，但不一定有共同的思路，也不一定有共同的结论，这大概就是当下中国文化的基本写照。

今天谈的主题其实就像这个现场一样，很尴尬、很纠结。比方说我们今天谈到的数字化时代对于中国传统文化形态的解构、对当下文化生态的破坏，可能会有一些诟病，会有一些指责，甚至批判，而现场却还有网络直播，几大网站把这个视频播出去，成为众多网民点击的话题。正因为这样的纠结与尴尬，这一话题才具有一定的现实性和紧迫性。

对谈之前我要告诉大家，前几天在一个很正式的场合，莫言评价："中国的文学界很少有思想家，但韩少功必列其中。"我很认同莫言的评价！全面地评价少功，这个已经不是我的工作，也不是我能力所及的。但我想强调，在中国的作家中，我最认同少功的是他的情理兼胜。一般人会觉得作家的想象力超群，感性压倒理性，但是我认为少功是一个情理兼胜的作家。中国近代以降，我认为情理兼胜的作家只有两个人：一个是我很敬仰的王国维，静安先生；一个就是少功先生。静安先生的情理兼胜使他在中国传统文化的思考或考据上成为一座丰碑。当然，他这样情理兼胜，也使他面临新时代时做出了一个决绝的、一般人不会做的选择。而少功先生的情理兼胜，是他以自己独特的文体表达了对这个时代的独特思考。

少功从来没有离开过他的时代，但一路走来，我们却又觉得他总是比他的同行，甚至比这个时代的文化风气先行了半步。从文学的寻根到《马桥词典》提出对中国乡土社会的反思，再到推出米兰·昆德拉，以译著实现对一个政治化集权时代的批判，以及决然离开城市去乡居思考一些人生最朴素的，可能也是更本真的问题——他的每一步似乎都在人们的意料之中，却在人们的选择之外。正因为这一点，我觉得莫言说"中国的文学界很少有思想家，但韩少功必列其中"非常准确，这就是我对少功的基本认识。今天的话题也是少功作为一个文学界著名的思考者，所必须面对和必须思考的问题。他也曾经就一个作家如何面对数字时代表达过自己的思考。当然，今天的这个主题更大，我特别希望少功在今天能够告诉我们他所理解的数字化，他怎么看数字化？怎么看在当下数字化时代的文化生态？又会给我们开出怎样的重建的药方？

韩少功：龚总给了我一个非常沉重的任务：开药方。我心里没底，想求教于我的老校友、曾经的同事。我们先后在湖南省工作过，他做文艺理论研究室的工作，我在湖南作协五年。那是 20 世纪 80 年代后期，当时文学非常纯洁、非常崇高！那是充满激情的时代，在文化领域工作，我们当时的很多观念也肯定具有时代的特色。正像主持人刚才说到的，当时作家张炜先生评价曙光先生将来会是“中国的车尔尼雪夫斯基”。我现在说到这个名字的时候，可能很多年轻人不大熟悉，再过一段时间，想要用这个名字褒奖某一个人，可能会听起来像是在骂人——你说我像车尔尼雪夫斯基，那是一个什么东东呢？时代发生了很大的变化，在这个变化中间，就像龚总刚才说的，我们都很困惑、很尴尬、很纠结。这些年来，从三十多岁、四十多岁、五十多岁，到现在六十岁了，老汉一个，我的很多困惑一直没有停止，什么叫“与时俱进”？什么叫“随波逐流”？什么叫“必要的坚守”？什么叫“可笑的迂腐”？这些概念很难界定得清楚。我们两个人相比，我的工作是更像个体户，而龚总是指挥一个大团队。大公司与个体户之间，看待问题的向度肯定不一样，但人与人之间不管存在多少身份的、阶级的、民族的、性别的，甚至文化气息的差异，但只要是人，肯定会有很多基本的心理结构、心理信息是共通的。

所以说，当所谓数字化（我们说到的数字化是以电子数码这种技术为主要特征的东西）扑面而来的时候，我们这些人的基本心理结构、心理习惯发生了哪些变化呢?

我举一个小小的例子，以前，写信是一个很重要的事情。前不久，我清理旧物时发现了两纸箱信件，挺有滋味，那都是我的朋友或亲人给我的一些信。但是我突然发现，那些信件都来自 20 世纪 80 年代末期，90 年代初还有一点点，到 90 年代中后期以后就戛然而止了，没有了！信件已变成很珍稀的物件。现在的孩子如果出国留学，几乎每天可以和家里视频通话，问妈妈荷包蛋怎么做、面条怎么下。老妈就在视频里面告诉儿子。他们一个在太平洋这边，一个在太平洋那边，视频提供了这样的交流机会。这样的“远”和“近”根本就不存在距离。那么它带来了一个什么问题呢？写信的少了，等信的那种焦虑、那种期盼、那种惆怅，接到信以后的喜悦，或者读到某一封信的时候忍不住的泪流满面，那些场景与心情也就都没有了。有时候，很多的话是需要用文字表达的，用口语说出来不大方便。

有一次我在乡下没事，找了一本唐诗来读，粗粗统计，那本诗集里面大概 70% 以上的题材都是“怀远”。所谓怀远，就是怀念远方的东西，如远方的故乡、朋友、亲人。还有，我的朋友要走了，我的恋人要来了，我的兄弟现在怎么样，我的父母怎么样，我以前熟悉的山水怎么样，那个庙怎么样，都是“怀远”。但是如果现在远近根本无所谓，每天都可以视频通话，“长相思”就无所思了，“长相念”也就无可念了。可是 70% 左右的诗词都是这样的题材，这就是说，假如唐朝有视频的话，流传下来的唐诗会减少 70%。

龚曙光：我们常说唐诗一万首，那就只剩下三千首。

韩少功：事实上，我们现在很多的孩子，包括他们的父母、兄长，并不知道自己的邻居是谁，哪怕这个邻居已经在那里住了五年、十年——偶尔在电梯里面或走道里面点点头，根本不知道他是做什么的。但对一些很远的人，他会很熟悉。比如爱猫一族，猫一发病，大家为了救猫，全世界的猫友同心协力，紧急行动起来；而邻居是谁，他们不知道。可能我们对太平洋彼岸的或者喜马拉雅山那边的、西边的某个人更"熟悉"。通过网上的虚拟世界建立联系，我们不知道对方的气味，也不知道对方的具体生活方式和细节，但是我们会觉得相互亲密得不得了，我跟他们有很多交往的兴趣。

但对我的朋友也好，邻居也好，同事也好，同学也好，甚至我的亲人也好，我们毫无了解的兴趣。有的家庭，丈夫一进家门就打开电脑忙他的，妻子、儿子回家也是打开电脑忙各自的。一家人好不容易在一起吃饭，每个人到了饭桌上还拿手机看微博。端上来一个菜，还都"啪啪啪"地拍照，放到微博上去了，饭都不能好好吃，周围最亲密的人实际上已变成非常遥远的人。数字化技术给我们生活的远近、空间关系带来了根本性和颠覆性的破坏。将来还会发生什么，现在真是不可预料。

我们还只尝到数字技术的小甜头和小苦头。

龚曙光：互联网改变了我们对时间和空间的基本感觉。其实从哲学角度来讲，时间和空间决定了我们感知世界的基本模式，所以世界对于我们来讲，只有时间和空间。过去我们对时空的丈量，其实就是从信息抵达的时间来判断我们与世界的远近，也用身体抵达的时间来确定我们与世界的远近。比如说我们现在去纽约，可能最快的航班是十多个小时的航程，这是我们与纽约的距离；19 世纪早期乘邮轮，应该要两三个月。过去从西雅图寄一封信到上海，可能需要两三个月的时间，如果遇到风浪或战争，可能就是半年；而现在的视频，连通只需要一分钟，甚至一秒钟。

刚才少功用很通俗的例子让我们感受到，互联网给我们带来的不仅仅是一种生活的便捷，或者说这种便捷在改变我们的生活感受，而且也在改变我们跟世界的关系，很远的东西变得很近，很近的变得很远。比如说邻居就变得很远，就真是“鸡犬之声相闻，老死不相往来”。我的朋友在一个小区住了三年，后来搬走了，搬走的原因是邻里之间毫无交往，邻居家里有几个人，身份是什么，性情是什么，他都不知道。这个邻居的年龄应该跟我差不多。如果换成年轻人，恐怕就不是三年，三十年也不一定有交往。这种模式使我们传统的生活价值观、传统的生活习惯承受了巨大改变。而这种改变不仅改变了我们的生活方式，而且使生活中很重要的东西——过去在我们看来是人生价值的重要构成——都在变得淡薄、在被放弃、在消失。

刚才少功说到“怀远”，思念是人的一种基本情感，不管是念人还是念物。思念是要有距离感的，一个是空间距离，一个是时间距离。而现在由于距离感没有了，两个人每天都在视频，那就没有了思念的欲望，我天天都看着你，对你什么都看得清清楚楚，怎么可能有思念呢？而人们没有了思念，还算是具备正常情感的人吗？还有，假如人与人的关系都是网上的交际关系，缺乏很贴近的喜怒哀乐，或者肌肤不发生关系，这种状态下，我们的精神世界又会发生什么样的变化？

有人讲，少功从城市返回农村，这是一个文人摆的一个 pose，很多人会认为，大凡文化人成功之后，都会摆几个 pose，这是少功的 pose 之一。我当时也不认为它就一定不是个 pose，但是当我看了少功的《山南水北》之后，我就真实地感觉到，我们这些从传统生活中走过来的人，面对这种远近颠倒的时间和空间时，所遭遇的不适可能不仅仅是需要改变生活状态，甚至要放弃一些不愿意放弃的东西。少功更愿意走近乡土，使生活可以让肌肤直接感受得到。所以，关键不在于少功在那个乡村所获得的，而是要获得这些收获身体所需要付出的劳动，以及在身体付出这种劳动之后，灵魂所得到的安妥。

我想，少功背离城市生活而选择了农村，他在逃离城市频繁的宴请，逃离让人感到玄幻的霓虹灯之外，是不是也在逃避数字技术所带来的这样一种被改变了的人际关系，以及这种人际关系所呈现的都市生活？他是不是想通过人为制造的空间距离，来抗拒数字技术造成的与世界之间的逼仄感？

我知道余秋雨就不用电脑，不上互联网，也不用手机。可能在作家的阵容中，秋雨是一个比较极端的例子。数字化世界，少功这样具有自己文化独立心态的人，是不是在逃避或躲闪呢？

韩少功：两个方面都有。一个方面，其实我用电脑蛮早，和秋雨先生不一样。20 世纪 90 年代初，最早的一个电脑软件叫“金山词霸”，现在应该说是最古老的了，骨灰级的了。从 286、386、486、586，一直到 Windows，我是每一级都玩过。而且我当海南省作协主席时，是第一个在我们机关全面推动电脑化的人。我给每位编辑配置了一台电脑，让他们可以在家里办公。当时省里的某位领导还特别表扬我们，说技术革新意识特别强。

另外一方面，确实像龚总说的，被他一眼就看穿了，我到乡下去的重要原因，是想建立一种信息屏蔽，就是屏蔽掉一些不说是垃圾信息，至少是泡沫化的信息。我认为，网络上的信息在 20 世纪 90 年代还可以。21 世纪以来，发展速度太快了，原来有数据说中国有五亿网民，估计现在这个数字早已被超越了。原来说中国有八亿部手机，这应该也被超越了。互联网这么大的江湖，这么大的利润空间，难免鱼龙混杂，各种机构、各种势力都在江湖里面抢蛋糕，于是乎会出现一些不健康的东西，这也很自然。我周围有一些在网上混得多的人，我经常听到他们说哪个影星又离婚了，哪个歌星性取向有变化了，哪个人的服装今天怎么样、明天怎么样，这里今天杀人了、明天那里放火了……你听一百条这样的消息跟听一百万条有什么区别？这会耗费掉我们很多的精力，而且把我们的视野、趣味变得狭窄和庸俗不堪。我一听到这些消息，就觉得不耐烦。

在乡下，我把电话线拔掉，把手机关掉，没有人告诉我网上发生了什么，我就会有更多的时间、更加愉悦的心情考虑一些应该考虑的事情。但是我也知道，不应由我一个人或更多像我们这样的人来建立屏障。从整个社会来说，还没有形成一些共识性的东西，而难点在于我们对新的技术、对数字化还知之甚少。

我们可能初步地尝到了数字技术的小甜头，也初步地尝到了小苦头，但是大苦头或者大甜头可能还在后面。我们还没有尝到足够的苦头，吸取足够的教训，来反思这种新技术带来的利弊，来思考怎样取其利而防其弊。其实每一种技术都会经历这样的阶段。以前没有电，发明了电，觉得电真好，后来发现它会电死人，会导致火灾，也是经历很多教训以后，才知道怎么样安全地使用电，为人类造福。汽车也是这样，每年的交通事故造成的死亡人数估计数以十万计，比任何一场战争都厉害，但是好像大家都心甘情愿地接受它，接受这种代价。数字化技术肯定也是这样，现在我们才开始有一点眉目，但如果没有冷静的态度，只有麻木的追随、狂热的兴奋，那就比较危险了。人的脑袋本来是长在自己的肩上，有独立思考的功能，现在有些人受网络的影响，仿佛变成了信息垃圾桶，嘴里说出来的，没有一点是自己的东西，全部是垃圾信息，而且都是别人吐的。

太多的碎片信息侵占了独立思考的空间。

韩少功：我昨天参加了我的一本新书的发布会，有人说“韩先生，好像你沉寂了十年，最近才出来一本新书”。“沉寂了十年”，当时我有点儿纳闷，好像我十年里什么都没有干。其实这十年我写了不少东西，包括中篇、短篇，2008 年《山南水北》还拿过鲁迅文学奖，我真不明白什么叫“沉寂了十年”。其实这都是网上的信息，一个信息出现了就会不断地被转载，最后形成了一个共识，就是“韩先生沉寂了十年”。这种信息成了一种定势，如果我十年没有出长篇小说就算沉寂的话，那么鲁迅先生不是一辈子都在沉寂吗？汪曾祺先生不是一辈子沉寂吗？还有很多作家不是一辈子沉寂吗？这些概念是怎么形成的？这是数字化时代的另外一个特征，就是传播力极快、复制性极高。

龚曙光：少功，我倒在琢磨，数字技术究竟是在“传播”信息还是在“传递”信息？

“传播”一词在我的感觉中一定是有梯级、有波次的，是一波一波地呈现。但是现在互联网对信息的传递不是这样的，尽管这种病毒式的复制可能要经过很多个中转的环节，但始终是以一个信息直接面对所有受众。比方说你刚才讲的“韩先生沉寂了十年”，经过了很多的人病毒式复制传递，每个人得到的信息都是同样的“韩先生沉寂了十年”，这几个字的字数是一样的，意义也是不变的。

但是如果是“传播”，我会说“少功最近几年发表的作品较少了，沉寂了十年”。到下一个人口里就会说“龚曙光说，少功沉寂了十年，可能是指他的长篇小说创作”。到了第三个人，可能就会说“少功最近小说写得少”。如此再到下一个人，这种信息的传播已经具有了更丰富的想象加工。

我一直认为互联网以最快捷而简单的方式传递信息，我们接受的信息，特别是资讯类的信息，姑且认为它们每一个都是正确的（当然大家知道互联网上的资讯都是大打折扣的，不是每个信息都真实），每一个信息提供的都是一个碎片，我们对于每一个事件的真相的认知，都是在一个压着一个的碎片式传递过程中解构着对世界的整体感知。

但通常人与世界的关系是通过整体感知的，包括肌肤的感受。但是现在由于这些碎片来得太快，清洗得也太快，我们没有对这些碎片式的东西进行自己的拼接，太多太多的碎片信息侵占了刚才少功所讲的“独立思考”的空间。

韩少功：信息碎片化、数量多、体积大，所以每个人对信息的消化能力显得特别重要。

龚曙光：在数字时代，任何一个很小的生活故事都很容易引发很宏大的价值判断。比如说某一个人在路上扶起了一个老奶奶、老爷爷，原本不是什么大事情，即使在社会道德不太完善的时候，也不是大事情，但事件一到网上，马上就成了“扶奶哥”“扶爷哥”，然后就是几十万、几百万的跟帖。

韩少功：还会产生很多“最美”。

龚曙光：是的，如“最美乡村教师”“最美乡村医生”。这事发生到你们身上，你们就一定不扶吗？就一定会逃避吗？我们不敢说一定不逃避，或者说生活中也有很多逃避的人，于是乎网上就会群起而攻之——你怎么逃避了。最近我们出了一本小说《搜索》，还拍成了电影，说的就是网络暴力，某人在车上不给一位老人让座，最后引发一起网络暴力事件。

在这个意义上，传递和传播是有区别的。每一个人对一个事件的情绪是分了时间、层次去消解的，比如今天你被打了，你很愤怒，你把愤怒传达给我的时候我也很愤怒，传给第三人时他也会很愤怒，只是这个愤怒不是同时发生的。但是在互联网时代，它是同时发生的，因为他在说“我们打了谁”的时候，已经有成千上万的人知道打了，哪怕每一个人都只是轻轻地“嘘”一声，但上亿个人同时发出这个声音，会是一种什么样的力量？所以，也许一个人的良善最终会形成暴力，至少形成对这个事件的不恰当评价或对待。互联网确实是把每一个人的道德正义集中在了一起，虚幻地变成整个社会的道德正义。这样的结果让我们的内心很恐惧，因为互联网已经把一些很小的事情变为了很大的主题，而最后对某些当事人，甚至某个社会风尚形成伤害。

韩少功：我完全赞同。刚才龚总从新闻出版管理的角度出发，依据他丰富的工作经验，提出了“传播”与“传递”的区别，揭示了互联网传播的特征，就是这种强制性、放大性，把我们的某一种情绪瞬间地、同步地、极大倍数地放大，这个造成的影响在我们生活中表现得非常明显。

龚曙光：而且互联网在破坏力方面尤其强大。

韩少功：互联网上某个信息的影响力，有时会势同核弹的爆炸力。问题爆发出来以后，事情就会很难办。我去过印度三次。20 世纪 90 年代，印度的经济应该比现在差很多，但是我感觉社会平稳。现在因为有非常廉价的社交网络工具，印度就没有消停过，比如去年的反腐败，今年又是反强奸。一个经济实力强大、资源丰富的国家，要应付网上的突发事情尚且有捉襟见肘之处，何况印度的经济实力并不怎么强。如何增强互联网管理的建设性？这应该是全球都要考虑的问题。现在很多本来有深度的问题，传到网上后就被肤浅地理解了，是所谓“标题党”造成的。开微博的人有感受，一则微博一百四十个字，但在一百四十个字里面把一个话题说清楚不容易，很费脑子。

龚曙光：但是我看你很少写满一百四十个字，我的每条微博基本上都写满了。

韩少功：我恨不得写文言文。有些东西是可以长话短说的，但是有些问题真是一百四十个字解决不了的。但是现在有的人比我还懒惰，比我的思维更粗糙，就是一个“标题党”。他们给很多问题贴标签，以为这样就可以解决问题，实际上真不是那么回事。

龚曙光：我用了一年的时间写了两百条左右的微博，共有两百多万“粉丝”，但现在已经停了。我关注的人很少，也从来不回复。后来我突然发现这些跟我帖的人，好像跟我写的东西没什么关系，我突然觉得没意思，搞了半天是“鸡同鸭讲”。互联网上有的话说得恳切，有的尖锐，有的很不友善，但是很多人完全没读懂我的东西，所以我觉得互联网的浩大之势、强劲之势也有很虚的东西在里面。我们在接受和体验互联网的过程中，是不是真正地动了脑子？所以，我觉得不管是在互联网的时代，还是没有互联网的时代，独立的思考、独立的观点、独立的姿态，依然是我们保持自己文化心态正常、完整，保持自己精神干净、健康的最重要的武器。

真实和想象构成的整体感知，这才是我们所要的。

龚曙光：我们经常讲，一个人应该面对真实，对每一条资讯都要求准确、真实。但是，如果人类每天都面对着真实，如果这种真实可以准确到被百分之百地呈现，好比两个恋人，把生理结构、心理状态全真实地摆出来，他们还会相恋吗？人类需要真实，但也需要想象。人类与世界的关系，应该是真实和想象构成的整体感知，这才是我们所要的。

昨天我接受记者采访的时候，举了个例子，说今天某个酒店死了一个园丁，你可以报道几时几分死的，原因是心脏病复发，它是真实的，媒体也是这样报道的。但对媒体而言，这样报出来没任何价值。如果要我们的媒体来报道，我就必须要追究。第一，他的心脏病为什么爆发？是因为昨天晚上跟老婆吵架了吗？是儿子遭遇了什么不测吗？是因为某酒店的管理问题吗？是昨天天气很闷，容易诱发心脏病吗？——我们会做数据分析，在海南遇到沉闷的天气，诱发心脏病的概率有多高？第二，我还会要问，一个人死在岗位上，你对此是持肯定态度还是否定态度？有的人会说，他是劳模，心脏病发了还在工作。有的人会说，不管工作有多重要，也不至于比生命还重要，所以每个人感觉太劳累了，就要放下工作适当休息。

如果从传播的角度讲，不说互联网传递，就说口口传播，张三说我昨天看见死者和老婆吵架了；李四说他的老婆很小气，他俩因钱吵架；王五说不是的，死者的老婆有作风问题，被他看到了；然后传到更多人那里，它就被演绎成了一个又一个不同的故事。这个事情在传播的过程中，就被附加了想象。如果没有丰富的想象，《格萨尔王传》从哪里来的？古罗马的史诗从哪里来的？《史记》中的那些故事从哪里来的？《山海经》里面的故事是从哪里来的？假如人类仅仅是专注于信息的准确传递，而不关注在这些真实之后人类还可以想象，那么我们还会有一个完整的文化生态吗？假如人每天都在面对真实，不运用自己的想象力，这样的一种生活还是对人性完整的舒张吗？情感世界还能有所寄托吗？所以，互联网式的传递，我认为它首先伤害了人类应该特别重视的个体想象力。长此以往，人类的想象力一定是会萎缩的。

没有想象力的人类，一定没有想象空间，没有了想象空间，世界再大，都注定是个狭小世界。没有了想象力的世界，即使现实生活再丰富，也一定是一种枯燥的生活。所以我觉得，作家应该承担这样一个责任，不仅仅在传统的意义上表达自己的艺术感受，肩负自己的文化道义，实现自己的社会担当，还要有一个抗拒互联网时代里碎片式真实压抑人类想象力的使命。

最近读少功的《山南水北》，不是虚构的故事，那就是生活的体验。每当看到他写那种特别乡怨的感受，想象力就被激发。比如说，他讲一个划船的人懂一点巫术，人家养的鸡跑到山上不回来，这个人就画一张符，鸡就回来了，进了笼。就这样一个东西，你说它是真实的吗？它肯定是真实的，因为是少功亲眼看到的。也可以说完全不真实，因为书中人物的行为是反科学的。所以互联网就不如文学的表达这样充满诱惑，让人获得充满神秘的感知。

互联网让人们对生活本身的自我体验彻底消失。

韩少功：现在的电子文化和我们以前不一样，它提供了大量的娱乐方式，创造了庞大的娱乐产业，这和曙光刚才说到的人类审美、想象能力的削弱有没有关系？我觉得有关系。

我年轻时候读书，如果逃课，不可能是别的原因，肯定就是读小说去了，如《三国演义》《七侠五义》。那个时候没有电脑、没有电视，甚至广播都很少见，最好的娱乐，或者说最主要的娱乐就是唱唱歌、看小说。那时候看到一部好小说可以通宵达旦，而且同寝室的同学约定，《简·爱》这本小说你从 8 点读到 12 点，曙光从 12 点读到早上 4 点。那时候书是最好的美酒，小说就是我们最好的休闲设施，看戏剧、看电影就是我们的节日，但是到今天情况已经大大地变化了。哪怕一个大学的文科学子，都可能在埋怨父母狠心，周末还让我读书。读什么呢？读《红楼梦》。有一次在大学座谈，面对三十多个文科系的文学研究生，我做了一个调查——有多少人读过《红楼梦》？不到三分之一。我把门槛降低——多少人看过《红楼梦》电视连续剧？大概一半人。而同学们对《红楼梦》的考题都非常熟悉，而且答得非常正确，也就是《红楼梦》对他们来说，就是一个考题。我还做过一个调查——有多少人读过三本法国文学作品？也不到三分之一。

这样的结果让我非常惊讶，后来我思考这个问题，发现孩子们大量的时间和精力被电子化产品占领了。

现在网上的阅读，可以论斤卖。一些网络作家一天写几万字，至少是五千字。我熟悉的一位网络编辑，他的一位作家是一边写一边给他传稿件，传着传着，把本已死了的角色又写活了，因为他在写作过程中早就忘了前面所写的内容。有一个青年到我的办公室请求指点作品。他打开一个盘，我估计是短篇小说或者是一篇散文。一打开，竟然是七个长篇。我说你现在是在上大学吗？他说在读高中。他写的绝不是现实生活中的故事。孩子勤奋写作，应该表扬、应该鼓励吗？我问他怎么可能有那么多时间来写作？他说："太平常了，我的同学都这样。"所以如果说我担心的话，我担心什么？担心他对文学的必要标准与要求全都没了。

比如说我们写作，年轻的时候可能会这样，至少有一个基本的要求，得写什么像什么。我写一个老人得像一个老人，写一棵树得像一棵树。现在的孩子们完全是在屏幕前长大的，甚至是在和现实的人、社会隔离的情况下长大的，他可能更多地在动漫中了解世界。他写的河是动漫的河，山是动漫的山，老人和小孩都是动漫化的，写出来的内容和现实根本没任何关系，所以文学的一些基本要求在这里被去掉了。这样发展下去，我们全部的审美价值就被瓦解了。

龚曙光：我觉得互联网写作最重要的还不是写得像与不像，甚至不是它确立一个什么样文学标准的问题，因为不同的时代有不同的标准。互联网时代，不管是文学写作还是知识写作，是社会性质的写作还是个人的写作，我们在整个的接受过程中是没有体验的，这是最重要的问题。其实你的《山南水北》中有很多是常识，不是什么独特的真理，但是因为你用汗水、用手脚去体验过，而不是在互联网上得来的，所以不仅亲切，而且深刻。

我们特别强调对知识的“吸纳”，好像互联网特别为吸纳知识提供了便捷的通道，尤其是搜索功能，让我们一点“韩少功”，韩少功的一切都出来了，一点“郁闷”，几千万字都出来了。但是通过这样的搜索，你能体验到“郁闷”吗？你对“郁闷”最终形成自己的感知了吗？在你的世界中，“郁闷”究竟是什么意思？假如你没有失恋过，怎么能够理解“在天愿作比翼鸟，在地愿为连理枝”？你知道“连理枝”是什么意思吗？如果你不曾因失恋疼痛，像一只胳膊被活生生地拧断了，你怎么理解“连理枝”的痛？所以在互联网世界中，特别让我们隔膜的是自我的体验。

还可以扯远一点。最近我看新拍的雨果的《悲惨世界》，是歌剧版的《悲惨世界》，演员演得很好。我看的时候突然在想：为什么是雨果、巴尔扎克、托尔斯泰？他们那一代的作家几乎不约而同地把写作题材拓展到宗教领域，不约而同地提出“仁爱”。托尔斯泰说“假如人家打你的左脸，你应该把右脸伸过去”，我当时很不理解。后来我就想，为什么恰恰是那个时候，法国大革命前后、俄罗斯奴隶制废除前后的那样一个时代？这个时代恰恰是欧洲经济矛盾最尖锐、社会冲突最激烈的时候，如果不是最激烈的时候，怎么会爆发法国大革命呢？怎么会有农奴制的废除呢？

在那个时代，有很多政治的和经济的手段产生，比方说法国大革命就是一种，沙皇废除农奴制也是一种，但是似乎这些政治化、经济化的手段并没有最终带来社会矛盾的缓解和整个社会生活的和谐。如果废除农奴制化解了这些矛盾，那么俄罗斯就没有列宁领导的“十月革命”

了。法国可能好一点，法国大革命之后的资本主义进程顺利一点。在经济冲突特别剧烈、社会矛盾非常激化的时候，最能够润滑和协调这些矛盾和冲突的，应该是文学？

其实宣传基督教在西方是很普遍的，这是一个永恒的主题，但是为什么是那么极端地宣传，而且那样一代一代地影响人？我想，我们在这个时代总是想去借助义愤的表达去解决社会问题，比如说面对贪官，还有种种社会矛盾，我们总是在寻求某种对政治的指责，以为就能解决——是不是当下一些地方出现矛盾时，文学也能为解决社会矛盾提供一些润滑，给人们的心灵一些滋养？

如果我们要想抵消互联网的表达方式对我们灵魂的某一种干扰、某一种伤害，我觉得文学应该是很重要的东西，对生活的审美和对生活真相的追索是同样重要的东西。我们不能生活在一个欺骗的时代里，对真相的追索是人生的一个要义；同时，对生活自身的审美，应该也是维持一个人在生活中的正常状态或让他活得有幸福感的另一个要义。我觉得这种均衡是需要的。

韩少功：刚才我们说到了一个“真”，一个“美”，还提到了宗教，宗教又是传统意义上的“善”。“真”“善”“美”三个字都出来了。中国历史上，汉族的宗教传统相对薄弱。我这个说法有点冒险。汉族承袭的是孔夫子的传统，“不知生焉知死”，神的事情不谈。我们是属于现实主义的，吃饭、穿衣、过日子，这是一种现实的态度，这样的模式很稳定地、有效地管理了中国几千年，也挺好。但是“五四”以后，文化自信心受到了极大摧毁。蔡元培曾说“中国的宗教传统不够，希望以美育而代之”。他指的“美育”其实是广义的词，让美育起到宗教的作用，起到建设心灵与精神的作用。当然，文学承担这样的功能在西方也有实践的经验，就是你刚才说到的雨果、托尔斯泰等这些作家，当时都是“主义”，叫“雨果主义”“托尔斯泰主义”。他们其实是基督教在欧洲受到动摇之后，尼采说“上帝死了”以后一个新的代用品。这些启蒙主义的文学大师，像托尔斯泰，就是半个上帝，雨果就是半个上帝。至今我们能不能达到蔡元培先生所描述的那样，有很大的问号。我们现在的上帝既不叫托尔斯泰，也不叫雨果，而是叫人民币！如果一个作家说他“像上帝一样来引领人心”的话，人们一定把他当成疯子。

曙光提的问题非常严峻，也非常切中要害。确实，在中国有很多人提出药方：重建精神首先可以普及基督教，要救国救民首先把基督教普及了。这种说法在一部分知识分子中很流行，但是我觉得有点简单化。因为第一，普及一种宗教谈何容易；第二，即使普及了，能否解决问题，又是一个大问号。比如，亚洲国家普及基督教最好的是菲律宾。但菲律宾很乱，也很穷。印度也是有宗教传统的国家，但印度的经济发展速度比我们差远了。

所以，精神重建需要搞宗教的提法有点简单。那么换蔡元培先生的办法，靠文艺家，靠在座的文科学者，靠文科新一代来承担我们精神重建的任务，尤其在数字化时代，究竟怎么样做？在互联网文艺、互联网娱乐和游戏中间，怎样更多地体现一种建设性，甚至起到一种“类宗教”的功能？这是一个很大的课题。当然，我觉得需要我们有一批人首先敢担当、有目标，一步一步往前走。

重建中国的乡村、乡土和乡愿。

韩少功：我发现，我们年轻的时候谈恋爱，好像没有把“孝敬父母”提到特别重要的位置，现在竟然把“孝敬父母”变成了一个很重要的条件，这是一个比较积极的变化。还有，那时过年，也不一定非得要回家。现在呢？我的天，每年春运，大家哭着喊着要回家，出现了惊天动地的全国大春运。这说明什么？说明家庭的观念变成了一个小图腾，而不是大图腾。其实过年回到家里也没什么意思，就是打几天麻将。回家只是精神上的一个寄托。我发现这些东西的出现又和互联网时代文化潮流的推动、培育、兴风作浪有关系。开始的时候，这种兴风作浪可能在生活中间培育我们心中的小支点，然后是中支点，最后汇聚成大支点，变成蔡元培说的“以美育取代宗教”的前提。

龚曙光：“五四”摧毁了我们以仁、义、礼、智、信替代宗教的伦理传统，所以“善”在西方，可能更多属于宗教范畴，而在我国则属于伦理范畴。“五四”实际上摧毁了文化结构中最坚实的伦理。关于伦理的现代化问题，20世纪30年代很多学者进行了探讨，只是还没有来得及重建，又一次次遭到毁坏，所以我们很敏感地看到了新一代人对于家庭这种近乎图腾式的膜拜。春运所表达的是对以家庭为核心的乡土的眷恋。可能因为现代化进程使我们离乡土越来越远，离传统习俗越来越远，所以看《舌尖上的中国》所展现的传统小吃，最感兴趣的不是我们，而是“八〇后”“九〇后”，央视的收视率是他们贡献的。社会就是这样，缺什么，补什么。乡村从地域来讲，乡土从性质上来讲，乡愁从情感上来讲，对于“八〇后”或“九〇后”来说，都是稀缺的东西。

另外，互联网造成了人际关系的远近变化之后，可能日常事务性的沟通已经完成——比如说给爹妈打个电话，甚至用短信沟通，就完了，但是因为没有经常去探视，情感的需求积累到春节就变成了思乡之情的大爆发。从这个意义来讲，虽然春运的人流很可怕，但同时也让我们看到了，中国未来不管是社会重建还是精神重建，可能有一个很重要的就是基于家庭和乡土的伦理重建。我觉得在这个基础上，才有可能让中国的道德秩序深入到每一个村落、每一片乡土——哪怕是在一个互联网的时代，并由此构建一个完整社会、秩序社会、均衡社会。我时常跟别人聊如何重建中国的乡村、乡土和乡情，这是中国社会建设的重大问题，这个问题解决好了，就可以把我们的身体安顿好，进而把心灵安顿好。

从这个层面上来讲，少功在汨罗的返归生活，感受那些民间质朴的生活元素，对于去感知如何在现代社会重建伦理和乡土是很有意义的。湖南文艺出版社在出版少功的《山南水北》时，把此书比作新《瓦尔登湖》，我问他们怎么没有说成是梅尔的《山居生活》呢？当然，梭罗的作品滋养了几代中国文化人，非常有名，但我认为《山南水北》更像梅尔的作品。作者长期生活在法国南部的普罗旺斯，写了很多本书，记录的都是普罗旺斯村民式生活，称之为“山居生活”，如写一条狗，写葡萄种植者，等等。作者是一个很有味道的人，但不是特别伟大的作家，他曾是伦敦著名的广告策划人，有一天他萌生想法，想知道全世界最有钱的人如何生活。真的有一个富翁愿意承担费用，满足了他的想法。两年后，他写了一本《有关品位》，把世界顶级奢侈品和顶级奢侈生活写了一遍，然后选择回到普罗旺斯，过跟普罗旺斯普通山民完全一样的生活。

所以，西方也好，东方也好，梅尔也好，少功也好，他们怎么能在这个时代里面不约而同地回归一种很朴素、很简单、很健康、很完整的乡居生活，这与互联网是不是也有关系？

今天和少功来谈互联网，我们都不是秉持一种对抗和敌意的态度，因为我们两个都知道，在互联网的问题上，我们俩是当不了辜鸿铭的；即使当辜鸿铭也没有用，互联网发展的滔滔之势，是没有人可以阻挡的。但这不意味着互联网所造成的文化生态的改变是不可以探究、不可以考量的，也不意味着网民在遭受到某种文化解构、遭受某种文化失重之后，需要在一个新的格局里重建某种平衡的努力是不恰当或不可能的。

少功今天谈了他的很多思考，包括用更理性的态度去对抗互联网上的道德义愤，用直接的生命体验去对抗互联网的生活隔膜，用审美的态度和能力去对抗互联网上海量的“真相”碎片，重建我们对世界的感知力和想象力。

也许这只是我们自己的思考，但这些思考，对于我们个人在互联网急速推进时精神不失衡、文化不失重，对于我们民族在这个扁平的世界里精神不失身、文化不失语，都是有意义的。

我很愿意，也很高兴跟少功就这个问题做漫无边际的谈话。在这个谈话前，我们没有做任何沟通。

韩少功：我们进大门前五分钟才见面。

龚曙光：很显然，我俩面对互联网时，基本态度是统一的；在使用互联网的过程中，我们感受到的某种焦虑是相似的；在这种焦虑的状态下，希望自己能够有一点独立思考的意愿也是一致的。少功说数字化的甜头和苦头，我们都只尝到一点点，那么找寻数字化的大甜头、回避数字化的大苦头，便成为每个社会成员的使命。今天在座的各位同学、各位教授，你们都是这个社会精神重建的主体和中坚，应该最能够发现并利用互联网的正能量去消减互联网的负能量，重建数字化时代的文化生态或精神结构，也是你们可能而且应当承担的一种使命。

问答环节

"精神重构的标准应该是均衡，是和谐"

提问1：精神重构肯定有一个约束，到底是外部约束，还是靠读者自我教育去进行精神重构？现实生活中，大家都喜欢负面新闻，对于美的东西关注较少。能否把精神重构说得再具体一点？我们应该达到一个什么样的精神状态，才能够真正面对数字时代带来的精神冲击？

韩少功：精神重构中，提升自我修养很重要，但是显然也是不够的，我们还需要制度的约束。比如说"劳动光荣"，但现实中明显是劳动的"价值"最低，炒楼、炒股、炒文物都是最赚钱的，打工最不挣钱，在有缺陷的制度下，你说"劳动光荣"，怎么光荣得起来？所以说，精神的建设、一种意识的形成，不光依靠道德修养，还需要制度约束。

龚曙光：思考精神重构的问题，我的想法很现实，第一，你不能有焦虑症；第二，你不能变成意志暴力狂；第三，你不能变成在知识和社会交往中有明显缺陷的人。要达成这样的重构，人类几千年给出的药方只有三个：真、善、美。至于具体的方案，我们个人，应该是缺什么补什么。精神重构的标准应该是均衡，是和谐，不是说哪一个东西就是灵药。比如，对于你来讲，可能"善""美"的东西是你所需求的；而对我来讲，可能"真"的东西是我所需求的。因为我的身份、地位，甚至我的某种既得利益可能会使我对社会的评价趋于褒奖，而不是严苛的批判；而你可能恰恰相反，你对社会的评价来自互联网所承载的意志暴力的潜在影响，甚至来自青春骚动对于审丑的追求，所以你就哪里死人你兴奋，哪里起火你关注，当太多"真相"碎片埋没了你对世界的想象，审美能力的重建便十分重要了。

我发现很多年轻人过分依赖互联网，对生活中最细节、最本真的喜怒哀乐的感受都淡漠，都缺失了。你们很多的话题、很多的知识、很多对生活的判断来自互联网，而不是来自自己对社会各阶层正面的、贴近肌肤的感受。人和世界接触时，最贴近和最真切的感受来自肌肤，甚至比眼睛、鼻子、耳朵捕捉到的都真实。

韩少功：所以中国有个词叫"体验"，要身体力行，知行合一。

面对海量信息不能暴饮暴食

提问 2：韩老师说到消化信息的能力很重要，如何提高消化和处理信息的能力？除了提到的独立感知、独立思考之外，还有什么更可行、具体的方法吗？

韩少功：消化信息肯定需要知识的准备、思考能力的准备，不然的话，任何一个信息都可能被做不严肃的理解。举个例子，《西游记》写的什么？有的人说，《西游记》里没有背景的妖怪全部被打死了，有背景的妖怪都打不死。还有《水浒传》，就是写的三个女人和一百〇五个男人的故事。这就是典型的没有消化信息。

消化信息的能力是一个综合工程，包括健康的心态、学养的积累，知行合一的传统，等等。有了这些准备，还要稍微注意一点，摄取信息的量不能太多。像吃饭，暴饮暴食也不是好事。有句励志格言是“开卷有益”，我认为每天读书也不宜太多，必须消化掉后再读。

对话嘉宾简介

韩少功，曾担任海南省作协主席、文联主席。在海南创办了具有全国影响力的大型文化刊物《天涯》。1985 年，他倡导“寻根文学”，并以自己的创作实践了这一主张。其作品《爸爸爸》《马桥词典》等被读者视为经典。他同时还是米兰·昆德拉的杰作《生命中不能承受之轻》简体中文版的第一位译者。2000 年，他在创作的巅峰时期回到湖南汨罗乡村潜思独行，创作了《山南水北》《日夜书》等新作，用回归本真的方式滋养自己的文学，填充了一个时代的灵魂空缺。

2016 年 7 月 28 日，内蒙古包头

对话残雪：
暗影与光亮

这是一场跨越三十年的对谈。

“残雪小说绝非一味溢恶。如果我们坚持着终于没有被小说中的肮脏和恶臭窒息，那我们便可以感受到一派朦胧温暖的夏日阳光。这光亮和暖意，在小说中尽管只是一种背景、一种零星的象征，但它却是一种光源、一把标尺、一个参照。她的小说之所以能剥开人伦道德的楚楚衣冠，抖搂出几乎全部的人性弱点，或许正因了这一光源的烛照。”

三十年前，还在大学读研究生的龚曙光在拜访残雪之后，撰写了这篇题为《面对一种新文体的困惑——对残雪小说艺术的一种读解》的评论。在几乎所有人都读不懂残雪，只看到她文字中的阴郁时，龚曙光看到了光亮，被残雪引为知己。

三十年之后，2016 年 7 月 28 日，龚曙光和残雪在第二十六届书博

会举办地包头面对面时，龚曙光已是中南传媒董事长。虽然过去的经历多样，大学老师、酒店老总、报社总编、“出版湘军”领军人……且每一个角色都做得有模有样，但做纯粹的文人仍是他的理想，他仍然不改文艺评论家的情怀，坚持在每一年的书博会和一位文化大咖进行一场心灵对话，直至这场跨越三十年的对谈。

当年的评语就像一则预言。中南传媒旗下湖南文艺出版社推出的残雪新作《黑暗地母的礼物》渐趋光亮和温暖，对生命和人类社会的思考愈加持正深刻，残雪说：“光亮和暗影其实是一个东西，没有黑暗的大地母亲，精神的太阳就不能单独地发光。”

大青山下，两位当年的相知相惜者促膝长谈。他喜欢她的温暖变化，重拾起文学评论家的职责，弥补三十年的缺位，说：“我认为她就是一个灵魂的行为艺术家，一个精神的领舞者，一个把文学向艺术升华、把艺术向美学升华、把美学向哲学升华的，不断在精神阶梯上攀登，而且永远不知疲倦的精神劳作者。”

她热爱他给的新定义，用带着长沙方言的普通话说：“您说得对，三十多年来，我都在做一场灵魂的表演。”

对一个优秀作家，纪年的单位应是“世纪”。

龚曙光：三十年前，我还在读研究生的时候，去拜访残雪。那时，残雪已经很有名了，《黄泥街》《苍老的浮云》等已经让她声名鹊起。但我现在还记得，当时残雪还住着一栋苏式的老房子，房子很高，是红砖的。高高的空间里吊着一盏电灯。电灯下，摆着她赖以为生的缝纫机。那时，残雪还在一边写作，一边偶尔重操旧业，为自己和朋友们设计“时装”。

残雪：曙光的这番话我听了感慨万千，都三十年了。我们在一起只要一开口，仍然能像以前一样说话。而且我们的追求都是很类似的，有一个较高的境界。

龚曙光：当年我们没有办法概括残雪的小说，所以我在《面对一种新文体的困惑》一文中很坦诚地说，我读不懂她。尽管残雪当年和今天都说我读懂了她，但作为评论家，当时的我很困惑。

今天我看到很多的评论，还在说残雪是一个先锋小说家、实验小说家。我也觉得，三十年来，批评界也没有真正读懂残雪。三十年前，人们把“实验小说家”“先锋小说家”，这种概括一种群体的文学标签贴在残雪身上。三十年后，如果还将她定义为一个“先锋小说家”或“实验小说家”，那么，整个批评界在三十年中就缺位了。

没有缺位的是谁？是残雪，她从三十年前到三十年后，依然按照她自己所喜爱的、所专注的那条路走到今天。

残雪：当年，曙光对我的评价，就是我自己对自己的评价。他的那篇评论我仔细看了，当时他二十多岁，还在读研究生。我当时的感觉是，比专业的评论家水平都要高，因为只有他提出了“文体”的问题，别人都是社会批评和历史观点，谈外在的东西，只有他提出了艺术本身的问题。

龚曙光：三十年，对于很多在座的同学来讲，已经大过了你们的年龄，但文学就是这样，艺术就是这样，它们的年龄恐怕不能以一年、十年来论。对于一部好作品，它的纪年单位应该是“世纪”；对于一个优秀作家来讲，这个单位也应该是“世纪”。所以如果用这样的标尺来衡量今天的对话，那应该还是隔得很近很近，虽然我们生命的年轮已经增加了三十圈。

三十年后我再看残雪的小说，其实只有一个感受，就是残雪始终在自己的小说领地里踽踽独行，既不瞻前也不顾后，既不左顾也不右盼，始终是在干自己的活，和一个裁缝埋头在缝纫机前没什么区别，和一个农民埋头在地里没什么区别。

三十年后，我完整地读了她的《黑暗地母的礼物》第一部和第二部，我依然觉得残雪还是在踽踽独行，没有同伴。

她在创作的领域里是自主的，既不看批评家的脸色，也不看读者的脸色，完全活在自己的艺术世界里。她其实又是自由的，自由是因为所有那些外在的、能够左右某些艺术家创作的因素，她将之全部摒弃在身外，几乎没有什么束缚，她的艺术创作完全随心所欲。

残雪这部新小说变得更温暖了。

残雪：对于我来说，这部小说《黑暗地母的礼物》是一个巨大的转变。我的小说不是像评论界介绍的那样总是不变的，总是那一套，总是那个口气，总是看不懂。

龚曙光：“总是看不懂”这点似乎没变，看不懂的人永远看不懂。

残雪：其实，我在每个阶段都有变化，尤其近期的作品比以前的改变了很多。这个小说，它内在的核心同以往是一致的，但以往的小说都是通过对事物本质的感知，来呈现出对理想的追求，或者对自然观的建构，而这一个长篇有些不同，我自己认为它是一次美的升华。

我今年六十三岁，写到这个程度，现在要描写我理想中的乌托邦，我要将我这几十年对生命的看法、对人类未来社会的预测、对新型人际关系的建立，全部写进这部小说。我的小说的环境背景是人物的镜子，我想在这部小说里面提出人类未来的可能性，至少要向读者指出一种方向，这是以往的小说里面没有的。这是我作为小说家的义务，我现在感到了这种义务对自身的逼迫。

龚曙光：我认为这是她谈个人创作，谈到的最深邃又最动情的地方——她的乌托邦。我们过去读残雪的小说，可能有一个共同的感受，残雪的小说给人的直观感受是比较阴郁的，是人性中很多不光亮的东西，甚至是残缺的、腐败的东西，（这些东西）在她的人物身上像蛆虫一样蠕动。但在这部小说中，残雪在努力描绘一种她所向往的乌托邦。小说中，那所城乡接合部的小学、学校后面的山野，以及城里面的书吧，构成了她在21世纪上半叶所希望描绘的人生乌托邦的场景。前几天有同事问我，残雪这部小说较之前的有变化吗？我说变得更温暖了。

残雪的小说本质上是一种灵魂的行为艺术。

龚曙光：为什么残雪如此强调自己是一个艺术家，我觉得她有这么几个特点是别人没有的：第一，残雪的小说摒弃了过去那些伟大小说的故事推动力。如《三国演义》《红楼梦》《战争与和平》《安娜·卡列尼娜》，都有一个完整的故事推动文本前行，但在残雪的小说中没有。也就是说，残雪把一个小说家最重要的能力和要素扔了。第二，扔了这个东西之后还有一种小说，就是心理小说，它的驱动力是心理逻辑，这个在残雪的小说中也没有。应该说一个写小说的人，把小说最当家的两种驱动力扔了，小说怎么推动？

我认为是靠她自己在写作过程中所形成的一种动力在推动小说的进展。也就是说，我们不是跟着她的故事走，是在跟着她写作的过程走，是跟着一种艺术创作的状态在走。她已经不是在叙述故事，也不是在叙述逻辑，而是在呈现自己的创作，通过文字的叙述呈现自己的创作过程。我把这种创作过程定义为一种灵魂的表演，用美术的话来说，叫“行为艺术”。

所以，我说残雪的小说本质上是一种灵魂的行为艺术，行为艺术就是自我表演。读者看残雪的小说，尽可以当作残雪自己的灵魂演出来看，没有任何修饰。残雪为什么总是强调自己是艺术家？因为她自己在小说中是最重要的人物，是最努力的表演者。

残雪：我的看法跟曙光一致，我一贯将文学看作一种语言的艺术。我认为思想界的大趋势是艺术和哲学的合流。

龚曙光：我读残雪的小说，很少去用小说的那种标尺判断这个小说好或不好。因为残雪的小说给我提供的一个基本的审美感受是很质感的，有很真切的画面感。这种画面感不是由故事和逻辑构成的，而是由残雪激活通感的语言呈现的，那是一种光影关系。所以我看残雪的小说就像看油画，它所有魅力都来自暗影与光亮，有些小说是暗影更多一些，有的小说光亮更多一些，但一定是暗影与光亮完全无序却又完全自主的搭配形成的画面感。

实际上，传统小说里描写人物只有两种方式，一种是开始就给人物定格。比如作家一开始就表达了鲁智深是一个莽汉，林冲是一个悲剧角色，这是一类；第二类是人物在故事冲突中逐渐表现出来个性，一大批小说是这样的。但残雪的小说不是这样，残雪的人物和故事一样，也没有发展。比如，在《黑暗地母的礼物》中，煤永老师、许校长，他们的个性从头到尾有什么发展吗？没有。但这些人物的形象是怎么得以完成的呢？你把残雪小说的十八章打乱，重新组合之后再来读，对人物塑造一点影响也没有，任何一种组合都是一部新小说，但都是一部很完美的残雪小说。

残雪在用什么样的办法塑造她的人物呢？就像一个油画家，开始勾轮廓，然后用油彩一遍一遍涂，有的地方深，有的地方涂了三四十遍，才完成这幅画，所以我最后看到的是一个充满质感的、暗影与光亮对比度非常好的一幅油画。

残雪：我酷爱绘画和音乐，还创作过两部现代歌剧，在慕尼黑，2012 年上演的。我一贯将语言和绘画看作一个东西，这是我通过长期的艺术陶冶建立起来的世界观，和曙光的世界观类似。

她的暗影是靠精神的光亮来塑造的。

龚曙光：残雪的作品是充满了浓厚艺术气质的、融会了众多艺术门类的很完整的艺术作品，这场对谈的题目“暗影与光亮”是我起的，表明了我对残雪艺术的基本评价。

可能，大家一开始意识到“暗影”说的是残雪小说对于生活黑暗的展示，而“光亮”是残雪小说中充满人性美好的张扬，其实我当时不是这样想的。对于残雪这个作家来讲，她用她的语言艺术多向度地激活了我们的艺术感知，由听觉而视觉，由视觉而嗅觉。

残雪：我非常喜欢“暗影与光亮”这个题目。对我来说，“暗影”就是人的生命体，就是我小说里面黑暗的大地母亲；“光亮”就是作为精神的太阳之光，是理性之光。我是这样理解的，这个题目非常贴切。

龚曙光：这是作家和读者之间的差异。残雪所理解的暗影是肉体、光亮是精神，在她的小说中，这种关系是非常贴近的。我们读残雪的小说，总有一种飞翔感，始终在那儿飘荡，你有时候感到是一个天使在这儿飞翔，有时候感到是一个鬼影在这儿飘荡，所以她的暗影是靠精神的光亮来塑造的。

残雪：三十多年来，我一直力图勾画出大自然母亲本来的面貌，我以前不由自主地做这个，这也是出于艺术家的本能。

我深深为黑暗地母的力量所打动，直到近六七年，我才慢慢悟出了，光亮和暗影其实是一个东西，没有黑暗的大地母亲，精神的太阳就不能单独地发光，由此，我又联想到民族的物质性，我把中华民族看作物质的民族，我们的人民在几千年的那种沉默里，其实蕴含了巨大的力量。我的小说通过这种形式把它发挥出来，如何让这种创造性的力量释放出来，是我们艺术家和哲学家的任务。

人只要认真地生活，他的精神自然就会升华。

龚曙光：残雪说，她认为最好的艺术作品应该是艺术和哲学的统一。要读懂残雪的小说，了解她的一些基本的哲学立场和观点，是很重要的。最近残雪说完成了一部七十万字的哲学著作，这在当代作家里是很少有的。用七十万字去攀登哲学这样一个高峰，对心性和体力而言都很不容易，这也体现了残雪在中国当代文学中地位的独特性。

残雪：在当今世界思想界，艺术和哲学正在合流，这是新世纪最显著的特征。可以说，我的创作从一开始就有深深的哲学底蕴，这些创作同哲学探讨的是同一个主题，充满了对人民、对大自然母亲的终极关怀，而且越到后来，这种创作的倾向越明显。比如说新出版的《黑暗地母的礼物》，就是艺术和哲学合流的一个作品，这部作品呈现出来的新型世界观，我认为在当今世界文学当中应该是独一无二的。

简单概括，我的哲学观跟历史上有过的西方经典不一样，它是中国和西方文化相结合的哲学观，我们中国人崇尚自然性的物质生活，而西方人崇尚彼岸性的精神生活，我的哲学观是取二者之长，将其看作一个东西。这就是我在这部新的哲学书里所体现的，题目叫作“物质的崛起”。我在这本书里面做了根本性的变革，作为一个文学家，我一贯热爱日常的生活，享受日常的生活，我通过文学上的创造，懂得了哲学上的“形而上学”图形：人只要去认真地生活，像我和曙光这样认真地生活，他的精神自然而然就会升华，而不是像西方语境里那样的，精神升华是同此岸的日常生活隔离的彼岸理想。我把物质生活看作生命体的运动，我每天在家里搞搞卫生，去买菜，这种肉体的运动里充满了精神，而且洋溢着精神的风范。

龚曙光：其实之前我并不知道残雪已经走到了哲学领域，只是隐隐感觉到从三十年前的小说到三十年后的《黑暗地母的礼物》，是真的有变化，而对这种变化我用一个很简单的词语来形容，就是“更温暖了”。

刚才残雪从哲学、文学、美学的角度来描绘她的这种温暖的回归，就是对人的最本质的，也是对原生生活的认同和对精神的肯定。我觉得这种变化是很大的，这样的一种东西在当年以反抗为主题的残雪的早期小说中是比较稀薄的，或者说当年她体现的状态是对抗。

所以我们今天读残雪的小说，有了一个更大的背景，这就是残雪的哲学。不管残雪的哲学未来能够形成多大的影响，但在我们面对困境的时候，她的著作是一种温暖的理性支撑，是一束照透灵魂阴霾的人性光亮。

残雪：我希望把它丰满起来，把物质充实起来，变成一种温暖的理性。

一般说理性，大家都知道就是指西方哲学中的那种冰冷的逻辑，是一种纯客观物，我把这些纯客观、冰冷的理性变成了主观与客观相交融而又分裂的矛盾体。

残雪是精神的领舞者，需要读者与之共舞。

龚曙光：残雪作为一个艺术家，是一个精神的独舞者，不需要伴舞，也找不到舞伴，她一个人在精神的舞台上独舞，穿着水晶鞋，一直舞蹈，停不下来。

残雪：的确是一种独舞，我的创作不考虑其他，像曙光说的，是一种灵魂的行为艺术。灵魂是透明的、看不见的，但是把它落实到行为上，就变成一种肢体的独舞。但是当艺术要发生作用的时候，希望大家来阅读的时候，那大家就一起来跳，要发动这些读者。

龚曙光：我们把她叫作“精神的领舞者”。

残雪：对，共同来做灵魂的行为艺术表演，我就是精神的领舞者。而且我相信，我的读者层次应该比较高，应该是这个时代的先行者。曙光是最高层次的读者。

龚曙光：喜爱你的就是最好的读者，不管他在哪个层面上喜爱你。

残雪：我描写的虽然是深层次的人性和自然性，但这种创作离开读者就不能最后完成和实际上存在；哪怕只有一位读者，这位读者也是我的创作所需要的——如果没有读者，这个创作就不存在了，必须有人跟我互动，它才存在，然后在阅读的过程中自己跳起舞来的才是读者。所以说到底，我还很在乎自己的作品有没有读者，如果没有，这个作品就不存在了。我也在乎读者的数量，现在我的读者数量不够多，二十年以后应该会更多。

对于精英文学来讲，互联网发展的这三十年是一种倒退。

龚曙光：今天，对于许多人来说，残雪的作品读起来仍然有一种隔膜感，特别是在互联网的时代，它似乎并不能满足普通读者的用户体验。但是，我读残雪的小说体验很好，我是真的可以把残雪的小说反过来读，顺过来读，随便抽一章读，因为读她的任何一段文字都是很舒服的，至少在精神上是很惬意的，所以阅读体验很好。

我们不得不承认，互联网为我们每一个作者找到他最忠实的、合格的读者提供了便利，但也为很多“伪文学”或“俗文学”提供了大量的拥趸。像残雪的作品，我们过去把它叫作“精英文学”“先锋文学”的这一类，更多地关注人的精神气质，更多地作用于人的灵魂，相对要小众一些。

至于未来，有人拥有当下未必拥有未来，有人拥有未来未必拥有当下，但也有同时拥有当下和未来的作家，这样的人很少。所以，对于精英文学来讲，互联网发展的这三十年是一种倒退。残雪，你怎么评价现在的网络文学？

残雪：稍微看过一些。可能文学的时代还没有到来。

龚曙光：这句话我们从屈原的时代就开始听起，屈原站在汨罗江边就说文学的时代没到来，李白站在洞庭湖边说文学的时代没到来，鲁迅先生站在日本海海边说文学的时代没到来，你现在也说文学的时代没到来。

残雪：我的希望寄托在青年身上，就是互联网的这一代。

龚曙光：你现在越来越“鲁迅”了。

残雪：鲁迅那个时候还没有这个条件，将来大家的物质生活都比较满足了，就会感到一种恐慌。像日本一样，现在有不少青年自杀，因为不做事也可以，双方父母都有房子，什么东西都有，就会觉得非常空虚，一空虚就更难处理人与人之间的关系，包括社会关系等，觉得活着没意思。到那时候，人们大概就会想起我的作品，人与人之间的关系，男女朋友、父女在一起到底怎么相处……都在我的创作里面。所以，现在的青年人到了四十几岁的时候，可能就会看到我的作品的价值。

极少有人做得像我这样纯熟，拿起笔就写，写完就不管。

残雪：我写作的状态就是那样的，每天随便什么时候，只要有一个空当，或者身体比较亢奋，就把笔记本拘出来，坐在那里，想个两三分钟，然后就开始写，一直不停地写一个小时。我从来不修改，我的笔记本整整齐齐的，从头至尾都是这样，三十多年来都是这样做的，我自己把它称为表演，就是曙光说的那种灵魂的表演。有点儿像动物，比如蜜蜂、鸟类筑巢的本能一样，我每天写一点，但这又并不完全是动物筑巢。我自己的定位，就是肉体的本能以精神的形式发挥出来，肉体与精神在挤压中突破性地穿插。我每天都处在一种自己非常喜爱的境界之中，小说当中的每一个人物，都是一种美的化身。

据我自己的调查，在外国作家当中，极少有人做得像我这样纯熟，拿起笔就写，写完就不管。我觉得我这种方法有点类似于中国古代的诗人，他们把大自然风景与自己一体化。

在美丽的景致当中吟诗，是自然而然的事情。但我跟他们又不完全相同，因为我吸收了异国的人文思想，就不用到森林里面去寻找大自然，坐在家里就可以把大自然的美景全部内在化，让这些景色变成文字。我只要坐在家里，每天写一个小时，语言所凝聚成的图景就会从我笔下源源不断地流出来。所以，现在我意识到了，这是我相对于西方或者异国作家的优势。我走了这么多的国家，还没有碰到过可以比我更熟练地利用这种方法来写作的作家。而且，我的创作潜力应该还是很大，你看我都六十多岁了，现在还在这儿“井喷”。

龚曙光：残雪的小说具备了中国诗的素质，这其实有点意外，因为我读残雪的小说是无法感觉诗的气质的，但细细去想，未必没有道理，她说她的写作状态和中国传统诗人的状态有类似的地方，比如刚才主持人说中国古代诗人斗酒诗百篇，我过去很喜欢李白，李白就是那种无法辨别生活和诗歌、诗酒并存的一个人。实际上从个性来讲，残雪和李白相距太远，但作为艺术家，他们共同的是那种心灵和外物自动沟通的状态，以及表达时信手拈来的能力。残雪说她一句话写下来才知道她要写什么，我能理解她的这种状态。

有人问我，我的作品会不会不朽？我有这种感觉。

龚曙光：残雪的小说，如果我们按照现实的逻辑去看，几乎全是梦话，没有一句对话是有逻辑的。很多人问残雪靠什么东西牵引着读者的期待？其实很简单，就是残雪这种完全不合逻辑的语言搭配。

比方说，前面说这个杯子多么美好啊，后面应该接怎么好或者不好，她却突然说看那只鸟飞到远处去了。在她看来这不是跳跃，是非常自然的思想结构，却打乱了我们的生活逻辑。我们跟着她的思维走，她轻轻松松，且行且舞。残雪是一个魔女，或者说她有灵异的本能，巧妙使用非常朴素的语言——她（的作品）有一个生僻的词吗？没有。有一句华丽的语言吗？没有。可以说，残雪小说的质朴，在当代小说家中很少有人可比，但她的语言组合在一起的时候，前后句子的搭配、段落的搭配，便牵引着我们往前走。

残雪：有人问我，我的作品会不会不朽？我有这种感觉。现在的读者按数量来说可能少一点，但就全世界范围来说，也不算太少了。就真正的文学读者来说，我的读者应该是很多的。我的愿景是，建构每一个自然儿女都能够在其中发挥才能和享受生活的世界观。我的作品只能是超前的。我考虑读者就是关注灵魂生活高层次的读者，我把我的作品看作灵魂行为艺术的展示，我愿意与我的读者共舞，而且我相信我的读者都是这个时代里走在前面的、比较前卫的读者，他们未来有可能带动大批普通的读者，这是我的希望。对于获奖，我也很关心，因为这与扩大读者群有直接的关系。

龚曙光：我的作家朋友也很多，与残雪在同一个时代成长起来的重要作家，好些都是我的好朋友。她对于自己作品这种伟大属性的直言不讳，对自己未来所期待的奖项，都表现出了一种难得的率真和坦诚。她对于自己的愿望没有矫饰，这可能也是她文学和哲学的品性。作为读者，不管是不是能够很顺畅地和作家达成精神的契合，是不是能够在一个很短的过程中享受到作家为我们提供的审美愉悦，是不是能够准确无误地理解作家在作品中隐含的微言大义，我们都热爱这个作家。有热爱，未来就一定有融会、通达的那一天。有热爱，就一定会有作家和读者之间最终的共舞。

我现在已经不是专业的批评家，而是一个读者。作为一个读者，我认为残雪不必再顶着“先锋作家”“实验作家”的帽子了，她就是一个灵魂的行为艺术家，一个精神的领舞者，一个把文学向艺术升华、把艺术向美学升华、把美学向哲学升华的，不断在精神阶梯上攀登，而且永远不知疲倦的精神劳作者。

对话嘉宾简介

残雪：本名邓小华，先锋派文学代表人物。1985 年 1 月，残雪首次发表小说，至今已有七百余万字的作品，被美国和日本文学界认为是 20 世纪中叶以来中国文学界最具创造性的作家之一，是唯一获得美国最佳翻译图书奖的中国作家，获得《英国独立报》外国小说奖提名，入围美国纽斯塔特国际文学奖候选名单。其代表作有《山上的小屋》《黄泥街》《苍老的浮云》《五香街》《吕芳诗小姐》《最后的情人》等。残雪是作品在国外被翻译出版种类最多的中国女作家，她的小说成为美国哈佛大学、康奈尔大学、哥伦比亚大学等，及日本东京中央大学、国学院大学的文学教材，其作品在美国和日本等国多次入选世界优秀小说选集。

2012 年 6 月 1 日，宁夏银川

对话余秋雨：
文化传播者的当代使命

人生为一大事来。

他们所做的大事，都意在推动人类文化的传播。

余秋雨在文化废墟中体验、行吟，坚持将传播文化作为个人的生命体验，把文化碎片通过个人心灵感悟粘贴成文化的全景，激活为日常生活形态。

龚曙光在读者心灵里圈地，坚持以做乙方的心态为社会提供文化产品和服务，使中南传媒成为公众信赖与期待的文化品牌。

2012 年 6 月 1 日下午，余秋雨、龚曙光以“文化传播者的当代使命”为题，对话于银川书博会。无论是个人载体，还是机构载体，他们都在担当同一使命 —— 为了文化的赓续与传扬。

中华文化被严重误读。

龚曙光：一个写书人和一个出书人，这分别是余先生和我最本质的身份。古往今来，写书人和出书人的关系一直很纠结，他们不大能够说到一起，写书人更多地要说理想，出书人更多地谈钱财，他们的友谊可能因理想始，也可能因钱财终。把写书人和出书人弄到一起谈文化的话题，其实很难。

也许大家觉得写书人和出书人必定要与文化发生关系，或者说他们都是命定的文化传播者，其实不一定！我们看到很多写书人不传播文化，很多出书人甚至还毁坏文化。今天我们坐到一起时，说明我们的身份已经被确认，我们都选择了做文化的传播者。当年余先生出版了一本戏剧理论史的著作——《戏剧理论史稿》，巧的是这部著作正好是中南传媒旗下的湖南文艺出版社出版的。读到这本书时，我还很年轻，读完后非常激动，原因不是余先生给了我一个关于世界戏剧理论发展的框架和脉络，也不是给了我一个史学家的纯正眼光和独到见解，而是我看到余先生总是在理论的框架中“翻墙”出来，用蓬勃的激情和激昂的文字来描述中外文化史上那些激动人心的场面。我至今还清晰地记得，余先生写古希腊人去看悲剧时那种万人空巷的盛况，写元杂剧梨园班头和观众怎样在勾栏瓦肆中一起为剧情欢呼。那些文字，就像一丛一丛翻出宫闱的野花，野蛮而蓬勃地生长。那一刻，我感觉余先生感兴趣的不是戏剧史，而是某一种文化。在那本书中，先生通过戏剧表达了一种对文化的向往和颂扬。我想问先生，在思想解放程度和文化普及程度还不高的时代，“文化”这个词是怎么进入你心灵的？是什么原因让你不停地把自己学者的身份摆在一边，肆意颂扬这种精神气象？

余秋雨：我很少参加这样的活动，但是听到曙光的名字，没有犹豫就来了。今天的话题很好，是一个很国际化的问题。写你刚才提到的那本书时，我还在高校任校长，当时心中非常矛盾、非常挣扎，这种矛盾和挣扎，不是因为自己的职务等原因。我在书中曾写过，我喜欢拿一个文化和另外一个文化做对比。那本书中提到的康德、黑格尔，以及许多的典范都是德国人。这使我产生了一些想法，德国发动了两次世界大战，不知道给人类带来多大的痛苦，而中国在这两次世界大战中一直是受欺负的，两次都站在正义的一边，中国也没有惹过外国人。很奇怪的是，为什么在世界上不存在“德国威胁论”“日本威胁论”，却存在“中国威胁论”？连面对美国这样的超级强国，也没有人说“美国威胁论”。粗一看觉得是政客在玩弄，但到国外后，发现不光是政客，连老百姓也是这样想的。这究竟是什么原因？你不得不想到一个很深层的问题——世界误读了中华文化。

人们为什么不误读德国文化？一个非常重要的原因是，所有人都知道德国有贝多芬、黑格尔、康德、歌德等——这些人是永恒的精神导师，当然也有希特勒这样的坏人，但是大家分得清清楚楚——这和德国的文化比较起来只是一个小负面。第二次世界大战刚结束，很多德国人虽然衣衫褴褛，但还是要去破烂的音乐厅听交响乐，恢复自己的心灵。

纽约的几个教授曾对我说，中国经济崛起那么快，他们想了解中国文化，于是努力地看一些中国图书、影视作品。看过后，他们的感觉是中国太可怕，书中、影视作品中尽是宫廷里的阴谋、家庭里的阴谋，到处是阴谋，而且这些阴谋都写得很漂亮、很美，越美的阴谋越厉害。这样的阴谋也带给孩子们很深的误会，导致他们学的都是如何战胜别人的计谋，美其名曰“成功学”。在商店里，“成功学”一类的书随处可见，这些都被和中国所谓的“智慧”“谋略”联系到一起，产生了非常严重的误读。

我时常在考虑，我们在进行文化传播时为什么不能多传播一些中华文化和平、善良、温暖的范本。我在农村长大，那里“阴谋”学说很少。以前中国农村的文盲率在 90% 以上，他们不可能读很多书，怎么可能知道那么多阴谋？有些农民是有点吝啬、小气，但总的来说，他们不太搞阴谋，他们的生活很简单、很直接。经历过汶川地震后就知道，个人是无法抵挡那么大的灾难的，正因为我们有守望相助的本性，才战胜了一切苦难——中华文明成为古文明中唯一没有中断和灭亡的文明。

世界对中国文化的误读，好比看到一个巨人突然出现在街道上，人们看得清晰的是他的腰围粗、体量大——中国地域广、人口多、GDP（国内生产总值）大，而且也知道他从很远的地方走来，走了很久，体力仍好，但不知道他的性格和脾气。什么叫中华文化？就是这个巨人的性格、脾气。

我用德国的例子、中国的例子，用巨人的比喻来说明，文化传播的现状是有些令人焦灼的。这也是为什么今天要和曙光先生一起讲一讲文化传播的使命、中国文化传播者的使命。严格来讲，对此我还是有一点失落的。

我昨天开玩笑说中南传媒有没有可能为孔子学院出版一些简明文本？中华文化那么美丽、善良，故事好听，讲述方法也有魅力，但我们的文化产品没能把这种文化传达给人家，不清楚人们的潜在需要。这些年来，很多朋友告诉我，宗教信仰者的比例快速提高，说明人们在精神领域里面——按照中国文化讲——对“大道”是有渴求的，我们的老师、家长对孩子有这样的要求，孩子也有阅读渴望。但是偏偏很少关注中国古代圣人“以仁为本”的东西。

每个人时时刻刻都在用选择掌握着生命的本质。

龚曙光：你作为一名作家、一个文化的传播者，看这个问题实际上是基于两种角度。第一种角度，在世界版图上，中国作为一个文化主体正在被误读或漠视；第二种角度，我们现今的读者和不读书的人，对自己的文化也很隔膜。所以你希望解决的问题是：对我们自己而言，“我是谁”；对怀有疑虑或者恐惧的民族而言，“我们是谁”。在这么大的命题面前，你做了重要选择，你的选择已经成为一种标本。当初你做选择时，其实很孤独。你是如何跨出没有同伴、孤独前行的那一步？当你踽踽独行时，又如何克服内心的寂寞和恐惧？

余秋雨：感谢你对我的理解。确实，我的全部行为是在寻找“我们是谁”。我在写前面说的这本戏剧史时，也在寻找“我们是谁”。毫无疑问，一开始寻找到的是政治、经济方面的概念，如国土、人口、GDP，但最后找到的一定是文化概念。在文化概念里是找不到结论的，所以我们首先找到的是碎片，我有一本书叫《文明的碎片》。直到今天，我还很难说已经找到了中华文化的整体气场。我写过很多文章，但都是碎片。当年我来到甘肃，找到了唐代的废墟，那是一个碎片。我又来到东北流放者的土地，很多有灵魂、有抱负的中国文人被流放到那儿。从那些碎片中，我寻找他们到底为文化做了什么。这些都是连不成文化史的碎片。我当时很真诚地说，回答“我们是谁”这个问题难度很大。

寻找、考察是一个漫长的过程，除了在有碎片的地方考察外，还要在更大的范围考察。后来我走出中国，走进了其他古老的世界文明。突然发现，主题变了，但我寻找到的还是文明的碎片。但世界其他的文明是以另一种方式碎的，碎得比中国更惨、更彻底。在它们的废墟里，我回过头来突然想到：中华文化是什么？我亲身在那些文明地区冒险穿行几万公里后，对中华文化有了更深的了解。

刚才曙光非常准确地用了一个词：“选择。”我虽然写了那么多书，但是我还在不断地看书。印象最深的是萨特，他对我的影响是很大的。他让我想到，每个人时时刻刻都在用选择掌握着生命的本质。

抵制诱惑就是做减法。

龚曙光：我觉得你以自己的方式感受并承担着孤独，因为我一直把“文化苦旅”这个词记得很深刻，你的《文化苦旅》表达了所有伟大文明一路走来的风雨飘摇、举步维艰。同时我也觉得，当在这些世界的文明碎片间游走时，你就是一个行吟诗人、流浪歌者，你或许在自言自语，或许纵情放歌。是不是有人在听，你不能把握，但你所希望的是“这个声音我发出来了”，这个历程应该也是一段苦旅。

余秋雨：说得好。你在选择的时候很孤独，但选择之后可能更孤独。我的选择是在做减法，不是做加法，不是拿了篮子什么东西都要往里面装。什么都要的选择不是我所讲的选择，也不是萨特所说的选择。

做减法的选择要拒绝各种诱惑。人世间诱惑太多，首先面临的是官场诱惑。我当时是最年轻的厅级干部，当年和我一起的同事，很多人已经成了级别很高的领导人。你要完全拒绝这个诱惑，难度大。有一次我跟杨澜讲，我遇到一些烦人事，其实只要拨一个号码就能解决问题，但如果这样的话，我的辞职就没意义了。后来，有好多官衔诱惑，也全部被我拒绝，而且我拒绝得十分彻底。

其次是要摆脱媒体诱惑，这个跟你有关（笑）。这也有难度，因为很多媒体人是我的朋友，我发现媒体总想把有点名又不太有权的人卷进去，往往我就入选（笑）。一旦被卷入，你还不能退，就像骑着千里马，灰尘把你弄脏了，也不能停下来找一个水沟去洗，因为你已经上路了。

此外，还有专业的诱惑，这个诱惑有时候也很麻烦。比如我花那么长的时间搞戏剧理论，我在上海戏剧学院，把“戏剧”两个字改成了“影视剧”，当时也受到过一些老教授的反对，但是我坚持说“不”，电影、电视不是你们想象的那么糟糕。摆脱各种诱惑，都有难度，你只能不断地走，寻找你原来所不熟悉的东西。从《山居笔记》到《中华文化四十七堂课：从北大到台大》，我不断孤独行走……

延续文脉的人充满荒凉与孤寂感。

龚曙光：你在政界、文化界等领域都是很有影响的人物，但你退守到了时代边缘，安静地接受自己最终选择的文化使者或文化传播者的角色。中华文化受到西学东渐的影响之后，有人选择主流，有人选择支流，有的当弄潮儿，有的当保守者。这其中有两个人让我敬畏，也让我很痛心。一位是王静安先生，他用一种很悲剧的方式践行了对中华文化完美的守护使命；还有陈寅恪先生，他饱经西学冲击，甚至是带着西学养料回到国内对传统中华文化进行整理。我怀着敬意读这两位先生的著作时，发现他们的选择，在气质上和你后来的选择相似，但是在命运上截然不同。我也相信这不仅仅是个人命运，还包括各自的思想成果的命运。在你已经做出了选择的今天，你怎么看待王静安先生、陈寅恪先生的选择？

余秋雨：没想到你也提到了这两个人。最近我写了一篇比较长的文章叫《中国文脉》，文中就提到这两个人。中国文脉不能不做减法，这个减法怎么做？你要给它排号。王国维（王静安）、陈寅恪，还有梁启超，他们是把握了中国文脉的人，如果要给这三个人排队，王国维第一。曙光用非常恭敬的语气说到王静安先生。王国维先生确实了不起，据悉，当年很多人听到他的名字都要以立正的姿势表达敬仰。他对甲骨文的考证非常重要，是现代考古学的开始。对甲骨文的考证只有他一个人摆脱了最早的认识，他用甲骨文考证历史，考证出司马迁《史记》里面哪些对、哪些错，这非常了不起。

龚曙光：用你的话来讲，是把文脉打通了。

余秋雨：对，是把文脉打通了。王国维还梳理了中国戏剧史，我写的《中国戏剧史》这本书已成为课本，就是深受王国维先生的影响。我们认为戏剧产生于劳动、产生于阶级斗争，而王国维说戏剧产生于巫术。这个很震撼，也很棒，我的心灵一下被打开了。他还写了最高的审美作品，叫《人间词话》。他是一位非常了不起的大学者，遗憾的是他在五十岁就自杀了。所以真正能够延续文脉的人，往往都是深感身边荒凉的人。

刚才曙光提到了王国维、陈寅恪，证明我们在传播、出版方面要努力寻找文脉，文脉是需要被寻找的。什么叫欧洲“文艺复兴”？其实是一群人寻找已经失落千年左右的欧洲文明。罗马文明灭亡以后，希腊文明也灭亡了，这也不能怪阿拉伯人，阿拉伯人把亚里士多德、苏格拉底的东西在马背上装着，拉到意大利南部，就这样没了。在一千年以后，欧洲人重新选择它的文脉，所以当时成立了雅典学院，慢慢地寻找，文艺复兴就起来了。

传媒千万不能由法制的推手变为法制的对手。

龚曙光：最近你谈文脉比较多，你也说文明是以碎片的形式存在，以遗存的形式存在的，但这些东西已失去了文气，所以你得把这些碎片找到，用心灵去拼接它们，然后贯通它的文脉，这可能是你心中的“文艺复兴”。你也认为，做一个当代文化的传播者，这至少是你目前的使命之一。

余秋雨：是。

龚曙光：王静安先生、陈寅恪先生成就了中国近现代文化中两种传承者的模式，我们不去寻找静安先生死亡的一些非主流因素，我认为主流的因素是你刚才讲的，他身边的寂寞、黑暗，对传统文化悲哀到极点后的绝望，他采取了一种极端的警世方式。

余秋雨：对。

龚曙光：而陈寅恪先生更多地采用了中国传统文人“藏之名山，束之高阁”的方式，把自己的学术心得做成皇皇大著，相信未来会有人传承。而你作为一个在 21 世纪传播发达时代选择走向边缘、在寂寞中积累文化、在孤独中承续文脉的人，到底是想用劝导方式、诱惑方式，还是警世方式来传达文化？

余秋雨：陈寅恪先生晚年讲课，一开始有人来听，后来学生们觉得听不下去了。因为当时没有麦克风，他讲的又是方言，身体也不太好，所以他的传播能力比较差。当时北京没有出版社，传播显得非常可怜。

回到曙光所说的，我处在一个出版和传播事业比较发达的时代，在这个情况下，不必像陈寅恪先生和王国维先生一样感到传播上的寂寞。但出版太方便、传媒太发达，会干扰文脉，让人始终分不清轻重缓急，一些不重要的东西会以最重要的面目出现。我讲过中国的文脉多数不是当时的官方主流，也不是当时的民间主流。文脉怎么会落到在长江边上衣服穿得乱七八糟投水而死的屈原身上呢？怎么会落到受过残酷刑罚的司马迁头上呢？怎么会落到吃不饱的陶渊明身上呢？有时候文脉会落到一个亡国之君身上，如李后主，或许谁也没想到当时的文脉就在俘虏营里。有趣的是，西方很多文脉也是在俘虏营里。

龚曙光：这是不是一种宿命？从某种意义上来讲，我们的民族始终把“活下去”当作主流。我们一直在努力发展经济，使国家机器更强大，也使这个时代子民的生活更正常。这两天，我感受很深，当地人告诉我在西海固出了三十多个作家，其中一些人没有电脑，甚至还用不上电，连基本的生活也没有保障，但这些作家一直在坚持写作。这个现象到底是正态，还是非正态？我认为在这个时代，这不是主流的东西。而你讲的文脉，在很多朝代里可能都是以非正态的形式在传播和存续。作为一个传媒管理者，我要为之辩解的是，媒体作为社会公器所要承担的绝不仅仅是传承文脉的使命。

余秋雨：对。

龚曙光：媒体还要传达社会主导力量的意志，传达维系社会安稳的信息，以及疏导普通受众因为某些民生问题而产生的怨气等。从这些意义上来讲，现代传媒在基本理念上是会尊重文化、保护文化，当某些文化的遗存或者碎片受到威胁或发生危机时，是会站出来予以伸张的，像最近梁思成和林徽因的爱巢被拆除时，媒体就进行了讨伐。但如你所说，媒体在传播社会主流价值时，在很大程度上对文化又是有伤害的，这种伤害有时可能还很大，可能会伤及你的一些以文化传播为使命的著作。面对媒体的伤害时，你的基本心态是怎样的？

余秋雨：这个非常关键。要满足广大民众多元化的阅读需求，这是传媒要做的寻常的一日三餐，也是必须做的。人除了不断补充能量、不断锻炼之外，还会有一些无聊的消耗需求，你也要满足他。

由于人天生具有破坏性的欲望，而我们又往往对活着的生命不予重视，待其死了以后才重视，这是我们传媒要面对的问题。我相信我们的传媒是会保护遗迹的，人死后，追悼会最辉煌，追悼会以后就会保护他了。

在我们不断呼唤要保护遗迹时，可能会忽视某人是真正的文化创造者——这个人的境遇不太好，但没有人为他鼓与呼。辛弃疾做官时拜访老前辈陆游，去的路上，一边走一边觉得路边的房子、石桥都在陆游的诗中读到过。当他发现陆游住着破烂的房子后，想帮助他，被陆游拒绝了。陆游的态度可以理解，但有一点逞英雄的意味。我们要尽量关注活着的文化创造者，包容他们的缺点。贝多芬、海明威的毛病很多，但一个民族如果没有保护好贝多芬，那就是人类的悲哀。这是第一点，一定要保护活着的艺术家。

第二，要及时地发现角落里的创作者，他们当中可能有真正的天才。我并不认为西海固的作家个个都非常重要，但这些作家里面有可能真的隐藏着一个非常了不起的人，我们的出版家要及时发现他，给他以高度的关注。

第三，媒体做文化批评的时候，一定不要违法。从默多克的《世界新闻报》发生窃听丑闻事件，联想到我亲身遇到的一些诽谤事件，我意识到很多媒体有违法嫌疑。前不久我写了一篇文章纪念复旦大学的一位先生。他在生命的最后一段时间写了几篇文章为我辩护，得出的结论是我是被诬陷的。但是大家对这个结论没兴趣，觉得余秋雨错了才是新闻，对了不是新闻。二十年前我和他一起出席一次颁奖典礼，我们领到的奖品是唐三彩骆驼。我当时对他说，得这个奖的很多人都死了，只剩我们俩了。但是我没有想到他这匹“骆驼”哈的最后一口气是哈向我的。我总想请他吃一顿饭，在饭桌上向他拱手作揖，但是没来得及，他已经死了。

传媒可以自由评论，但是一定不能违法，一定不要伤害文化创造者，中国的传媒千万不能由法制的推手变为法制的对手。

文化道义是文化传播的底线。

龚曙光：怎样做法制的推手而不要成为法制的对手？你这样一个警醒，确实振聋发聩。

今天余先生从一个学者、作家的立场，诠释了一个文化传播者的历史使命。其间，一些关键词给我留下了深刻的记忆：

第一个关键词是“选择”。你对官场、媒体、专业等人生很重要的要素做了减法之后，选择了今天的身份和立场，也选择了今天的职责和使命。我们今天的时代是欲望蓬勃的时代，这对于古老的民族而言是一件好事情；今天的媒体也是欲望蓬勃的媒体，这对于一个生长中的行业也是好事情，但在蓬勃生长中怎样做减法？在做减法时怎样去担当？这些依然是我们的时代，也是作为时代代言者的媒体所应该深刻思考的。

第二个关键词是“碎片”。这是你传播文化时一个很注重的概念和意象。我一直觉得余先生始终在世界文明的碎片中努力拼接，希望把这些碎片拼成一幅脉络完整的文明版图，把它关联成一幅气韵贯通的文化经脉，由过去对于碎片的感悟到今天经过了心灵的拼接之后，回过头来对这些碎片进行选择，找到了那些让你可以用最简洁的方式和形象去传达文化脉络的表达方式。从《中华文化四十七堂课：从北大到台大》中，我感觉到这些文化碎片是余先生充分感悟之后的重要文化意向。它是细节，也是历史脉络；它是碎片，也是历史完整信息的承载者。

第三个关键词是“文化道义”。在你的讲述中，一直在强调文化传播者的底线，那就是文化道义。文化传播的个体和机构要谨记，道义是我们的底线。如果说作为一个文化传承者有自己的使命的话，那么他首先应该是道义的遵从者和维护者，他最终应该是道义的当代建设者。从这个意义上来讲，与你的这一次对话给了我非常深刻的警示。你现在非常谨慎地规避着媒体，而我又希望把现代媒体尽快转化为当代媒体，把单一媒体转化为综合媒体，把纸质媒体转化为数字媒体，尽管在这个层面上我和你的职责未必完全一样，但是在一个点上我们是有交集的，那就是谨守文化道义，坚守文化传播。

问答环节

把“真”“善”“美”与“假”“恶”“丑”放到世界文明中对比

提问1：余先生您好，我是一名在读研究生，非常高兴听到您和龚董事长这场有深度的对话。今天的主题是“文化传播者的当代使命”，您认为自己的作品传播了怎样的文化？是一种价值取向，还是一种人生态度，或者是处世哲学？

余秋雨：处世哲学我肯定不要。人生态度的话，是我们来劝导那些有问题的人。我的作品主要是传播一些中华文化的大道。大家都知道，国人并不缺少谋生的智慧，不缺少心理调节的能力，缺少的是人和人之间的信任。我们要寻找在中国确实发生过的“真”“善”“美”，评论中国确实发生过的“假”“恶”“丑”，然后把它放到世界文明中做对比。对比的结果证明，中华文明是世界几大文明中比较伟大的文明。

关于西夏文明的文字将出现在新作中

提问2：余老师，2006年的时候，您将宁夏作为讲《文化苦旅》的最后一站，这是最重要的一站，并且您准备重新编写，把一些重要的东西补充进去，包括西夏的文明，都有可能在新版当中出现，不知道开始了没有？

余秋雨：这件事已经做完了。我并不是说要改写原来的书。原来的书还是原来的书，新的东西主要是在新作中出现。

我的另一本书，考证我和西夏文明的关系。我根据很多资料考证余家的奋斗史，或说是挣扎史，应该是古羌族进入西夏。在和成吉思汗的战斗中，余家有十分之九的人死亡，留下十分之一进入了成吉思汗的队伍。然后，又奋斗，又死亡，每一次都从血泊中爬出来，重新往前走。当然在羌以外，姓余的人还有一批。到底是这一批还是那一批，我不敢肯定。但是我有个判断，苦难铸造了人格，所以在现实生活中，我们看到一个奋斗的人、不怕死的人、不怕走路的人、不怕在战壕中匍匐向前的人，这些经历已经沉淀为他的人格了。如果这个人姓余，那可能就是这一拨。

我跟余光中讲，你可能是我这一路的，我们姓余的人没有很多名人，但是在文艺界还是有一些名人的。

龚曙光：从文艺界看，你们算是华丽家族了。

余秋雨：对。我用漂亮的句子讲了，每一次战壕里面最后一面带血的旗帜往往是写着“余”字。但是如果最后胜利了，往往做官的人里却没有姓余的。这就把西夏王朝非常曲折的路途写出来了。

春秋和大唐都是自我完满的时代

提问3：两位老师好，我是宁夏大学的在读研究生，刚听了两位老师的对话，启发很大。刚才您二位提到中华文明是漫长的、多元的，两位最喜欢哪个时期的文明？为什么？

龚曙光：如果选一个的话，那我肯定选春秋时代，因为那是一个精神高贵、思想自由的时代。选两个的话，加上唐代。唐代是一个辉煌的时代。这两个时代在我的文化辞典里面，都是自我完满的。我觉得一个文化的形态，自我完满是极致。所谓自我完满，就是它自出生就是一个很成熟的形态，用不着后世发扬光大，也很难甚至没有可能被后世发扬光大。

余秋雨：我很同意曙光的说法。但春秋和唐代比，有两个缺点。第一，春秋战国时期，世界其他文明已经存在了，有的文明比我们更好，比如古巴比伦文明、古埃及文明、波斯文明，灿烂辉煌，但是我们的诸子百家基本不知道，这和我们的地理环境有关。古巴比伦、古埃及文明互相之间知道，它们还发生过战争。而我们基本不知道，这就是整体性的局限，这带来的结果是什么？就是诸子百家虽然这么丰富，突然进来一个佛教，就完全没有抵挡之力了。

我们不知道外国的时候，我们的文明在丰富中带有某一种脆弱性。它对人生的生老病死没有过多研究，诸子百家主要研究的是对人的管理技术和人际交往技术，后来和希腊文化接触以后，我们才知道人还要更多地了解客观世界。诸子百家有这样一个局限。

诸子百家还有第二个缺点，缺少执行力。执行力很重要，在人类的文明当中出现过很多智慧的头脑，但如果没有行政加固，就会飘散。

这个问题在唐代完全被克服了。阿基米德说："给我一个支点，我能撬动整个地球。"这个支点就是北魏王国，一个年轻的孝文帝身上集中了中华文明、印度文明、希腊文明、波斯文明、巴比伦文明。去山西大同，看到北魏时期的云冈石窟就会惊讶，公元5世纪的石窟居然都采用希腊的廊柱。所以我在那里的最后一块碑上写道：中国由此迈向大唐。因此如果要我推荐的话，就是唐代，唐代是文化最灿烂的时候。

现在有人评论人类历史上的文化中心，分别是公元7世纪的长安、19世纪的巴黎和现在的纽约，全世界的大创造者都集中在这儿，这叫文化中心。长安的年代最早，长安有一点比纽约厉害，就是有诗意，每个人都在写诗，上至太后，下至轿夫。这说明当时的幸福指数非常高，是一个文化很灿烂的时代。

对话嘉宾简介

余秋雨，中国著名文化学者、理论家、文化史学家、散文家。著有系列散文集《文化苦旅》《山居笔记》《霜冷长河》《千年一叹》《行者无疆》《摩挲大地》《寻觅中华》等。出版有《戏剧理论史稿》《中国戏剧文化史述》《戏剧审美心理学》《艺术创造工程》及*Some Observations on the Aesthetics of Primitive Theatre*等一系列学术著作。先后荣获全国戏剧理论著作奖、上海市哲学社会科学著作奖、全国优秀教材一等奖等。

2014 年 8 月 1 日，贵州贵阳

对话王跃文：文化人的宿命与抗争

钟华（贵阳电视台主播、贵州师范学院客座教授）：大家好！欢迎来到我们的谈话现场。今天上午全国第二十四届书博会拉开了帷幕，今天下午我们聚集在这儿，共享一场思想的盛宴。

十五年前，有一幅巨幅画卷《国画》徐徐拉开，在这幅画卷当中，官场上的人物栩栩如生。这幅画卷的作者就是被誉为“中国官场小说第一人”的王跃文先生。王先生在《国画》之后，创作了《梅次故事》《西州月》及《大清相国》等，这样一大批以官场为题材的鸿篇巨制相继诞生，可以说部部精彩。他的小说多次再版，盗版也是四处都是。

今天我们请到了谈话嘉宾，著名作家、“中国官场小说第一人”王跃文先生。王先生您好！

王跃文：您好！

钟华：今天来到我们谈话现场的另外一位重量级的嘉宾，在中国消费观念由经济消费转向文化消费的过程中，以文化人的独特视角，于2001年创办了《潇湘晨报》，目前这份报纸的总体规模已跻身全国报业十强。2007年，他执掌了湖南出版投资控股集团，成功实现了中南传媒的上市，打造了中国资本市场第一支全产业链整体上市的出版传媒龙头股。他先后获得了2011年CCTV中国经济年度人物奖、中国出版政府奖、全国五一劳动奖章、全国文化体制改革先进个人等荣誉。他就是著名的文化企业家、中南出版传媒集团董事长龚曙光先生。龚先生好！

我们今天的谈话，新浪网、红网以及人民网正在进行直播。来到我们现场的有贵州师范大学、贵州师范学院的朋友们，以及《贵州日报》《贵阳日报》、贵州广播电视台、贵阳广播电视台等媒体的朋友们，欢迎大家！

两位好！我们今天谈话的主题是"文化人的宿命与抗争"。非常荣幸，两位文化名人来到贵阳，为我们增添了更加浓厚的文化气氛。我想问问，两位是怎么来界定文化人的，什么样的人可以称为文化人呢？

王跃文：我想，下定义是评论家的事。我想表达的一个意思就是今天两位都是我很尊重的人。曙光先生曾是著名的文学评论家，现在是著名的文化企业家，也是著名的出版人。在我的眼里，出版家跟评论家都是作家的老师，所以在这样的对话中，我还是称您为"老师"。钟华女士是著名的主持人，也是大学教授，我也称您为"老师"。我觉得还是应该请评论家下定义，下面我们就请龚老师来说。

龚曙光：我一直是为作家服务的人，原来他们写小说，我帮他们吹捧；现在他们写小说，我帮他们卖书，所以我一直在给他们打下手。

文化人，要对此下一个准确的定义是不容易的。因为每一个时代“文化人”的定义都不一样，而我们今天所谈的“文化人”，是我根据当下的文化、文化生态有意地选择的一个词。我们现在更习惯于“知识分子”“独立知识分子”“自由知识分子”，我今天所说的文化人，是在传统的读书人和今天的知识分子及自由知识分子这两个概念之上的，是一个更广泛的概念。我觉得受过现代的教育，可以用他的知识、文化、文明来维持生计的这样一类人就是文化人。我没有用很狭隘的概念来界定他们。我想，文化人就是我们现代社会生活中，那些靠十几年，乃至更长时间的读书而获得了一定生存知识和能力的人，也就是当下这个社会最主体、最活跃的这类人群。

钟华：今天这个主题是龚老师给咱们定下来的，他刚才的这个诠释也让我们再一次认识了“文化人”。但是王老师，在您的作品当中，从古到今，文化人好像和社会都有一种若即若离的微妙关系。我想请您谈一下，究竟咱们文化人与社会、与时代，有一种什么样的微妙关系呢？

王跃文：根据龚老师刚才对“文化人”这个概念的定义，在目前中国学术领域中，五十岁以上的应该都算是文化人，五十岁以上的至少是首批接受过高等教育的，现在三十五岁到四十岁及以上的，大约20%都有过大学教育经历。那么现在中国的主体，我觉得都是文化人。从这个意义上来说，现在担当我们国家命运的，就是这个主体人群。

谈到我的小说写作，过去被很狭隘地定义为“官场文学”，说到这里我想说一句，我非常不喜欢“官场小说家”和“官场文学第一人”这些称呼。尽管到处都这么说，但这是媒体贴在我身上的狗皮膏药，我想撕掉，却撕不掉。

如果要我去表达的话，不管是我关于现实的作品，还是其他类型的作品，比如说写乡村的，还有这次出版的写中年知识分子日常生活的《爱历元年》，或者写情感、家庭、婚姻生活的，这些作品的写作对象都是文化人。

刚才龚老师说了，文化人的一个基本特点是能够用自己掌握的知识在这个社会上谋生，从事各种各样的职业。如果这样说的话，我会这么去定位我自己的身份（我也是个“文化人”）。

说到这个概念时，我也想到了古人关于“士”的定义。“士”，说起来源远流长，但是到了春秋时代，那就是孔子所讲的“士志于道”，就是说有道追求的、有自己理想的读书人才算“士”。那么，我写作的对象是文化人，而且我觉得自己还是一个有理想的人，在我的写作当中贯穿了我对生活的理解、对生活的期望，因此我觉得自己所做的不是一般意义上的文化人的写作，而是一种“士子写作”。

钟华：也许王老师说的文化人或多或少都是在被社会左右着，这好像就是我们文化人的某一种宿命。但其实文化人同时在引领社会，无论是他的使命使然，还是他的担当使然。这让我想到了龚董您的经历。您由一位完全握笔的文化人，转型到现在成为一位文化产业的创业者、一位管理者、一位品牌的引领者。在您身上，这种对文化的引领是不是体现为一种对消费的引领呢？

龚曙光：其实我确定这样一个话题是基于我对跃文的理解。跃文最早转型搞创作时，在文坛有一些风波，在政坛也有一些麻烦。这对跃文的创作是有影响的，这种影响很难说是正面的还是负面的，但肯定是有影响的。跃文的主要小说我都读过，读过之后发现，其实跃文小说中的主要人物基本上跟他是一个类型的，就是大体在社会底层中长大，经受了社会生活的艰辛，有一个努力读书的童年，争得了一个自我发展的机遇。在这些过程中，跟社会发生碰撞时，这群人被往东往西摆布或左右。不管当代还是古代，妄言之可能在未来，这样的过程都是文化人跟时代关系的缩影。其实我所说的"宿命"是指这个。联系到您刚才说到我，本来我不足为训，但是我肯定是属于这一类人中的一个类型。我的理想，绝对不是当商人。而且作为商人，我有本质性的缺陷，这个本质性缺陷是什么呢？就是我对钱没有亲近感。大家都读过《欧也妮·葛朗台》，这是巴尔扎克写的，为我们提供了一个商人的典型。对于葛朗台来讲，钱的实用价值已经不大了，钱只是他生命价值的象征，实际上已是形而上的意义。一个商人跟钱的本质性关系是形而上的，不是形而下的。而我跟钱的关系顶多是形而下的，完全不是形而上的，所以我看到钱的时候完全没有亲近感。如果让我自己去选择，是绝对不可能选择当商人的。但是大家今天看到，我毫无疑问已经是个商人了。不管大家认为我铜臭不铜臭，或者有多少铜臭，但肯定是商人了。这就是这个时代中，我作为一个有文化的人的宿命。其实我不大能主宰自己，最后可能会成为一个教师、一个政府官员、一个作家、一个艺术评论家、一个国企董事长、一个经济人，抑或是一个其他的社会角色。我相信我跟我同时代的人，或者跟跃文同时代的人一样，始终是在被时代裹挟，被时代冲撞，最后被时代安排到某一个角色上——这就是我们的宿命。

我不敢说跃文最早是不是立志一定要当一个名作家。如果是，跃文当年走的路，以他当年的地位，应该是没有足够的能力来自主选择的。从这个角度来讲，我指的“宿命”是指文化人跟时代的关系：我们最终成了一个什么样的人，一方面因为顺命，一方面因为抗争。

比方说，跃文在政府机构里面做公职人员，工作了很长时间之后，他觉得自己不太喜欢时代给他安排的这个角色，至少是觉得不太舒服，那不是他想要的东西，于是他开始写作。那么他开始写作之后，他表达的东西和他当时的身份是冲突的，这样一种冲突给他带来的是精神的，乃至生存的纠结和矛盾。他又从这样一个格局中逐渐走出来。这种抗争是很重要的。

就我而言，现在每天要跟金钱打交道，每天要跟一单一单生意打交道。现在这么多出版集团，多数会出那些人类最好的书，希望用文化、文明去启示下一代人；当然也有的人会出一些我们认为是有害于社会或者是有害于孩子们的书；还有的在非常高调地并购手游，然后把这些游戏卖给最需要读书的孩子们，让他们去玩游戏，而不是读书。在这样一种环境中，其实我是最有资格去并购手游的，因为我们有足够的钱，哪一款手游我们都买得起。但到今天为止，我仍坚决不买手游。尽管很多投资人、股民都骂我，骂我不作为，但我还是要抗争的。如果我买手游，中南传媒今天的市值肯定就不是二百五十亿，不是二百六十亿，而可能是五百亿元，甚至更高。这个诱惑是很大的。对于我这个上市公司的董事长而言，做千亿市值的企业，这是一个天大的诱惑，就像跃文希望获茅盾文学奖、诺贝尔文学奖一样，这是一个职业性的诱惑。而且我认为，假如我们拿现有的钱去并购十款手游，大概也就离千亿企业不远了，可能就在一瞬间。但是我要放弃，我要放弃的原因是，我们是一个引导孩子们读好书的，为孩子们提供知识、文化，最终要用文化打造一代一代人的企业。如果我们同时又让孩子去玩手游，如果他们由此成瘾不读书了，由此改变整个人生了，那我们和毒贩有什么区别呢？那我们和在牛奶里面放三聚氰胺的人有什么区别呢？那我们跟让顾客食用地沟油的人有什么区别呢？没有本质区别。

所以从跃文的经历和我自己的经历来看，“宿命”是我们跟时代的关系，是时代对我们的摆弄，而同时我们还要与时代给我们安排的角色抗争，这恐怕是绝大部分文化人的共同处境。

跃文写小说，这么一路写来，第一，表现了生活中的这一类人大体是这样一种命运轨迹；第二，跃文小说创作的轨迹，也体现了他作为时代最优秀的文化人之一的一种文化立场，体现了他跟社会、跟时代的相互纠缠，以及他的抗争。

钟华：宿命也好、抗争也好，您在消费转型当中的引领作用，我觉得是不可磨灭的。您的引领作用及影响，让我联想到中国古代文人的引领及他们的宿命。比如说咱们贵州来了龙场悟道的王阳明，湖南出了曾国藩，这两位被列入了中国历史上“两个半完人”行列，他们对后世的影响，以及他们的人生经历也都有一些相似之处。我想请问龚董，您是怎样看待这两位的宿命的？

龚曙光：其实应该说王阳明先生比曾国藩先生的命运更好一些。他能干他想干的事情，或者说他的时代很偶然地给了那类精英分子一个相对安定的环境，有那样一种生活提供给他，他最终做成了自己那么大一派的学问。正如康德所处的时代，很难从政治的角度去讲那是一个多么伟大的时代、多么清明的时代，但它能让康德每天在小镇里该写书时写书，该出来散步时散步，小镇市民看到他出来散步就知道是什么时间了——这种生活相对来讲是安定的。

我觉得阳明先生的学问和生活，是中国知识分子都景仰的。阳明先生的学说，是对他所处时代的思想最高度的概括和凝结。当然，这种思想对他所处的时代也是一个反驳。曾国藩先生是一个读书人，中国传统的读书人都是要修身齐家治国平天下的，尤其曾国藩先生，他很有野心，二十几岁的时候就自己改了名字，改成了“国藩”。

其实，他的这种政治抱负也是当年湘军的诸位首领共同的政治抱负，是他们所处的时代里几乎所有文化人共同的抱负，但是最后是曾国藩率领的这一帮子弟兵成就了一番政治伟业。不可否认，站在今天的历史角度看，他后来镇压了农民起义。现在姑且将这些放在一边不论，我们来评论他的一生时会发现，曾国藩也是被时代顶到这样一个位子上去的。他原本在翰林院赋闲，然后丁忧回家，去为父亲守墓，这些原本都与军事无关。但恰恰这时，国家发生了大动荡，作为国之重器的军队又没有作为，湘军便历史性地成为国家的中流砥柱。从个人的角度来讲，他是幸运的。当然，其实他和他的时代也是有抗争的。

曾国藩最大的抗争是什么？我认为是处在一个“三年清知府，十万雪花银”的时代，他非常律己。虽说后来湘军攻下了南京，打下了芜湖后，从下游往上游的返湘船只几乎让人看不到长江的水面，是湘军把财物往家运，但在此期间曾国藩始终是很清廉的，在与所处的时代抗争。

钟华：王先生，您从一个政府公务员转型成了一位职业作家，这是您的宿命，还是抗争呢？

王跃文：其实刚才龚老师谈到他自己的身份转变的时候，我就琢磨龚老师主要的观点是文化人服从了宿命，在进行有限的抗争，是这么一种观点。确实，作为一般性的观察，我对此是同意的，大多数人只能如此。但在我看来，龚老师的抗争其实时时存在，我认为它也是有效的。他今天谈到手游，前天我们一起吃饭的时候也曾说到。我突然想到自己有次谈到商人时脱口而出的一句话："商人商人，要商量着做人。"龚老师一直在同这个世界商量，就是说有一股诱惑说服他收购手游，但是他觉得伤天害理。我们做父母的，最不愿意看到小孩回到家里就玩游戏，每一个家庭都面临这个问题。但实际上很多的公司完全是利益至上，假如贩毒不被禁止的话，他们肯定会贩毒。这是我从龚老师说的"宿命"想到的。

就我自己来说，区区一个小作家，在这里跟大家分享我的人生也没有大的意义。但是，今天既然在这里谈跟我的作品有关的话题，我还是想从简单的人生轨迹来说一说。我大学毕业以后首先被分配到我们县里的"政府办"工作，那眼看着就是要做官的，然后被调到了怀化市政府办公室，在怀化市办公室做了两年，又被调到省政府办公厅。在别人看来，这是一个蓬勃向上的、马上要做大官的仕途。

龚曙光：差不多就是县里的翰林和省里的翰林了。

王跃文：但是，首先，我对文学是爱好的。刚才龚老师说我未必原来就准备当一个作家，这倒是真的。我在县政府办公室的时候就没想过要当作家，只是有这爱好，我上大学的时候就有这个爱好。但是我又是一个很规矩、很认真的人，参加工作之后要写官样文章，尽管我在学校里学过应用文写作，但那是应用文写作，到了现实中的官场，完全没有作用，所以必须从头做起。当我能够比较自如地写官样文章的时候，正像龚董所说，“习有余力则作文”，这个时候文学梦就苏醒了，我就开始写作。

当时我完全把写作当成一个业余爱好。当然，大家知道，到了省政府机关以后，1999 年我写了《国画》。《国画》出版以后，我的生存环境发生了逆转，时过境迁，过去好多年了，说多了也没什么意义。但是经常有媒体的朋友问我《国画》出版以后很悄然地就风行了，为什么当时没有任何报道、没有任何宣传。在这里我很感谢一位有名的出版家，就是人民文学出版社原来的社长聂震宁先生。他是有这种出版敏感度的，知道这个书会销得很好，但是未必会让某些方面高兴。于是当很多评论家提出要写评论时，他说不评论，也不宣传，就让它这么销，结果销售几个月后，就不让再印了。有人问了我两个问题：第一个问题是你当时写作的时候知道会火吗？第二个问题是知道会被禁吗？我说这两个问题，都是我没有想过的。我没有想到会火，只是很真诚地、认真地去写作。第二个，我认为我写的这些东西没有违背任何一条法律或政治规定，最后有些方面打招呼说不能再出了，这是出乎我的意料的。这件事也可以理解为，我从文化意义上和文化创作的层面，也是在同这个社会做抗争，或者说我这个职业已经给我设定了一个抗争的命运。到 2000 年的时候，我就完全从过去的公务员身份里转型出来了，我觉得我的抗争是稍微多一点、丰富一点的。

钟华：是抗争成功的这一类型。王老师，咱们都知道，大部分文学作品都是写自己给别人看，那么您的作品当中有多少自己的影子呢？

王跃文：这也是很多读者感兴趣的问题。任何作家的作品都是自己的自传，不管这种判断是否正确，确有这一种说法。

钟华：那天和王老师吃完饭回去后，我立马把他的《爱历元年》通读了一遍，发现真有原型。王老师在饭桌上说了一句话，说这个牛肉很好，果然我在书里发现了，孙离很爱吃牛肉。

王跃文：这个新作写的是一位中年知识分子的情感、家庭故事。我为什么写这么一个小说，我的理性思考是什么呢？我觉得最近二三十年，中国人确实走得很快，我们国家的各方面都发生了翻天覆地的变化，我们有钱了，富裕了，生活都好了。我想起 1994 年调到长沙的时候，有一位很要好的朋友请我喝啤酒，我们坐在五一路的一家饭店里面，临着玻璃窗，望着外面的车水马龙。他说，跃文，看你什么时候能混上一部车，混上一部手机。因为那个时候要副厅级以上的干部才可以用手机，才能够混上一个秘书，当时我觉得这个目标好高远。但是中国的变化让我们每一个人都措手不及——车，我混了好多部了，当然是我自己的；手机，我已完全忘记，如果汽车可以算得出来的话，手机根本就算不出来了；秘书也有，当然是我老婆。所以中国发展得太快，太快的时候有什么情况呢，就是很多事情、很多问题，我们都还没有来得及想清楚，一切该发生和不该发生的，都发生了。人走得快的时候，可能会走岔路，走错路，甚至走回头路。所以我曾经在一个场合有一段发言，是我的一篇长篇小说获得湖南省文学艺术奖的时候，我说了这么几句话，我说当社会被变迁的洪流裹挟的时候，当所有人都貌似向前狂奔的时候，我愿意选择慢下来、停下来，甚至往回走，看一看那些狂奔的人丢失了什么，若是丢失了钻石，那我就更高兴了。我出于这么一种理性的思考，再去写这么一部小说。但是这部小说的表面和形式看上去就是一个情感故事。我记得前几天与龚老师一起交谈的时候，龚老师也说过，“情”这方面有情感无情事，说我就是那个角色。其实这部《爱历元年》，如果朋友们去看的话会发现，它不是一个简单的情感故事，我是想通过这些看上去鸡零狗碎、鸡毛蒜皮的生活故事，对我们过去二三十年走过的路程进行一番回望，也就是停下来思考一下——我是这么一个初衷。这个初衷是不是达到了我不知道，但是很多朋友说最后看到了。今天我还收到一位朋友的短信，说他读到亦赤从拉萨发给妈妈那首诗的时候，泪水也是忍不住的。其实这首诗是我自己写的，现在在任何时候翻到那个地方时，我还是很感动。

龚曙光：钟老师问这里面有多少像你，可能也是因为了解跃文的关系，我认为跃文主要作品的主要人物都像他，这种“像”就是像跃文这一个类型，是被我定义为文化人的这个类型。过去三十年，或者说更长点的时间里，他们都在扮演各种社会角色。在每一个重要的角色上，这个类型的文化人都在唱主角。你看他写这些官场小说，主要是写文化人和政治的关系。在他的《国画》中的主要人物，在《爱历元年》中的这些人物，就是在不同的小说中体现文化人跟政治的关系、文化人跟情感的关系、文化人跟经济的关系。我认为，《大清相国》更多的是写文化人跟权力的关系，我觉得其实陈宰相更多的是在同皇帝扯皮。那么我说特别像他的什么呢？首先，跃文的第一部小说会引来那么大的非文学震动，是因为他非常执着于他在生活中感受到的那些细节，而那些细节正因为典型，是可以符号化的。一旦生活的细节被符号化之后，人们就很容易去对号入座。其实作品也完全不屑于说这个事就是谁的，那个事是谁的，这种对号入座的事情是读者做的。但跃文是有对生活的提炼的，当然也包括对他自己在生活中所扮演的角色的提炼。其次，每个小说家看世界，都有他独特的视角。跃文不管是写文化人，还是写文化人看政治、文化人看经济、文化人看情感，基本上是站在圈子边缘看圈子里，站在边缘观察这个圈子的慢慢变化。他的这些角色，都不是这个时代最风光、最得势、最叱咤风云的人，在他的小说中几乎没有叱咤风云的人物，也没有惊天动地的故事，都没有。生活中也许并不是小事的那些重要的事，都被这个观察者抹得不那么重要了，所以跃文说，他在看这个时代在急速的奔跑中丢掉了什么。虽然写这个时代的急速变化，但跃文的视角却像汽车的减速玻璃一样。时代发展那么快，比他的作品还快，他把那种速度感抹掉了。他作为一个观察者在这里看，看身边这些最细小最细小的细节，或者说那些并不惊世骇俗的故事怎么发生、如何收场。

我们回到《爱历元年》。这部小说写了一个家庭里两个主人公之间情感的变化，故事是没有任何新意的。但是像孙离这样，像喜子这样，在各自的事业由较低的起点到了较高的平台之后，每个人都会有由成功带来的一种心态变化。这个时代，几乎所有成功人士都会受到书中主角遇到的情感的吸引。在这种情况下，其实他们的爱情故事是平淡的，包括他们两个人的分别出轨，可能跃文觉得他们两人都很享受，也应该很惊世骇俗，但是我读这个小说的时候，觉得其实他们的故事是平淡的，也就是一般人出轨的故事，说不上是一个小说家虚构的多么惊世骇俗的爱情故事。

而我后来又关注到，两个人都出了轨，而且彼此没有戳穿，最后双方又自觉地回复到原来的状态。通过自身的发现、自身的顿悟、自身的忏悔，最后又回归。在这部小说中，我特别看重跃文结构情感故事的本领。一个人在那么艰难的情感出轨之后，而且彼此之间感觉很好，觉得找到了自己的真爱，那个回归故事是很难写的。但是跃文几乎没有用任何大的故事架构，很自然地就把两个人的感情拉回来了，而且让人觉得是那样的贴切和合理。他就用身边几个人的命运故事，比方说孙离的弟弟孙却，他们家庭的故事；比方说孙离和喜子的两个儿子的故事，说两个儿子弄错了，养了一个儿子，生了一个儿子；比方说孙离的同学马波和美尼的故事。有的是一个历史误会的揭穿，有的是我们惯常面对的一个人突然中年得了绝症的生活遭际，有的就是我们天天看的一个网络谣言所导致的变故。但是，这一切其实都有一个观察者存在，就是孙离自己。孙离作为主角参与到这样一场情感的变故中来的时候，他既是一个演员，又是一个观众，他时时刻刻在看自己。所以，这样一个叙事角度其实就是跃文自己。我觉得最像跃文的，不是跃文的这种行政身份或者作家身份，也不是跃文生活中的故事原型，而是这类人物在一个急速变化的世界中沿着人家跑步的路，一边看看别人掉了什么一边看看自己丢了什么的姿态。

钟华：王老师，那天和您交流的时候，我还没有看《爱历元年》，当时我问您这本书的最大特点是什么，您说了一个词——温柔。我回去之后仔细看这本书的时候，再体会这个词，觉得不光是“温柔”，还有温暖，也有一些感伤。我想请王老师跟我们分享一下这本书当中的您的温柔。

王跃文：其实我最初构思这个小说的时候，我所设想的结局不是这样，而是他的儿子最后对父母是完全没有感情的。

龚曙光：这是一种血缘的隔膜。真的是来自血缘的隔膜，他从小就不喜欢父母。

王跃文：对。我后来写到一个原始的结局，他从医学院毕业以后成了医生。他独立，没成家。就在父母根本不知情的情况下，他办好出国留学的手续出去了，然后给这对夫妻留下的是一片感情的废墟，是写这么一个结局。但是我写着写着就变了，一方面根据我的写作经验，作家写进去以后有时候就不一定完全听凭自己的内心了，只能听凭人物，就像托尔斯泰写安娜·卡列尼娜，最初是想写一个贵妇人出轨的故事，写到最后写成了新的人物。安娜想追求理想的爱情，结果她需要的是爱情，人家需要的仅仅是肉体，所以没有办法，最后成了一个悲惨的结局。我写着写着就变了，我认为这是创作的一个规律。

另一方面，可能跟我的心态变化也有关。我发现人到中年之后，好像更加宽厚，内心更加柔软，我不忍心把我笔下的人写得太惨，当然更不想把他们写得很脏。写那个很漂亮的尼姑，第一稿的时候，我犹豫了一下，然后偏向了另外一面。我曾经看过一篇报道，湖南某地有一个住持，非法敛财上千万，被立案侦查。后来我就想这样写这个美尼妙觉，写出来以后，我自己也有点儿纠结。结果就请了几位评论家、作家看，他们看了以后说妙觉这个形象太美妙了，你不要把她写成那样好不好？要把她写成最后还是冰清玉洁的。在斟酌这个故事的时候，有人就讲，和尚敛财你不要怪尼姑啊。所以最后我把她写成现在定稿中的样子，到最后，每一个人都是让人感到温暖的。如果说其中有人曾迷失的话，最后都回归了，而且这种回归，也不是我设定的。就像刚才龚老师说的，当时本能地要设定一个轨迹，任其自然发展，应该如此。但是说到这里，我想说我一贯以来的一个写作习惯，就是有日志化的写作。像过去写官场也好，写乡村也好，现在写中年知识分子的家庭生活也好，我都是非常注重写生活的日常状态。我有一个自己的观察，我不喜欢把故事搞得波澜壮阔、非常曲折甚至离奇。我觉得那不是生活的常态，而是生活的极端状态。如果文学总是写那种极端状态的话，未必能够揭示生活的本质，所以我不去编看似非常离奇好看非常吸引人的故事。另一方面，我写这种看上去波澜不惊的故事，对作家的写作能力要求更高，非常容易写得不好看，但是到目前为止，我所有的小说，都还是很受读者朋友欢迎的，这让我感到欣慰。

钟华：龚老师，作为一个文化人，您具备了多重身份，那么您在阅读王老师的作品时，是不是有着更加深刻的思考，或者有不同于我们普通读者的感知、感受呢？

龚曙光：从看《国画》开始，我就没有把王跃文定位为“官场小说家”。这是因为我没有太津津乐道于拿某一个书中的人物去和生活中的某一个人物做类比和对照。我看《爱历元年》的时候，也没有简单地拿其中的主角和我在生活中碰到的那些有相似经历的人去做比附。其实我更愿意讲的是，这些人物在王跃文的书中变成这样，其实就是我所思考的宿命问题。我曾经有一些说法，很极端的说法，我一直觉得20世纪是一个太快的世纪，对人这个物种而言，造成了很多灾难性的后果，要延续到21世纪，乃至更久以后的时代中去补偿，有的甚至不能补偿。不管是科学技术带来的、政治理念带来的，还是文化反驳的这种动力带来的，20世纪所呈现的这种快速度，打乱了人类作为一个物种漫长的进化节奏。我还是相信达尔文的，这是前提。节奏弄乱之后，人就迷失了，就找不回自己了。这是物种的灾难，也是我对20世纪的整体评价。

那么我看王跃文小说的时候，也是在这样一个大背景中去看的。这里面的人物，绝大部分被我定位为文化人的人，不断地被这个时代撞过来撞过去，几乎每个人都不大能够自控。在他的小说中，官场上的这类政治人物，相对带有贬义色彩，其实他们也是不自控的。

回过头说《爱历元年》中的孙离和喜子，他们作为普通大学生到研究生的世俗历程是成功的、相似的，所以容易产生情感上的渴求，这种渴求是一种真实的存在。在这个渴求的时代中，出轨也是一种意愿，也是一种裹挟。

我们今天所处的情感环境、道德环境，对这两个人来讲，变成了一种冲突的气场。从某种意义上来讲，他们也是不能自已的。这样的一种诱惑，始终在拉扯他们。只有当他们出轨了，体验了他们想要的生活，而又无限不适，无限痛苦，乃至于产生罪恶感后，才可能实现心灵的自我救赎。所以与其说他们的回归是这几件事情促成的，倒不如说是他们内在的抗争促成的。这几个事件本身只是强化了他们内心抗争的力量，而不是事态发展的真正动力。

所以这个故事，我说它是一个不新的故事，是一个老故事。但是跃文把它写出了新意，他写出的新意不在于对于爱情的描写多么细致入微，也不是跃文对这个时代性爱的把握和表达有多么扩张的尺度，其实这些都不是。有的是他们出轨，出得那么偶然却又合情合理；他们回归，回归得那么偶然又那么合情合理。跃文说，就很像生活本身。其实我觉得，不太像生活本身。因为我们看到生活中太多出轨的故事，基本上不是人被打得鼻青脸肿，就是心灵被弄得五劳七伤。像跃文所描写的那样，静悄悄地来，又静悄悄地去，挥一挥衣袖，不带走一片云彩，其实这不全是生活的本相。这是跃文的审美！是跃文对于这个社会，对他所不喜欢的这种宿命的精神与审美的抗争。今天的媒体和自媒体，对于这个社会的评价，一定比跃文小说的描写更灰颓，更令人沮丧。但是跃文不甘心我们的时代就是这个样子，也不甘心这么多出轨的人最终把每一个家庭都弄得四分五裂，把每一个人的心灵都弄得五劳七伤，所以他最终选择了自己的小说是温和的。我觉得这是跃文自我抗争的一秉烛光，特别好！所以从这个意义上讲，不仅他写的这个尼姑冰清玉洁，而且这个家庭在静悄悄地分裂后又静悄悄地重圆。我们从来都说，破镜不能够重圆，跃文作为一个深刻的作家，却不去追问破镜能不能重圆，他就相信破镜能够重圆啊。大家都说跃文对这个时代是做了粉饰了，我觉得跃文对这个时代是寄予了一份很厚的期许、一份很美好的期许。

钟华：我想今天来参加书博会的都是文化人，或者是向往文化的人。接下来的时间就交给我们现场的观众，他们有很多的话题和观点，想和两位老师分享。但是在下面的观众提问之前，我也作为一个现场观众，近水楼台地提第一个问题。在咱们生活的当今这个时代背景之下，文化人一直是处于抗争和回归的过程中，而两位老师是属于在这个过程中非常成功的文化人，那么我想请两位给我们正在困惑当中的文化人一些建议。

王跃文：我首先也要说明一句，正如龚老师说他不算成功者，我也不是什么成功者，就是写了几个字，然后养家糊口而已。我有很多的读者朋友，对我的厚爱也让我欣慰。我做人做到现在，最感欣慰的是，我是一个很老实的人，所以我最看重的两个词，一个是“老实”，一个是“踏实”。我从来没有想过怎么样地投机取巧或者怎么样地干一些冒风险的事情去获得成功。我经常跟朋友、跟家人说这个话，有的事情人家干了，成功了，得到了好处，但是我不相信我有这么好的运气，也许人家干得好好的，而我去干就被抓了。

再一个是“踏实”，我是一个做任何事情都很踏实的人。过去在政府机关就是，写机关材料非常难。我原来的朋友们经常说的一句话是，一个人写一堆材料并不难，难的是写一辈子材料。我从县政府写到市政府又写到省政府，从县长的讲话写到市长的讲话又写到省长的讲话，非常难。但是这个事情既然交给我，我会认认真真地把它做好。当然现在回过头再来看这些事的时候，我有个总结，写得怎么样那是我文字能力的问题，但是我必须做到自己能力的极限。所以我写作的时候，就把写材料时候的精神发挥出来了。当然，现在有个好处，就是电脑写作极大地解放了作家的劳动强度，我一边写一边反复去看，一句话、一个词，哪怕一个标点，我觉得不妥当的，自己看着不舒服，认为别人看着肯定也不舒服的，那就必须去修改。天下人的心都是肉长的。我是一个很踏实的人，老实地、踏实地做好每一件事情。

说到成功的话，我刚才说了我不算成功，但是也有一点儿小得意。我上有老下有小，有个很大的家庭，我的工资就五千块钱一个月，靠工资没法活。我能够用我自己的一支笔、一个脑袋，能够把家养好了，我觉得有点得意。

问答环节

钟华：谢谢两位老师！我们下面的朋友，可以和两位老师互动了。

提问1：我是来自贵州师范学院即将升入大二的学生。刚才听龚董说，王老师的作品描写的主人公基本上都和自己是一个类型的，我想请问一下王老师，您是怎样定位自己的形象的？或者说，您认为自己是真正意义上的文化人，还是有其他更微妙的解释？

王跃文：龚老师对我的作品和我作品中的人物，以及他们和我本人的关系的解读，我是认同的。但并不是说，我写的人都是我自己。孙离出轨了，我到现在都不敢出轨。

但是说到作品中的那些人物，比方说《国画》里的朱怀镜，按照我们今天的话题来说，要与宿命抗争，那么他只能够顺应这个潮流走下去，在官场上走下去，一步一步变高，这是他的宿命，其实他时刻在抗争。其实朱怀镜很多时候也很迷茫。有一次他开车往前走的时候，不知道自己要往哪里去，他就想，到了那个路口，假如前面的路口是红灯他就往右走，如果是绿灯就往左走——这就是他的迷茫，迷茫其实就是一种内心的抗争。很多次，朱怀镜晚上一个人驾着车的时候，看到外面五光十色，有非常漂亮的霓虹灯，那种看上去很绚烂的夜景，他想到的却是哭泣。这些东西，其实也是我自己在生活当中有过的感觉。有一次，我们一帮好朋友在歌厅里面唱歌，场面非常热闹。我听着听着突然想狂号，想哭，然后我就跟一个最好的朋友说，我要走了，我受不了了。结果我走出歌厅以后，马上就给老婆打电话，说我现在很难过，我现在不能开车，你能不能过来。我老婆说她马上打车过来。结果她打车走到半路的时候，我说行了，你可以回去了，我现在可以开车了，然后我自己又开车回去。其实这种内心跟现实的紧张关系，在我的小说里面经常会出现。如果要问我是一个什么样的人，我自己觉得我是一个不太坏的人，总体是个好人。我觉得自己很憨厚、很通达，很多朋友都说王跃文很好玩，然后我就开玩笑说把我借你玩三天行不行，或者说你没有玩过我。当然是开玩笑。总体来说，我认为自己还是一个很正面的形象，但是我肯定也有毛病。

提问2：刚刚您提到您妻子，您说其实您的秘书就是您的老婆。我想问一下王老师，在您从过去的政治工作转向文化工作的过程中，您的妻子对您的工作是否有那么一点点的影响？

王跃文：隐私不方便在这里说，说了我老婆会不高兴。但是，怎么说呢？我怎么走我的路，老婆是不干涉的，她相信我走的路是对的。我老婆是个读书人，很有出息，对我也好。我有时候写作，特别是在外面写作，在网络上查资料查不到的时候，我想到一个典故、一首诗，或者什么对象，我隐约记得这个故事或者说记不准确，我打一个电话回去，我老婆都不需要去查，马上就会告诉我。所以说她是我的文学秘书，这一点我们两个配合得非常好。

提问3：我想问一下龚老师，您当过老师，管理过酒店，最后投身于传媒业，请问这是否也体现了您作为一个文化人对命运的抗争？

龚曙光：肯定不是抗争，肯定是顺受。未来还会干什么，我也说不定，不一定现在的职业就是我一生终了的职业选择，也许未来我去干金融也说不定。我说过我是大顺受、小抗争。在每一个具体的职业岗位上，我会抗争的。在大的安排上，时代裹挟着你，无法抗争。刚才跃文说的细节，他说他在歌厅有时候会想号啕大哭，其实我也经常有同样的感觉。如果在歌厅那样一个很热闹的状态，别人是很开心的，我突然就想从这个人群中抽离出来，然后会有一个很外在的声音问我：你在干什么？我就再也融不进去了。这种状态经常会有的。我为什么说跃文代表了这个时代文化人的一种类型呢，我经常在他的小说中读到精神上的一种迷茫、惶惑，或者说有时候因为迷茫、惶惑而导致的倔强，这种东西其实在我身上也有的。我和跃文走的路，几乎是完全走岔的，但是我们在不同的生活中能感受到这样共同的一种心态，不管这心态有时候是激愤，有时候是迷茫，有时候是惶惑，但有这种情绪在。

就我个人来讲，第一是命运，时代要把一大批过去与经济没关系的人推到经济领域去，这是一个大时代的选择。不是个人能够完全左右了的。第二是个性。记得毛泽东时代有一位很有名的作家，你们可能不熟，我很尊重他，他叫浩然，他说过“在生活的原野上挖一口深井”。我是一个不大愿意在职业生涯中只挖一口井的人，就是说我愿意到不同领域去尝试。假如我们用世俗的观点说，每个人一生都想追求成功，那么很多人是想一直干一个活，最后实现他的人生价值；而就我的本性而言，我是想干很多的活，哪怕干得不如人家好。就是说，你写书我也写过书了，你赚钱我也赚过钱了，你开车我也开过车了，你驾船我也驾过船了。别人以深度来标识自己人生的高度，我以广度来标识这种高度。

这可能与我的经历有关。在三十岁左右的时候，我得过一场很大的病，病到四个月躺在床上没有起来过。我认为我会死了，但后来活过来了。在还没有痊愈的时候，为了治疗自己的病，我写了一本书，叫《李白评传》。因为这样一本书，我把所有能找到的关于李白的史料、诗歌都看了。我发现，李白在中国历史上是一个很奇特的人。后来我用这样的语言去表述他："李白是一朵真正的欲望之花。"因为他在他所处的时代所能够建树的每一个重要方面，都成为一个极致的成功者。比方说李白想写诗，不用说，写好了；李白想求仙，道教功力也很深；李白学剑，剑术极精到。在关于李白的史料中，说他曾经"手刃数人"，他还不用剑，就是靠手杀人；然后他还想当官，跑到终南山，跑到皇宫里；贵妃醉酒，他还摸杨贵妃的脚；他还广交朋友，那个时代重要的文化人与他都有很深的交谊。总之，那个时代那些最光彩的事、最有意思的事，李白全部都做过，而且全做得很好。一般的人可能是用五年来做这件事，用另外五年来做另一件事，但李白不是，他几乎是同时做不同的事。他让那个时代所能绽放的每一朵欲望之花同时绽放了。他在求官时同样求仙求道，他在写诗咒骂官场黑暗时同样求取功名，他在歌咏人性时同样仗剑杀人……我觉得这种人生是中国很少有的一种人生。当然，我肯定做不到，但他对我是一种启示。他暗合了我心中的那种心思，一个人一生只有几十年，如果能体验很多种人生角色，而且在每一个角色上都或多或少有一点点心得、有一点点建树，那就很好。所以从这个意义上来讲，我自己的本性不会抗争。

提问4：王老师好！您在新书《爱历元年》中提到"无病呻吟却有大痛"，

您可以从文化人的角度来阐述一下这句话吗?

王跃文：其实在我的小说里并没有写到这句话，是记者问到我对这本书评价的时候，我说了很多的话，其中有一句话叫“无病呻吟却有大痛”，这未必就准确。读者从头到尾看完这本书以后，会觉得这个故事似乎没有大起大落，没有大的波折。我所讲的“无病呻吟”是什么呢?就是我们是当代人，很多人其实心理都是有病的。比如说我们浮躁，我们的欲望特别强，我们想要很多很多的钱，我们想要住很大很大的房子，我们现在开的车还不够好，下次要开宝马，还要开更好的车。其实这都是病。

再就是我们人和人之间的关系也是这样。我想到过万芳一首歌曲里的词：“天上的星星，为何像人群一般的拥挤呢?地上的人们，为何又像星星一样的疏远?”我感觉到我们现在的中国人好像有点这个样子。有时候我们看上去很近，其实很远。一方面，我们在生活，在积极进取；另一方面，我们在浮躁，在拼命地攫取。这种种都是我们有时候意识不到的，甚至我们还对它做积极正面的解读，很无趣无味。我写这样一本小说，就想用我的笔可以达到的层次，写我们这个时代的这些病。

提问5：王老师您创作了很多作品，比如《国画》，您认为您创作的动力是什么?

王跃文：这个动力首先是因为我爱好文学。说到这里，又要说到文化人啦。文化人的宿命与抗争，一方面有中国文化本身的原因在里面。不管我们对传统文化怎样去批评，我觉得我对文化的数典忘祖是很鄙视的。我们主流的中国文化还是积极向上的，它教给我们每个读书人应该有家国天下的意识，就是所谓的修身齐家治国平天下，这是每一个文化人应该有的文化品德。在这种文化品德下，我们来到人间，受到了这样的教育以后，我们想的是，应该是好好地用我们学到的文化来报效国家，来实现自己的人生目标。但是现实有时候跟我们的追求和理想有差距、有碰撞，可能会纠结。一方面是文化要求我们怎么样，另一方面是现实可能有差距。在这种情况下，我们可能会对宿命妥协，然后就跟着社会的大趋势去走。其实我觉得每一个人，哪怕从他的本性出发，也是要抗争的。我的写作体现了一个文化人的抗争，这个抗争就是我写作的最大动力。

提问6：王老师，您好！坐在这边的都是贵州师范大学的学生，我们听到您要来，立马慕名而来。您的小说《大清相国》即将被拍成电影或电视剧，我想问一下，如果改编过程中被改动的话，您怎么看？

王跃文：我会很简单地回答这个问题。为什么呢？因为我对这个问题很通达。很多作家很担心这个问题，很关注影视剧是不是忠实于原著，自己的作品是否被扭曲了。我的观点是，自小说出版之日起，作家的使命就已经完成了。以后的事是别人的事情，假如影视剧改编得好，社会的评价好，用我们湖南话来说就是搭帮有一个好小说。文学名著改编成功的先例很多，都是因为小说本身好。所以我一点儿也不担心改编后的影视剧与我的原作是什么关系。

提问7：我想请问您一个问题，您是从体制内出来的人，您之前的书都是民营企业出版的，近两年的书又交给体制内的出版社来出版，您是出于什么样的考虑？

王跃文：我最早的小说是人民文学出版社出版的，我的第一本小说集是在长江文艺出版社，第二本小说集是湖南文艺出版社，后来长篇小说主要是由湖南文艺出版社出版的。2000年以后，有一段时间，我的一些书放在民营出版机构，说起来有两个原因：一是，我当时作为一个被某些方面关注的作家，在民营机构出版比较方便。二是，当时一些民营出版机构给作家的报酬还可以。但是这两年，我为什么不再这样做了呢？因为民营机构出版有时候也会出现一些作家不想看到的结果，比方说官司。现在我所有的作品都是在湖南文艺出版社出，湖南文艺出版社是一个非常优秀的出版社，中国著名作家中大部分都跟湖南文艺出版社有缘。所以我现在把我所有的作品都放在湖南文艺出版社出版。

提问8：龚老师，您好！我是师大的学生。我听说《爱历元年》这本书要出数字版，现在网络小说也比较盛行，请问您对数字出版有什么看法？

龚曙光：我的本科也是在师大读的，师范大学在当地都是好学校，跟哈佛差不多，应该自豪。《爱历元年》变成数字版，这是很自然的事情。因为在数字化出版很普及的情况下，不仅是《爱历元年》，我们所有的产品都会有它的数字版，在不同的平台售卖，所以这是很正常的营销模式，不是什么新鲜事了。

关于数字出版，第一，数字出版肯定是未来出版的主流，在更新的技术替代数字出版之前，数字出版肯定是要替代纸质出版作为主流出版形态的地位的。第二，中国现在的数字出版已经很发达，几乎所有的好作品都在数字平台上可以读到，几乎所有的烂作品更可以在数字平台上寻找到。这样海量的数字文学作品，应该说满足了现在各个层次读者的要求。我昨天说，对于出版人来讲，这是一个悲剧的时代，对于读者来讲是很幸运的时代。我们拥有中国出版量最大的这么一个时代，而且我们每年的图书出版量都在创新高，由二十万种到三十万种，现在到四十万种了，每年出四十万种的图书，这在过去是不可想象的。尽管我们今天有了这么多数字出版的东西，但是纸质图书的出版量依然在增加。你愿意屏阅读，就有足够满足你阅读欲望的数字版内容。你是一个纸质书的阅读者或屏阅读的“粉丝”，就可以根据不同时间和不同的身体、心理状态，选择纸质书或者屏幕，你完全可以自由地选择。所以我说，这是一个幸运的时代。现在的状态是，纸质书在不断地变为屏阅读的内容，而且变成多种形态的内容。而一些网络写手，他们还要将自己的作品变成纸质书，比方现在网络上几个最红写手作品的漫画改编权都在我们集团。所以我认为这一时代将是中国出版，乃至人类出版形式最丰富的一个时代。当然，如果有一天，所有的人都习惯了屏阅读，不再迷恋纸阅读了，那纸质书会逐渐退出历史舞台。

我们这一辈人所处的时代，是一个前无古人的时代，如果我们恰恰是最不读书的一代，一天到晚用三四个小时的时间在群里面聊无聊的问题，赞不该赞的东西，我觉得才是辜负了这个时代，那就真是天大的悲哀。

提问9：两位老师好！我是贵州师范大学研二的学生。我看到“文化人的宿命与抗争”这个题目，思考了很多。从古至今，其实很多文化人都是布履轻衣，比较朴素，然后他们也在抗争。比如说李白，其实他也是在抗争，而当年唐玄宗沉迷于美色，所以他想从政的思想没有成功，然后他就把这种宿命与抗争寄情于山水，取得了很大成就。我想问一下王老师，对于你们这种成功的文化人来说，你们最高的目标是什么？你们追求的是什么样的东西？或者想向我们传递一种什么样的理念？

王跃文：我不太赞成作家把自己放在读者导师的位置。我们作家的创作就是真诚地写作，以我笔写我心，作为作家，要把对生活的观察和思考真诚地写下来，能够让读者接受。至于读者接受到了什么，一千个读者就有一千个哈姆雷特，可能大家各有所得。比方说《大清相国》，领导人看到了反腐教育的积极意义。但是作为一个作家，我觉得一个文学作品得以流传的唯一理由，在于它的文学价值。它的文学价值越高，就可以流传得越久。作家的理想，当然是希望他的书不是现在风行几年，以后就没人看了，而是希望几十年以后，甚至上百年以后依然能流传下去。

我的文字第一次见诸报端变成铅字，是1988年的8月3日。后来有人说，你的运气好，可能跟你发表文章的日子有关，四个“8”，太吉利了，当然这都是玩笑话。但是从那个时候算起，我的这些文字被读者看了二十六年了。我又听到评论家聊天的时候说，当代中国发展太快，不是各领风骚三五年了，而是各领风骚三五天。可能今天一个热点，过了两天就被另外一个热点覆盖，然后就被人忘记了。所以在这个时代，如果一个作家的作品能够让读者看三十年，可能就会让读者看上五十年，看上五十年以后可能就会永远流传下去，流传下去了就是经典了。一百年以后如果还有人看我其中的一部书，我就很欣慰了。这就是我的理想，谢谢！

提问 10：民国时期的文化人，在当时的战乱年代，却出现了一大批大师级的人物，这样一批大师对于自己的宿命更多的是抗争还是服从呢？

王跃文：这个问题还是请龚老师来回答。

龚曙光：民国时代最大的主流是新文学，是新文化。你所说的这一批大师，他们主流的命运是服从时代的主流，从胡适到鲁迅，到周作人，这都是你们很熟悉的，还有你们不熟悉的，像钱穆，像李长之，等等。这一些人，他们都是选择了在新文化、新文学这样一个时代背景下去发展中国的文学和文化这条通道，所以在主流上他们是顺应了时代的，但是这种顺应同时又是抗争，因为他们是要和旧文化决裂的。在他们的对立面还有一位是我个人很尊敬的大师，就是王国维。他在这种选择中选择了传统文化，他就认为传统的中国文化是至高无上的、完美无比的文化。他对于这样一个完美的文化最后要被时代击碎的事实是不能够接受的，最后选择了去殉这样一种完美的文化。尽管后来有很多人说王国维是殉情，不是殉文，有很多的其他原因，但是王国维是在以他的方式抗争这个时代的主流。而鲁迅等新文化运动的那些大师，是以选择新文化来抗争我们所说的传统文化。我认为这是第一，他们都是有抗争的。

第二，是时间的误差。我们今天去看民国时代的东西，就觉得民国时代的人学术成就很高，而当代人的学术成就很低。大概都会有这样的一种看法，尤其读大学的时候会如此。我认为有这么几个因素。一是民国远去百十来年了，站在这个时代你看到的是那一百年沉淀下来的东西，也就沉淀下了这几十个人。而在民国时代有多少学者，有多少作家，都已灰飞烟灭了。当代的作家，如果再过一百年，我相信还是会有几十个人能沉淀下来的。所以这样一比较，有一个时间的误差。

三是语境的差异。当代学人跟你处在同一个时代，他所使用的语境是这个时代的语境，对这个语境你没有陌生感。而民国时代于你已经远去百年，你跟他所使用的语境有陌生感。而我们在做学问的时候，往往对自己不太熟悉的语境，觉得它的学问要高深一些，而我们看得懂的学问要通俗一些。这是什么？这就是语境的差异。

四是文化的功底，也是我想讲的最重要的一点。我们不得不承认，民国是一个风起云涌的时代，是旧文化刚刚崩溃，留下了一批旧文化功底极好的学者的时代。他们以叛逆者的心态去学西学，比我们今天要努力、要进取，同时他们又是传承者，因为他们从旧文明里走来，有些人还考过进士，具有良好的经学、小学的根底，这是他们承载文化的根基。所以他们一方面有很浑厚的旧学根基，另一方面又有那么决绝的吸收西方文化的态度。而这两样，都是当代学者们所不及的。寻其原因，一来，人家五六岁时“四书五经”已倒背如流，小学已经做得很好，更不用说经学了。而我们这些学者，至少与我们同时代的学者们，二十多岁了才读到“四书五经”，《说文解字》还不一定读过。人家几岁时就解决了的问题，你现在还要积累。等到把研究生读完或者把博士读完，到了三四十岁，才说自己现在有了一些旧学功底了。你那点旧学功底是人家十岁的旧学功底，你怎么比呢？你怎么去做训诂？怎么去做评点呢？二来，我们对于西学的追求也不如他们纯正，这也导致了我们现在学者在新学和旧学的功底上，都不如民国时代的学者。

这也是我所要寄望于在座诸位的，一个时代的学者，不管你处在哪一个阶段，如果没有在新学、旧学上打下牢实的基础，你要想再过一百年还留存下来，是没有可能的。我曾经跟一些当代有名的学者交流说，大家都不用轻言大师。在我看来，陈寅恪先生之后没有大师，我这话可能讲得有些武断和尖锐，就是当代被提起的很多“大师”，我都认为不是大师。我甚至说钱锺书先生是我很敬仰的，但也不能说他是大师。大师是要有原创思想并且有理论体系的。现在很多老师都被叫为“大师”，那也算大师吗？他对中国文化原创性的贡献是什么？而陈寅恪先生对于魏晋时代的解说，对于很多中国文学典籍的解说，是提出了自己的原创性思想的。所以说，没有原创何以言大师？！

钟华：谢谢两位老师今天给我们带来饕餮盛宴！我们祝愿龚老师引领的文化消费能够影响更多的人，也期盼着王老师的新作能够有更多的呈现，带给我们更多的温柔和温暖。

对话嘉宾简介

王跃文，当代作家，现任湖南省作家协会主席。1989 年开始文学创作，发表中短篇小说若干，曾获湖南省青年文学奖。曾以《桃花湾的娘们》蜚声文坛，这是他的第一部长篇小说。著有长篇小说《国画》《梅次故事》《亡魂鸟》《西州月》《龙票》《大清相国》《落木无边》《爱历元年》等，出版有中短篇小说集《官场春秋》《没这回事》《官场无故事》《湖南文艺湘军百家文库·王跃文卷》《王跃文作品精选》《王跃文自选集》《官场王跃文》《漫天芦花》《天气不好》《今夕何夕》，散文随笔集《有人骗你》《我不懂味》《胡思乱想的日子》。中篇小说《秋风庭院》获《小说选刊》奖，《今夕何事》《夏秋冬》获《当代》奖，《夜郎西》《夏秋冬》获《中篇小说选刊》奖。短篇小说《雾失故园》获《中国作家》奖。

2015 年 9 月 25 日，山西太原

对话阎真：
纠结与孤愤——谈当代知识分子的心路

山西。太原。2015 年 9 月 25 日，时针指向下午 3 点整，对谈开始。

著名作家阎真与中南传媒董事长龚曙光，开始了一场有关当代知识分子心路的讨论——“法律之上良知之下，是道德的荒原，还是精神的净土？人生在世，是沉迷于生活之中，还是超拔于生活之上？”

“纠结”，似乎成为知识分子与时代关系的缩影——而这一代人最终成为什么人，更多的是由时代塑形和安排。

阎真如此，龚曙光亦如此。

在大学教书的阎真在他小说背后描摹着与他类似的知识分子的面孔：被飞驰向前的社会所裹挟的教授，陷入现实的泥淖，生活与灵魂都不得舒展。

而龚曙光此前也无数次提到："我的理想绝对不是做一个商人，但我现在毫无疑问已经是一个商人。"这位身份历经"教师""酒店老板""报社老总""书评人"流变的知识分子感叹道："无法选择自己的行进道路，始终被时代裹挟，被时代冲撞，最终被时代安排到某一个角色上，而这是我们的宿命。"

这场对谈，有如叩问两人心灵的自白。龚曙光在其间剖白："人人不都在纠结吗？在如何安妥自己的身体和自己的灵魂之间纠结。一部分人在纠结中走向放弃和沉沦，一部分人走向孤愤，在孤愤中走向坚守，而孤愤更多的是对行业价值观的坚守。"

阎真勾勒的则是一个写作者的立场："人文理想起什么用？我不是英雄，我做不了那么好，但至少在法律和道德灰色地带，也不去上下其手，平衡功利主义对我们的牵引。"

9月的下午，咫尺之隔的窗外弥漫着都市世俗的浮躁，窗内却正在进行一场关于知识分子心灵的洗礼。来自当地高校文学、哲学专业的师生，以及其他闻讯而来的"粉丝"，簇拥而坐，聆听两人的激辩或诠释，试图跟随着去触摸自己灵魂深处的宁静。

而在这样一场对谈中，龚曙光和阎真最终完成的，是关于知识分子文化人格的自我叩问和文化担当的自我追逐：当生活裹挟着我们踉跄前行，我们是否牵挂灵魂遗落在何处？

纠结是当下知识分子的一种普遍心态。

阎真：《活着之上》中同为大学教授的聂致远和蒙天舒，这两个典型人物代表了同一种职业身份下的不同价值选择。一种是像聂致远一样，还坚持文化传统的价值观，一定程度地坚持文化理想和人格理想；另外一种就是像蒙天舒这样的，对人生唯一的信念就是自己的发展空间和利益。虽然他们两人在故事情节中没有正面冲突，但其价值观本身是冲突的。

龚曙光：这种冲突，可以说是价值观的隔空较量。从这个意义上来讲，两个人物最重要的冲突，不在他们两个人之间的形式上的冲突，而在于他们自己的内心。人主要是跟自己纠结，是人所选择的价值观使自己跟自己纠结。《活着之上》这本小说，重要的冲突不在故事本身，而是来自人物内在的心理逻辑和价值观。

安贫乐道的聂致远，面对着生活的种种压力，面临着人生的各种窘境，经历着与他人攀比时自尊心受到的摧残，其实他又何尝不想像蒙天舒那样，享受生活的顺畅感和优越感？

反过来，蒙天舒作为一个当代知识分子，虽然在生活中游刃有余，在处理人际关系上非常势利，但他从来没有忘掉自己是个学者、是个教授，也从来没有看轻他应该具有的那种文化尊严。所以当他看到聂致远在学生中间、教授中间，乃至社会上所受到的人格尊重时，他又何尝不纠结？

阎真：我写的官场小说《沧浪之水》十几年来受到了读者的喜爱，

现在已经重印了七十余次，应该说还是有一定生命力的。这部小说写出了当代知识分子基本的心态，这种基本的心态同样在《活着之上》里得到了表现，这种心态就是“纠结”。

所有人都会不时地纠结，但为什么在知识分子群体中，纠结就成了相当普遍的存在？原因在于知识分子对中国传统文化传递的价值观，对社会价值，对知识分子应承担的角色、定位、良知、责任等都有着深刻的探索和了解。在他们心目中，一定程度上存有人文理想和信念。至于这些人文理想在现实生活中有没有展开空间，展开空间有多大，他要做多大的妥协才能弥合现实与理想的差距，对他们来说是一个大问题。所以，知识分子的纠结，源自不同价值观念的召唤，一方面是心目中的人文理想，另一方面是现实功利对人的强烈拉动，处理这对矛盾时，带来了生活方方面面的冲突。

龚曙光：从比较的视角来看，《活着之上》里的聂致远和蒙天舒，分别类同于《沧浪之水》中池大为的前半段人格和后半段人格。池大为在“悟透”之前的那段人生里，一开始他是纠结的，他从来就没有对世俗生活不屑一顾，从来就没有将安顿好肉体看作不重要的事情。在这种纠结中，抵抗生活的诱惑是主流，反抗成为他纠结的动因。到后来，顺从生活成为他纠结的原因，但是他也时时在反抗：我不能堕落，我不能腐败。

《沧浪之水》里的池大为妥协了，《活着之上》的聂致远坚守着。但无论妥协或不妥协，知识分子都在纠结。说得武断一点，纠结是当下知识分子的一种普遍心态。因为，坚守是非常困难的，要面对巨大的反对力量，可能是肉体上的折磨、精神上的煎熬，也可能是亲人的不解和远去、朋友的断席绝交。很多时候，坚守者都属于少数派，会面对巨大的反对力量，包括物质的与精神的。

阎真：我觉得“纠结”这两个字对于今天的知识分子来说，有特别重要的意义。他们以这样的一种存在状态，功利主义地去看待人生，在今天已经有了合法性。在价值选择上的纠结，表现为内心的冲突。《沧浪之水》《活着之上》，在叙事上没有激烈的、外在的矛盾冲突，也没有矛盾冲突的主要线索，冲突表现在人的内心，所以我的小说在某种程度上，也可以看成心理小说。这些小说在表现生活的时候是非常真实的。《活着之上》基本上每一个细节都有生活原来的版本，这些版本有我自己经历的，有我作为旁观者观察到的，也有一部分是听别人说的。

知识分子们往往说一套做一套，知行难合一。

阎真：《活着之上》的主人公一定程度上有我自己的影子，特别是在心态方面。主人公遇到的事情，我大部分都经历过。遇见这种事我也很纠结，很无奈。有时，因为人情的关系，我也做一些小小的妥协。中国是人情社会，这也为灰色地带和潜规则培育了温床。要遏制灰色地带和潜规则，还要从社会心态和文化方面努力。

当下的知识分子面临社会变迁下更多的物质诱惑，坚守原则者很难出人头地。所以知识分子们往往说一套做一套，知行难合一。我自己也有这样的情况。

我其实也是很纠结的。作为一个知识分子，还是写小说的人，要把价值观念传达给学生，首先要相信所写的东西确实是真实的，信奉它，不能在给学生上课的时候讲一些自己都不相信的东西。相信这个东西，才会写得真诚。另一个方面，遇到生活中的具体问题时，能不能真正做到知行合一，把认为正确的东西贯穿到你的生命实践中——在这方面，我只能说，我大概是这样做的，但也没有做得那么好。

龚曙光：阎真说他的小说很真实，所有的生活细节都有现实版本，这应该是阎真小说的外在形态。阎真小说的故事形态基本是原生态的，他的细节也基本上产生于生活的点滴。但是阎真小说最真实的部分应该是心灵。所以我在读阎真小说的时候，把阎真小说这种生活的真实定位于“真相”，把阎真心灵的这种真实定位于“真诚”。

我问他自己纠结不纠结，其实即使我们只读阎真小说的文本，也能够感觉到，阎真小说中人物的心路历程，他的叙事主人公和他的人物之间是有一定重叠的，而这种重叠源自阎真作为一个当代知识分子在当下生活中的处境、感悟，以及他的思考。所以他大量人物自白式的、思辨式的抒写，也是作家自己的心路。这也可能是写知识分子的小说基本上都会碰到的一个问题，就是对故事和议论、情节和抒情关系的处理。简言之，就是如何用故事去承载心路历程。

阎真：说起曙光，站在我的角度，我认为他也是一个非常纠结的人，他是一个知识分子，也是一个具有人文理想的人，又是一个上市公司的董事长，在这些角色中间可能会有，或者必然会有角色的矛盾和冲突。

龚曙光：其实纠结就是一种平衡，如果不纠结了，平衡就被打破了。但对有的人来讲，纠结的状态是冲突强于顺从，有的人则是顺从强于冲突。我自己当然也纠结，但我不能算一个纯粹的文化人，至少不是一个很成功的文化人，文化人越纯粹，跟社会冲突的可能性就越大，力度就越强。因为我不太成功，也不纯粹，所以这样的矛盾就比较小。

我是一个商人，也不纯粹，也不算一个特别好的商人。如果我是一个很好的文化人，跟社会的冲突会很激烈；如果我是一个很纯粹的商人，跟社会的冲突也会很激烈。结果我两边都不是，于是达成平衡的可能性就大了。

我可能是文化人中一个比较好的商人，可能是商人中一个比较好的文化人，所以我常说，我什么都不是，几不像，这个“几不像”就能达成平衡。我做生意的时候，那样厌恶金钱，我不会；做文化的时候，那样看重金钱，我也不会。所以好的文化人不可能是好的商人，好的商人也不可能是好的文化人，只有像我这样不太好的文化人和不太好的商人，才可能成为一个比较好的文化商人。

纠结是“不是选择的选择”，和欧美知识分子一样，中国知识分子在当代生活中的基本生活形态就是纠结，这种纠结可能与知识分子的价值观定位，与知识分子承担的社会职能相关。从某种意义上来讲，知识分子跟社会的关系就是一种抵抗与顺从并行、在冲突中得以协调的关系。只有很少的人是绝对地顺从，那就是堕落；也只有很少的人是绝对地抵抗，那就是孤愤；绝大多数人应该是纠结。

在如何安妥自己的身体和如何安妥自己的灵魂之间纠结，我们活一辈子不容易，并不希望肉体受太多的苦；但同时，我们又觉得太放纵肉体时委屈了精神，于是乎我们又觉得也不能让精神承受苦难——始终在安妥肉体和安妥精神、抵抗社会和顺从时代之间来往反复。

孤愤的背后是对价值观的坚守。

龚曙光：我们俩都研究现代文学。其实在现代文学中，最孤愤的小说人物在鲁迅先生的小说里。我认为，鲁迅先生小说中人物的孤愤，其思考指向和价值指向，是对传统礼教与文化压抑和束缚的反叛。当然，这与当下知识分子的孤愤有所不同。在我看来，当下知识分子，一部分人在纠结中走向放弃和沉沦，一部分人走向孤愤，在孤愤中走向坚守，而孤愤更多的是对行业价值观的坚守。选择价值观坚守的人或许不多，但这是绝大多数优秀知识分子的心路历程。

《活着之上》的主人公聂致远对这种价值观持肯定的态度，他将自己的精神偶像确定为曹雪芹，其实他更应定位于王国维或陈寅恪。从简单的层面来说，《活着之上》就是反映行业价值观的败坏。所谓行业价值观的败坏，就是教师不诲人不倦，医生不悬壶济世，文官爱财，武官怕死。所以，我认为，活着的基本生态就是纠结，活着之上是孤愤，活着之下就是行业价值观的败坏。

阎真：“五四”时期，很多知识分子反叛中国传统文化，因为在当时的历史背景之下，他们的历史使命就是启蒙，要使广大国民从传统文化的思想框架中解放出来，获得全新的、倡导民主科学的现代性思想，鲁迅完成了这样的历史使命。用我们今天的观点来看，这可能是偏激的，但他们却在偏激的过程中，完成了他们的历史使命。

今天，我们的知识分子不再有“五四”时期那种绝对的对抗性，他们可以协调，可以融合，可以在继承传统文化的同时，坚持现代性。但是，当下知识分子的这种包容，应该有一个内核与底线，那就是责任和良知，而不是以自我生存功利为出发点。其实，中国传统文化精神是与功利主义保持距离的，比如屈原，他是楚国的贵族，只要稍作妥协，就不会被流放到沅湘；李白也是这样，他要放任自己的个性，但这种个性是不适应宫廷生活的，宫廷生活需要你的奴性，而不需要你张扬的个性，所以李白也被淘汰出局了。

那么，我们是不是也可以与功利主义保持一点点距离呢？就我个人而言，我不是英雄，我做不了那么好，但至少我还保持着一点点做人的底线，我不会触碰法律，即使在灰色地带，也不去上下其手。这种对传统文化的向往，在今天可以起到这样的作用，平衡功利主义对我们的牵引。功利主义是合法的，但如果把它极端化、唯一化，就会走向另一个社会状态。就像曙光刚才说到的，作为一个教师，我至少可以坚守自己的职业道德。

叩问不越底线，保持心灵的火花。

龚曙光：其实，还有一个作家是很孤愤的，那就是卡夫卡，他以很独特的、东欧式充满魔幻感的生活感悟表达着自己的孤愤。在这个过程中，卡夫卡以作家的身份发出了对生活的那一声尖厉的呐喊，进而构建了他自己的独特的艺术世界。

回过头来，我们看钱锺书的《围城》，写湖南一座大学里面知识分子的生活，那是一种更独特的环境，因为是在民族救亡图存的背景下，人们的心态和生活都不稳定。在这样的环境下，知识分子潜在的丑陋人性都可能表现出来。但为什么钱先生可以那样平和地、从容地、调侃地塑造这一群知识分子的形象？

在卡夫卡和钱先生的创作动因中，他们是在构建自己的艺术世界，去完成自己的艺术风格，还是把教化放在首位？你是一个充满史学感的作家，在教化和搭建艺术王国两者间，谁重谁轻？

阎真：卡夫卡是我比较了解的作家，他的情绪比较负面、悲观、绝望，或者说孤愤，这在他的很多小说当中都有体现。至于钱锺书，他没有在抗战背景下去表现抗战、民族的重大主题，他写知识分子群体比较猥琐的生存状态，这是钱先生的选择。我觉得文学作品是在多元化的艺术视野中存在的，所以他们的选择都很正常，可以理解。

但像曙光所说，是不是一定要做一种“必须”的选择？

我是这样理解的：每个作家都有自己的生活体验方式，并在此基础上选择自己的价值观，这都是非常正常的，在一个多元化的社会当中，更应该有这样的宽容，我们没有唯一的正确性，“唯一的正确性”或者唯我独尊的思维方式是不能够成立的。

我为什么选择了这样一种方式？这是我个人想表达的东西。曙光说这是一种教化，确实有教化的意味在里面，但是“教化”这两个字还是太重了一点，毕竟我还不是一个文化英雄，或者说我写的这个小说主人公也不是文化英雄。他是一个凡俗的知识分子，还没有承担这样一种历史使命的角色定位，他只是在自己所经历的范围内，尽量做到对人格的坚守，对生活的人道，对他人的平和。

即使是这样一种凡俗的角色，面对生活的诸多压力，有时候也会面临不愿意的选择，这时就会有一种孤愤之情，生活硬是把我逼得非做不可。

就像小说里说的，一个学生有背景，领导要把他保送出国，让聂致远打分的时候打个高分，但他的成绩又没有那么高，聂致远觉得良知过不去，所以犹豫半天，给了他一个中等的分数。最后，学生不高兴，领导不高兴，聂致远自己也不高兴，因为自己做得憋屈。所以这是一个不太好的选择，自己非常郁闷。

生活中总是有这种力量的逼迫，让人做出这种不得不违背自己内心的选择。我小说中有一句话是这样写的："我不能够做自己想做的那个人，就像动物园的老虎不能够做自己想做的那只老虎。"

面对激烈的社会竞争，很多人的空间已经非常小了，所以成长非常艰难，内心会感觉非常悲凉，好像前景看得见，但道路总是走不通，好像有一座玻璃墙把你挡住了。在这种心态下，非常容易走极端，就是愤极而放弃，觉得社会变了，我可以放弃一切束缚我的理念、信念，把生存作为唯一的信念。可以说，这种选择是非常可以理解的，但是最后，我还是希望，不管你生活中遇到怎样的挫折、障碍，做人的底线还是应该有的。就像我的一位学生，他在找工作接连碰壁之后，还能写出"你不黑暗，中国就有光明”这样的话。我希望大家在人生的困境中，还能保持心中有亮点和火花。

冲破蚕茧，写出有新思考、新意味的小说。

龚曙光：阎真的小说是用人物的命运曲线把社会的整个大背景带进来，社会背景是靠人物命运牵引的，故事只是在推动人物的心理逻辑往前走，并且在每一个关键点上激发人物进行思维和思辨。所以，你的一条线是把人物置于命运的背景下，把命运置于时代的框架中，同时通过故事去触发思考，把故事和思考凝结在一些关键细节上。实际上，命运成了一条线，故事和思考贯穿一体，是这样的结构。它像生活，比较平静，甚至在有的地方可能有点沉闷，但是它不平庸，每每到你觉得有点儿沉闷的时候，马上会有大量的思辨和激烈的思想从细节上触发出来，让你觉得柳暗花明又一村。小说在这种平静中达到激越，然后再到平静，再到激越，是这样一种推动，它超越了生活。

阎真：《活着之上》写的都是生活中非常琐碎的事情，几乎没有具有社会矛盾冲突的事情，属于个人化、生活化的叙事。首先，像您刚才讲的，我就是想把这个历史背景带进来，在这一点上做得还可以；其次，想把这种历史背景所包含的思想观念冲突，属于我们这个时代的基本价值观念、价值选择、价值冲突的内容带到这种日常生活的叙事中间来。正因为如此，这种日常生活的叙事，它实际上就具有了我们这个时代心理冲突的意义，至少我是这样选择的，哪怕我写日常生活叙事，也要有一个比较高的精神视点，这是我的想法。谢谢曙光，他看得非常清楚。

龚曙光：阎真的小说吸引我，不仅仅因为我们的同乡情谊、同专业的学习履历，更重要的是阎真对生活的感受方式，以及我们作为同时代的人，在思考中国知识分子当代或当下使命的时候碰到的共同困境，是我们在思考中得出的彼此认同的结论，以及个人的叩问、对时代的拷问结合在一起，表达了对于当下这种人文生态，对于当下这种良知的处境的忧虑或恐慌。所以，从这个意义来讲，我认为阎真的小说超越了对这个时代的简单批判、简单评价，也超越了以纯粹的故事去吸引读者，以纯粹的语言的华丽去形成艺术风格的那类作家。

当然，最近我也很遗憾地听说阎真写了这部小说之后不想再写小说了，不知道这个传闻是否属实？作为一个作家来讲，阎真正处盛年，应该说，还在一个创作的旺盛期，阎真身体很好，身体不好是一个作家写作的最大障碍。如果阎真用一段时间把自己的人生积累重新激活，把自己人生的感悟重新梳理，在一个更宽的视角上去开凿生活，在社会矛盾更深的层面去开掘生活，我觉得他更好的小说会在后面。

阎真：我写小说不完全是出于一种功利的冲动，只是想表达自己想表达的东西。基于这一点，我写小说相当认真，或者说特别认真。大家看我的轨迹，写得不多，大概要五六年才写一部小说，写完一部小说之后，要对下一部小说进行深入的思考——我写什么东西能够多多少少有一点精神上或者艺术上的原创性。基于这种精神基点再去写。曙光今天给我一个很大的督促和鞭策，希望我对生活进行更深刻的思考，写出更好的小说，我自己也希望如此。

当然，如果没有表达的冲动，勉强去写的话，就会重复自己。我不愿意重复自己。其实作为大学老师，我的生活也非常简单，每天到学校，然后到家，是不是跳出这样一种生活的格局、思想的格局？我希望自己能够有这种勇气，能够冲破蚕茧，写出有新思考、新意味的小说。其实我觉得自己不写也挺可惜，就像一个画家能画的时候不画了，一个音乐家能创作的时候不创作了，也有点儿可惜。曙光的鞭策和督促，也许会使我重新兴奋起来，对生活进行深入的思考和了解。

对话嘉宾简介

阎真，湖南省作家协会副主席、中南大学文学院教授。自20世纪80年代开始创作，迄今为止共出版了四部长篇小说：《曾在天涯》《沧浪之水》《因为女人》《活着之上》。其中，《活着之上》节选版在2014年《收获》杂志第六期上发表，受到读者和评论界的普遍关注与好评。

2017 年 5 月 31 日，河北廊坊

对话李修文：

远方和人们，都与我有关

2017 年 5 月最后一天的下午，廊坊发白的太阳将这个城市晒得干净发涩。

在第二十七届书博会的热闹氛围中，一场围绕新书《山河袈裟》的对谈低调展开。对谈的是作家李修文和出版人龚曙光。

两个人从《山河袈裟》说起，聊现代散文近乎失传的人民性传统，谈诗词歌赋曲的文气和语境对当下散文写作的文本影响，讲作家的写作困境和精神自救……

一直以来，李修文在他的文字里，从不选择远离凡人的世外，也不采用惊天动地的传奇，他行走在生活中最常见的地段，说一些与你我相关的小事：因为被开除而在地铁里咽下了痛苦的房产经纪人，在机床与搭讪之间不知何以期盼远方的打工妹，他的故事里有小商小贩，有修伞

的、补锅的，有乡下的疯子、傻子……一眼望去，都是普通的——普通人，普通事。

而龚曙光的个人经历也并非如外界想象的那般顺遂，做一个纯粹文化人的理想被导入了做一个经济人的路径。用他的话说："无法选择自己的行进道路，始终被时代裹挟、被时代冲撞，最终被时代安排到某一个角色上。"

两个角色冲突的人，在对谈中相遇。

在这场长达两个半小时的对谈中，他们脱掉了世俗身份的华服，披上文学审美的袈裟，行走在《山河袈裟》中那些渺小人物的世界、苦难的遭际，以及作者写作的精神困局之中……

"所谓'我们并不孤单''吾道不孤'，我一直在意的，是我们到底是和谁同行在一条夜路上？我们痛苦时、虚弱时，到底可以呼喊谁、依靠谁？"这是李修文的追问。

"人民和人民性是绕不过去也说不清楚的概念，人民性是对一桩桩人间苦难、对一个个被戕害生灵的关照、怜爱，甚至是包容。"这是龚曙光的领悟。

李修文眼里看到的，是氤氲着烟火的人情味，是社会的浮世绘；而龚曙光在意的，是《山河袈裟》里小切口撕开的漂泊者命运，是蔓延其中的对小人物的悲悯，是如鲁迅般对社会民瘼的观察与深思。

"这些文字中，没有对那些生活苦难者的怒其不争，他甚至没有想过这些人一定要争或者不争，他只是关注着这些苦难，然后用文辞将苦难承载起来。"龚曙光说。

人民性就是对被漠视、被侵侮、被戕害的每个人的关注和怜爱。

李修文：最近在《山河袈裟》的传播过程中，我自己脑子里突然意识到使用了“人民”两个字是多么严重的事情。我对“人民”两个字有天然的亲近感，尤其是对人民背后所隐藏的“人民性”感兴趣。所谓“我们并不孤单”“吾道不孤”，我们到底是和谁同行在一条夜路上？我们痛苦时、虚弱时，到底可以呼喊谁、依靠谁？这个东西用个体的词语很难概括，到目前为止，我没有找到一个比“人民”更加适合的词。

在我看来，人民不光分阶级，不光分群体，人民同样在生活。我们这样来看待人民的话，实际上无论是在历史、在生活本身，还是在意识形态上，就获得了相对程度的解放。

龚曙光：这个词是需要体会的，没有一个词比“人民”更有质感，而我恰恰在《山河袈裟》中体会到了“人民”一词的重量。

一位作家的作品让我感到锐痛同时又感到震撼已经非常少了。这本《山河袈裟》到我手上的时候，最早也是比较轻慢的，因为我看多了这个时代的所谓作家散文，无非是个人琐碎生活的记载和个人随想的记录，无非是一地鸡毛的叙述，不能说都没有价值，但是毫无疑问，它承载不起一个时代人们对于一种文体的价值期待。

但当我读了这部散文集之后，确实感到了一种久违的震撼。它使我仿佛回到了当年阅读鲁迅先生的《野草》时的感觉。白话文运动之后，中国文学最成熟的两个样式，都是鲁迅先生自己树立的标高：一个是鲁迅先生的中短篇小说，至今无人能够企及；第二是鲁迅先生的小品文和杂文，是现代散文的一个标高，应该也是没有人能够企及或者超越的。

就小说而言，似乎有很多的作家一直在追随鲁迅先生对人民的深深关注。我不能理解为什么鲁迅先生另外一个标高，后来就越来越少有人去追随，那就是现代散文——他对于民间的疾苦、对于生命的苦闷的深深关注和感悟。究竟是作家们不敢用散文这种文体去触摸“人类”或者“人民”这样一个沉重而宏大的主题，还是我们的散文作家把这种文体更多地用于时代的小生活、个人的小情感、自然的小景观？所以，当我读到《山河袈裟》的时候，确实非常感奋；所以，当很多同事给我推荐了多本文学作品，说都可以对话的时候，我未加思索地选择了《山河袈裟》。

在李修文先生的作品中，“人民”和“人民性”是绕不过去的，同时也是一个说不清楚的概念。对于在生活中被漠视、被侵侮、被戕害的每一个生命甚至生灵的关注、怜爱和倾诉，很难找到一个比“人民性”更贴切、更包容、更有生命质感的词去概括。我觉得在一个作家的眼中，人民就应该像山河一样，山河我们更改不了它，我们每天生活于其中，人民你也是更改不了的，我们的生活时刻遭遇和撞击着人民。

李修文：刚才讨论了半天和人民的关系，写这本书对我来讲首先是自救，我希望通过这本书的写作，使自己重新成为一位作家，内心里面充满了巨大的热情。

我一直希望我们传统的语汇不是倒退，不是像神龛一样把它供奉起来，而是把它激活。这种激活的过程很难，我求神拜佛、访僧问道，可能更多的是想弄个水落石出。后来我就给自己规定了八个字，叫“滴血认亲，破镜重圆”。对我来讲，是当下我作为一个人，想确定自己是谁的迫切希望。我首先想让自己还原成一个生活意义上的人。建立一个生活上的人，这是最基本的标准。

我写了一两百万字的小说和散文，近些年来才越来越觉得找到了坚实的依靠，才可以不断地相信自己的道路是正确的，或者说是相对正确的——这是一个非常漫长的过程。我书里收录的很多文章都是从来没有发表的，都是写完以后自己一个人看。包括我的写作要求，也是忘记自己是谁，在佛像前痛哭和唱歌，唱给山河听，唱给菩萨听，就和我写作的时候描写的对象一样，这也是一份情意和承诺。我要赞美的就是我自己要写的对象，这对于我来讲，是一个最好的下落。

他披了一件袈裟行走在祖国的山河，且行且止。

李修文：“山河”这个名词跟我过去的经历有关，也跟自己生活过的疆域有关。对于我来讲，过去十年里，在写下每一篇文章的时候，大概都是在一段货真价实的山河里行走，这是其一；其二，我一直有个可能近乎虚妄的念想，我一直想延续中国优秀的文人传统，就是像李白、杜甫、苏东坡这样一批大诗人和大文学家，把自己的命运交给了山河，最终获得了能够和山河呼应，甚至能够匹配我们眼前山河的文字。

龚曙光：作家的重要使命之一，是关注任何时代中在经济学意义上被剥夺、社会学意义上被凌辱、哲学意义上被异化的生命及其意义。一个优秀的作家不会因为一个时代的辉煌或渺小，不会因为一个时代的伟大或卑下，而放弃这种使命。

我们当然希望一个伟大的时代有很多的文学作品去讴歌它，像过往许多作家讴歌他们所处的时代一样，但我觉得一个伟大时代的被讴歌，应该发生在当代，更应该在后代，在后代人、后代作家中，就像我们今天由衷地景仰唐代所创造的文明而为之讴歌；就像我们今天为宋代那些最好的年代中所创造的文化、经济而讴歌。所以，我觉得当代作家一方面要倾情讴歌自己所处的伟大时代，一方面要深情关注这个时代的人民和人民性。

修文在近十年的创作中，秉持了这样一个写作原则：就是更多地关注那些渺小的、卑微的、边缘的个体。这些个体所会聚而成的人民，构成了他精神的山河。修文很喜欢鲁迅先生的那句话："无穷的远方，无数的人们，都与我有关。"由此可以看出，修文的山河既是自然的，也是社会的。

"山河"对于修文的另一重意义就是"行走"。在这些散文中，修文就是一个行走者。所以，作为作者的他不是一个悟道的苦思冥想者，而是一个在行走中感悟山河，在行走中遭遇困顿，且行且止、且行且悟的人。他向往僧人，但他不是为了悟佛教的道，也不是为了悟道教的道，而是为了悟审美的道。他披了一件袈裟，始终在祖国甚至世界的自然造化中行走，也在自己的精神山河中行走。在行走当中，他把所悟到的对美的感悟和对生命的体察记录下来，而这部作品就是他行走中个人的精神纪实。

我们对于文体的认识并非打翻或者颠覆，反而是回缩。

李修文：现在，我们给每个体裁都设置了牢笼，好像叫小说就应该这样，叫散文就应该那样，而很多没有命名的东西都放在散文的体裁里。

但我们回望一下中国历史上的散文，从《山海经》《太平广记》开始说起，它们的文本赋予了文体非常大的自由。《山河袈裟》里有一篇《火烧海棠树》，最后我写到一个鬼神来烧这个海棠树，这来自我的想象。可是，在中国以前的文本里，这种过去时空和未来时空、实在与虚在、现实与梦境的东西比比皆是，大量的虚实不分构成了非常巨大、非常绚烂的存在。我甚至有一个思考，就像《太平广记》里写到的那些人，在当时都是一些最普通的人，经过《太平广记》的塑造，变成一个有巨大文化魅力的符号。那这些人的归宿在哪里？是归宿于真实，还是归宿于当时的历史？实际上是《太平广记》使他们成为了他们。

在今天这个时代，散文到底是一个什么样的文体？或者说我们可以上天入地、胆大包天到什么样的地步？或者说今天我们想改变一下散文的面貌，该做什么样的工作？现在我们对于散文的认识并非打翻或者颠覆过去，反而是往回缩。我非常想在这种虚实连接处创造出一种我个人的、用美学去定义的世界，而不是用现实、材料这样一些学科细分之后的名词去规定和束缚。

龚曙光：至少是一百多年来，文学史对散文与小说的定义，用了一个最简单而又最机械的标准，就是所谓虚构与纪实。不管是什么样的主题和人物，只要是基本没有虚构就叫散文，只要基本是虚构的就叫小说。这个定义是不是合理？我们很难给出一个简单明了的判断。它是不是真正概括了中国文学的本质？比如，修文刚才说到，很多笔记体一部分是小说一部分是散文，这中间是含混的、有交集的。因为一篇《火烧海棠树》而去质疑修文的故事是不是虚构的，我觉得其实没有必要，因为修文在这些文章当中表达的主体是情感真实。

撇开这个不说，毫无疑问，修文使用的是标准的白话文。在标准的白话文、散文中间，修文应该是把中国古代几大文体的审美要素集中得比较好的作家。第一，诗词歌赋曲。你去看《山河袈裟》中不同的篇章在处理语言的时候，能看到那些中国古代诗体文本的要素，他的文章的基本气韵是词和散曲的气韵，这和中国传统散文的语气、结构是不太一样的。本来三对三的语句，比如“郎对花，姐对花”，修文可能会写成“郎对花，姐也对花”，修文追求的不是简练，而是文气的舒畅和节奏的顿挫。

第二，这本书中有很多篇章是当代散文作家希望达到而没有达到的，那就是赋体那汪洋恣肆的才情。比如《荆州怨曲》，它就是一篇赋，当然你也可以说它是一篇诔文，应该是一篇《吊荆州赋》，它是几千年来荆州大地上所发生的一幕幕以血以肉来撰写的故事，是对一片山河、一座城池几千年的悲哀和怨怼的泣诉。

还有一个最重要的文体因素，刚才修文也说到了，就是戏曲。修文说他从小受到的最深的传统文化熏陶来自民间戏曲。他就出生在一个戏曲世家，这样一种熏陶决定了他如今一半的职业还是在从事着电视剧、电影这类以戏为基本要素的工作。修文这些散文中只要是以人物为核心的，你认真去看，就会发现它的结构都是戏剧结构。大家看一看《郎对花，姐对花》，修文以他散曲式的文笔，一步一步把作者的情感和人物的命运逼进了一个高潮，这个高潮既是故事的，也是情感的。

所以，你会看到一群西北汉子在冰天雪地中用一只小舟把一个陌生的作家送到对岸，这已经完全不是散文所表达的情境和情节；当大家看到一个年轻的母亲把自己的女儿用一根铁链子锁在街头柱子上的时候，会发现只有戏剧才能产生出如此强烈的情感震撼，才能产生出如此强烈的情节撞击。我们读惯了20世纪二三十年代鸳鸯蝴蝶派散文作家的闲适散文之后，读惯了20世纪50年代革命作家的咏物散文之后，读惯了近三十年来这些一地鸡毛只书写个人情感的抒情散文，还有今天汗牛充栋的心灵鸡汤式的哲理散文之后，我们再来看，修文是真正地把一个现代人的情感、现代人的境遇、现代人对于生命的思考和中国传统诗词歌赋曲这些传统要素较好地融合在了一起。我相信，甚至斗胆放言，假如修文还能在散文上坚持创作，他的散文文本应该是现代中国散文文本的一个重要范例。

我们也可以看到前三十年中，老的散文家如张中行、章诒和等，他们关注了中国传统散文的语境和气韵，但年轻一代散文家在这一点上的意识是淡薄的。在我有限的阅读当中，像修文的这种文本，可以说是“五四”以来现代散文的一个新范例。我并不以此贬斥其他的散文，很多人的散文都是我喜爱的，像韩少功、张炜、贾平凹等。即使是贾平凹的散文，也在用一种类古典的语式来写作，但在这个过程中，他对于白话文的选择更倾向于乡土。而在李修文的散文当中，将标准的白话文和标准的中国诗词歌赋曲的文体相结合，形成了一种审美风格、一种词曲的气韵、一种戏曲的华丽。

与文辞相比，我倒觉得修文在表达他对人物的这种个人情感、社会境况、人文道德、宗教教化时，其实是有矛盾的，是有冲突的，这种冲突至今他也协调不了。而恰恰是这种冲突形成了他散文情绪的烈度和思想的力度。

作为在日常生活洪流里往前行进的人，袈裟就是我对自己的戒律。

李修文：“袈裟”对于我来讲大概有两个含义。第一，我觉得一个人，无论是作为作家，还是作为在日常生活洪流里往前行进的人，都要对自己有戒律，袈裟就是我对自己的戒律，这个戒律就是写作。像一个求佛问道的人一样，我很有可能是踏破河山也一无所获的沙弥，或者说在一无所获地问道。

龚曙光：我可以用一个故事来说“袈裟”。

很多年前，我去五台山一个小庙，小到只有几间很小的房子，僧人在这里青灯古佛式地过日子。我见到一个四十多岁的住持，一身便装，坐定之后，他说：“施主，很对不住，我今天没有穿袈裟。”其实我是一个俗人，平时到庙里面可能更多关注的是庙里的建筑、结构、绘画的风格，至于僧人穿没穿袈裟，倒真没在意。但是他很郑重地说：“很对不住，我今天没有穿袈裟。”我说没关系。他说：“因为我修为不够，前两年没有把持住自己，跟庙外一个世俗的女子发生了情爱关系，悔悟之后自罚三年不穿袈裟。”他这个举动让我觉得，原来袈裟在一个修行人的眼中是这么郑重、这么神圣的一件器物。袈裟，他认为就应该是一个品德高尚、道行高深的出家人的标志，你披了袈裟就要配得上这个袈裟，如果配不上就别披。

这恰好印证了刚才修文先生对于“袈裟”的解释。作为一个写作者，假如披上了作家的“袈裟”，他就承诺了作家该承诺的禁忌，就担当了作家应该担当的责任。假如你不守一个作家的规则，你就应该脱下“袈裟”。当你披上了“袈裟”之后，就应该是一个文学的修行者。

修文就是一个文学的修行者。他是有禁忌的：第一，他所描写的对象就是人民；第二是他所使用的语言。其实语言和写作者之间是一个承载和被承载的关系，但是它也不是完全独立的，就像佛教和佛经的关系一样，佛教不等于佛经，佛经也不等于佛教，但是必须有佛经才有佛教。

李修文：“袈裟”就是一个作家的禁忌和本分。作家的本分是什么？可能每个作家都有自己的理解。马尔克斯讲：“作家就是一场灾难里面逃出来向你报信的人。”莫言老师讲过：“我就像一个年幼的孩子，兴致勃勃地路过了这个城市和道路，一路把我所看到的景物指向没有看的人看。”我个人最认同的是女诗人艾米莉·狄金森说的：“我就像路过坟场的孩子，因为害怕，就唱起了歌。”所以，我认同作家的写作就是在人生孤旅中的吟唱，是给自己壮胆。

与此同时，我觉得在今天这样一个时代，写作者面临另外一种可能，那就是我们重新创造自己的可能。大家知道，因袭在裹挟着我们的生存，甚至绑架了我们的生存，很多作家都认同了一种简单的因袭。尽管我喜欢中国古典文学，但是我必须承认，很多美在今天这个时代相对来说是失效的。比如今天周边的（文学）环境，是在传统的美诞生很多年之后才诞生的。所以，作为一个写作者，如何在这样的时代把这种延续了几千年的美学和今天这个时代融汇在一起？我觉得这其中蕴藏着一个作家得以重新创造自己的可能。

对我来讲，这样一个任务也好，一个念想也好，非常重要。甚至，我觉得活得好也好，活得不好也无所谓，只要能写出自己满意的东西——我的确是有这种志愿的。但是如何在这种时代捍卫一个作家的生活方式，这是重要的，在今天，太多作家的生活不是真正的生活，他是文学生活，是艺术生活，甚至可以讲是刻意被塑造过的生活。我们看看心中的文学偶像，大多在古代，像杜甫，终身在巨大的颠沛流离当中，那么专注地描绘他的所见所感；像苏东坡的后半生，在如此漫长的过程当中，终于完成了他自己的贬谪流放。所以，如何既不高于生活也不低于生活，而是平行于生活，还能创造出自己的美学体系，这才是最重要的。

龚曙光：我觉得一个作家物质生活是简朴或者奢华、个人财富是富有或困窘，不构成一个当代作家的基本生存空间。李修文的物质生活不算贫乏，但是他的写作和很多作家不同的地方，是他一直处在一种非常真实的精神困厄之中，或者说他在有意把自己逼向一个精神的窘境。你能够感觉到他在很长时间之内的苦恼不是源自他的物质生活，而是他内心的精神纠缠。这当然是因为修文给这件“袈裟”设定了一种更高的境界。

一个具备了写作能力的人，他写作的文字我们姑且都可以称为“作品”。现在网络上每天数千万字的作品，都是每个写作者自己的作品。与之形成对比的、最不可以想象的，是修文写了几部长篇之后突然说自己不会写东西了，那是因为他不会写他所要求的东西了。所以修文的这件袈裟和别人的袈裟相比，被设定的品质不一样，所担当的也不一样。

修文始终希望自己这种内心的苦难能够在生活中获得共振。于是你可以看到，那些在别的作家那儿根本就不入法眼的人物，比方说保洁员、孤儿、牧马人，比方说不能够再演戏的乡下剧团的戏子，他们是生活在社会最边缘的，甚至可能会被上流社会视为社会垃圾，修文却在他们的生活中找到了困顿和苦难的对应。也许那些人的生活苦难源自他们的物质和社会处境，但是修文的苦难源自他该找到什么样的苦难与内心共振。在这个意义上，他和鲁迅相似，鲁迅先生在情感上非常大爱，但是在理性上，却是站在高处俯视的。大家看到，在修文的这些文章中，对他所描述的那些人物在情感上是认同的，在理智上是包容的，他对那些生活中的苦难者没有怒其不争，甚至没有想过这些人一定要争或者不争，这就是修文的散文。他看到这些苦难，真实地把它表达出来了，但这些人究竟是在顺遂命运，还是在抗争命运，在他看来，都是生命的苦难。

修文是在这些苦难当中印证了自己的苦难，也在这些人的抗争当中印证了自己的抗争。从某种意义上来讲，他印证了每个人的命运，这个命运是社会学意义上的命运，也是宗教意义上的命运，他没有试图从社会学的意义上去脱离这些苦难，也没有希望从宗教的意义上去超度这些苦难。因为修文知道，劝慰他人便是劝慰自己，超度他人便是超度自己，而作为作家的他似乎是永远难以解脱和超度的。

对谈嘉宾简介

李修文，作家，影视剧编剧、监制，著有长篇小说《滴泪痣》《捆绑上天堂》，以及多部中短篇小说集。现为湖北省作家协会副主席、武汉市作家协会主席。散文集《山河袈裟》由湖南文艺出版社于 2017 年 1 月出版。

第二部分

评论

寂寞心态下的印象世界
——何立伟小说文体论

> 可以算作语言上的优点的，只有正确、简练、流畅，这是纵然一个最庸碌的庸才，也可以从按部就班的艰苦锤炼中取得的。可是文体——这是才能本身、思想本身。文体是思想的浮雕性、可感性；在文体里表现着整个的人；文体和个性、性格一样，永远是独创的。
>
> ——别林斯基

何立伟是寂寞的。

他“像一个坐在发紫发黑的小竹凳上看风景的人”[1]，无论那自然与人生的风景怎样的壮观和诱人，他却绝不肯走进那风景中去。他只是远远地绾住些影影绰绰的直觉印象，埋头经营他那个性独具的文体。

何立伟用寂寞编织了文体，但却很少有人从他的文体中读出寂寞来。于是，他小说中的那份寂寞，便终究寂寞着。

1　汪曾祺：《从哀愁到沉郁——何立伟小说集〈小城无故事〉序》，《文学自由谈》1986年第2期。

这倒应了里尔克八十多年前的一句话："艺术品是从永久的寂寞里产生，没有比批评更难望其边际的了。"[1]

尽管如此，当我们试图透过寂寞去把握何立伟的文体时，依旧不得不凭借这难以望其边际的批评形式。

一

何立伟长期生活在古城长沙，这很重要。置身在这样一个历史悠久、文化古老，同时又被现代文明都市化的城市，远比置身偏乡僻壤或高度工业化的新兴城市，更能切身地体验新旧文化撞击所带来的寂寞。古老文化不再作为一种生存方式而存在，被人们的理性抛弃；现代文明固然支撑了全部的日常生活，然而，积淀着传统文化的心态结构，要与这种现代文明完全契合，尚需一段漫长的调整与适应期。人们的精神主体，同时与新旧两种文化隔膜着，惶惶然无所皈依，这便导致了一种寂寞的心态。

文化的寂寞，作为现代文明所带来的一种精神特征，有别于伴随着人的生命节令的更迭所呈现出的青春期性爱的寂寞与迟暮时参透人生的本体的寂寞。它是现代人在文化冲突中所体验到的一种隔膜感，以及失去固有文化依托后的虚空感、失重感、惶惑感。这是现代人的一种普遍心态，而不是某一地域文化的独特反映。就其实质而言，它是人类在长

1　［奥地利］里尔克著，冯至译：《Rilke 的通信 · 三》，《华北日报副刊》第 620 号（1931 年 10 月 12 日）。

期的乡土社会中所积淀的集体、个体无意识与工业社会文化的潜在的心理冲突；是人的生命本体对现代文化内在结构断裂的深沉感应；是现代文化形态在人们心中实用性与审美性的分裂。

“五四”以降的诸多现代作家，都曾被这种文化寂寞围困。然而，由于他们执着于某种精神依托的寻求，终于又挣脱了围困。我们可以乡土抒情派作家为例。他们以其小说中所展示的那种古朴、宁静、淳厚之美，为自己堆垒了一个用以抵御现代文明侵袭的精神城堡。沈从文在对故乡人、事的追慕与缅怀中，尽管对其愚昧落后的一面有所悲悯和艾怨，然而，他对都市文明，却一直持执着的敌意；至于那位喜爱打坐入定、讲佛论道的废名，他那无边的爱心，总是缕化为一束悠长悠长的哀愁，系结于童年记忆中那片邮票大小的乡土；汪曾祺笔下的风土人情，亦因寄寓了作家深挚的眷恋而诗意盎然，对小说中那古朴纯净之美的消殒，总有那么一点哀愁的闪露，率直的读者，甚至还能见出些许的低徊来。

然而，何立伟却耽于这种寂寞，并不寻求一种外在的精神寄托。因而他的小说，便少有他们这种挽歌情调的温存与依恋。在他们小说中突出表现的哀婉之美，在何立伟的小说中，则化为了一缕情绪的游丝；而他们小说中若有若无的寂寞之美，却成了何立伟小说基本的审美品格。何立伟的小说中，村野是那般空旷和静谧，太阳恹恹的，人也恹恹的，甚至连那对白色鸟也是恹恹的，仿佛一切都浸透了那“晴朗的寂寞”（《白色鸟》）；那没有故事的小城里，萧七罗锅和吴婆婆整日守着各自的摊子，也守着那一街如水的静寂，疯子和陌生客虽撩起了些许涟漪，但转瞬归于平静。而且，似乎永远也不会有故事来击破这平静了(《小城无故事》)……尽管何立伟与废名等的小说，题材的领域大致一致，但他们的追求却不尽相同。前者耽于寂寞散淡，后者追求古朴纯美；前者表现的是新旧两种文化的精神隔膜，后者表现的则是与自然及古老人性的情感契合；前者关注的是人类精神与心态的现实状态，后者关注的却是一种社会人伦道德的理想形式；前者是对人类文明发展现时状态的直接审美感悟，后者却是对文明进程所做的一种艺术的反思判断。

这种差别所暗示的，不是题材处理方式的不同，而是一种基本的审美理想的变异。同样面对古朴之美的消逝，何立伟却有些淡漠，纵使偶有那么一缕一丝淡得宛如栀子花香的哀怨，也旋即被寂寞淹没。“无可诅咒，无可赞美，百般的花朵，一样的枯萎”，冯至的这首诗也许正好概括了何立伟这一代青年作家对美的淡漠态度。敏感而不多愁善感，对人生做局外观，这似乎是他们与前辈作家的相异处。因而，在对何立伟的评价上，我们常常为一种假象所惑，因何立伟与废名等题材乃至艺术风格上的某种近似，而忽视他们作为不同时代作家美学理想上的差异；又因何立伟与刘索拉等题材甚至艺术风格上的隔膜，而忽视他们作为同时代人在审美精神上的某种相通。何立伟的小说，虽无刘索拉的佯狂与佯谬，却有她那心灵无所皈依的虚空与惶惑；虽无残雪的梦幻与怪异，却有她那不为理性所羁束的直觉与感悟；虽无韩少功对传统文化中艺术思维的追慕与思想惰性的鞭挞，却有他对现存文化结构断裂性的感应与焦虑。如果看不到何立伟小说中所蕴含的这种现代精神特质和现代艺术的价值取向，而只看到“寥落古行宫，宫花寂寞红。白头宫女在，闲坐说玄宗”的古典式凄迷，这至少也是一种艺术理解上的疏漏吧？这正像有人只看到现代西方的嬉皮士们因厌弃都市，像华兹华斯一样遁向田园，却看不到他们无论怎样追求自然古朴的生活，也始终得不到华兹华斯于一派灵山秀水中徜徉自怡的悠然情怀一样，确乎有些囿于皮相之见。狄尔泰曾这样说舍勒尔："舍勒尔是一个现代人，而且我们先辈的世界不再是他精神和灵魂的故乡了，而是他的历史对象。"[1]尽管何立伟与废名等属于现代人，然而，时代毕竟在他们之间开凿了一道审美鸿沟。何立伟既无法跨越这鸿沟徜徉自怡于那前辈作家以古朴之美构筑的精神故乡，亦无心走出自己那以寂寞圈就的透明的心狱，去另寻一个灵魂的家园。

寂寞，作为人的一种内感觉，在其外化的过程中，必然地使其外感官（即五官）对对象世界做一种印象式的观照。因为，从本质上说，寂寞是人作为精神主体在对象世界中的独立性的确立标志。它表现为人的感知对外宇宙的淡漠和对内宇宙的关注。何立伟正是以对客观外界的不甚关心和无意深究，来保持他与对象世界的分离与隔膜的。这种感知主体与客体之间的心理距离，造成了外感官与对象间的空间距离。隔着这种空间距离，客体投射到主体感觉神经网络之上的，便只能是些模糊朦胧的印象。与别的作家不同，何立伟不是努力消除而是竭力保持这种距离，因为这距离的消失也便意味着他的寂寞的消失。因而，何立伟既无法像李杭育那样对某种具体的文化形态做逼真的摹写，也无法像韩

1　Wilhelm Dilthey, *Gesammelte Scheiften* XI. Band, B. G. Teubner Verlag, Leipzig & Berlin, 1921.

少功那样执着地循着传统文化之根做逼近的考察，他只能以其感觉的印象，表现其心态的寂寞。故何立伟的小说，应属“文化心态小说”的一路。无怪乎当人们赠之以“寻根作家”之桂冠时，他摇摇头以示颇不以为然。

何立伟守着自己那一份寂寞，珍爱着并想记录下这寂寞，以作为人类心史的一页。因而，他的追求，便指向一种真正能够表现其心态的个性化文体的创造。的确，何立伟以一种独创的印象化文体，构建了自己小说的艺术世界。寂寞，便是这世界的灵魂。

二

作为这种寂寞心态的文体化，何立伟的小说，通过对小说故事坚实性的摧毁、流逝感的加强，以及环境与人物描写的意绪化，造成了整体结构上的印象化效果。

“生活里头没有故事”[1]，何立伟素来这样看生活。因而，在他的笔下，不仅小城无故事，乡间，甚至省会也一应没有故事。然而，故事却在他小说以外的世界里发生着、纠缠着、消失着——何立伟却又在小说中每每这样暗示：从那突兀的一记响锣，读者意识到一个悲惨的故事正在发生（《白色鸟》）；从他与她上坟时宿命般的不期而遇，我们隐约地感到一个曾经发生了的故事或许还将引出无数新的故事来（《雨

1　何立伟：《石匠留下的歌》，《人民文学》1983 年第 6 期。

晴》）……何立伟一方面认定生活中没有故事，只有许多品得出却说不出的酸甜苦辣，所以他的小说力避那种戏剧化的完整故事；另一方面，他需要一个故事来结构小说的骨架，来附丽他所描写的古朴风俗和淳美人情。在这里，作家的生活观念和艺术需要发生了抵牾。那么，写一个无故事的故事，便成了这一抵牾必然的艺术性解决。这一解决固然是基于作家对于生活的独到理解，但更是基于使小说故事印象化的文体需要。作家对故事做一种印象化的缀连组合，从而使故事原有的坚实性被摧毁，故事也因而被感觉化为一组朦胧依稀的印象。作为一个印象世界，他的小说中没有故事。然而，透过这些印象，我们又隐约感到，那无数附丽着人情乡俗的故事，是确凿地发生过，或在过去，或在今天。

何立伟小说中的故事，即使是那些写今天的现实生活的，也仿佛被悠悠的岁月之流冲刷濯洗得太久太久，以至于只留下了些苍白而残缺的影像。这种艺术幻觉，来源于他小说的一维性时间结构。在他的小说中，不仅没有现代小说中常有的那种心理时间与现实时间的交错、回旋和逆向发展，甚至连传统小说中惯用的倒叙、插叙、闪回等手法也极为罕见。他总是顺乎事件自然发展的时间指向，对故事进行大跨度的印象式剪辑，从而使他小说中原本迟缓凝滞的生活，产生了如白驹过隙、逝者如斯的流逝感。本来是作家对生活、故事做匆匆的印象式观照，但小说却使人感到是生活和故事正飞速流逝，以至于作家无法审谛。在这里，主体的观照方式转化为客体的一种自我展示，从而获得了化静为动的艺术效果。这种转化，旨在强化小说的流逝感，从而夸张地表现古老文化作为一种人类生存方式的消亡。所以，《雪霁》《荷灯》《淘金人》

中那些充满了浪漫情愫的动人故事，只能作为掌故，供人们闲暇时从久远的记忆中找回来打发光阴；而《一夕三逝》中那些宁静的风俗画面和古朴的生活情调，则从人们的现实生活中匆匆流向其记忆的深处，真所谓“逝者如斯夫，不舍昼夜”。《苍狗》虽然正面描写的是“文革”中那种“天上浮云如白衣，斯须改变为苍狗”的时世变幻、人事沉浮，然而，真正让读者感到变幻更迭之神速的，却是府后街居民们那古老宁静得有些发黄的日子。何立伟小说的流逝感，使他的故事印象化为一些转瞬即逝的影子，甚至“影子的影子”。作家的寂寞心态，迫使他对故事做一种印象化的观照；而小说中故事的印象化呈现，又恰好反过来表现了他的寂寞心态。在何立伟的小说里，我们总能感到自己与小说中故事间一种时间距离的存在。这种时间距离感，实际上也就是作家与故事所含蕴的文化内容之间一种心理上的隔膜感。

何立伟的小说，大多坚持着有限制的第三人称叙述视角，以避免全能全知叙述给故事和人物造成的坚实感，第一人称叙述所产生的亲见亲历的真切感，以及第二人称叙述使读者幻入故事的可能性。在《淘金人》《荷灯》等小说中，叙述者坚持一个现代人的视界，以与读者相一致的后辈人的目光去透视有关前辈的掌故，于是叙述中会有那么多的“不晓得”，从而造成小说隐隐约约的幽远感和朦朦胧胧的不切实性；在《这些那些》《苍狗》等写现实生活的小说中，叙述者坚持着局外人的视界，以与读者相一致的外视角去透视故事中的人生，于是那故事中潜流着的许多东西便无法得知了，从而使一种原本熟识的生活产生了似曾相识的距离感和或强或弱的陌生化效果。在对古老风俗、淳朴人情一类题材的处理上，作家们最常用的叙述视角，是第一人称的童年视角。因为这种视角每每使“因年深日久而不清晰的肖像，在其轻描淡写之中，会有一种别致的韵味。这是某种触目惊心的死的生命”[1]。恰恰相反，何立伟所追求的，不是使死亡之物复得生命，而是要使那些行将死亡的东西，产生一种已经死亡的艺术幻觉。除了《小站》和《牛皮》外，其他小说均不是第一人称叙述。因为第一人称叙述以一种亲身经历的真实可靠性满足了读者的好奇心，却消泯了他们与小说中人和事的心理距离。而这，有悖于何立伟小说的艺术取向。

“莫以为是真的，也莫以为是假的。”[2]何立伟在小说中追求一种似真似假、非真非假的审美境界。作为这一境界的实现，在小说中表现为故事与人物的印象化。所以，他的小说强调作者、读者与小说故事的时间距离，以摧毁坚实性和真切感；他的小说也强调作者、读者与小说人物的空间距离，以人物描写、环境构造的意绪化取代写实化。何立伟的小说，没有鲁迅那入木三分的白描式的肖像刻画，没有契诃夫式的细腻逼真的细节描写，没有司汤达式的纤毫毕呈的心理分析，没有乔伊斯式的不绝如缕的意识之流，也没有巴尔扎克式的典型环境塑造。何立伟写环境，只是对文化背景做一种整体上的精神感悟，然后将其意绪化为小说的一种气韵、一种氛围、一种背景式的情绪色调。也许正因为这一点，人们说他的小说像诗，有晚唐绝句的空灵境界。至于人物，则是作家主

1 热拉尔·德涅瓦尔语，转引自让·凯罗尔：《阅读和人物》，载冯黎明等编《当代西方文艺批评主潮》，湖南人民出版社，1987 年。

2 何立伟：《淘金人》，《上海文学》1983 年第 9 期。

观意绪在小说中的一种影像性投射。他的小说人物很难在外在表征上给读者留下印象，也很难从心理和行为细节上见出特色。不对人物做精雕细镂，而是将其意绪化为一种突现于背景色调之上的光与影的色块，是何立伟写人物的特色。刘虹作为一团鲜亮的红色，与校园中那沉重压抑的灰颓背景相对立(《花非花》)，而萧七罗锅和吴婆婆，则作为一种铅灰色色块与小城那溟蒙薄暮的背景相谐和。何立伟小说中的人物，很像印象派女画家莫里索画中的人物，面部的表情与细节被画面的光吸收了，让人看不出清晰的轮廓，只有一块或淡或浓的色彩反映着光。何立伟将人物处理为一团意绪化的光影印象，目的就在于强调作家瞬息之间的主观感觉。这种感觉，是一种纯直觉的印象。

作家的心灵寂寞，在小说中通过印象化转化为一种读者感觉中的时空距离：那残缺的故事印象，使读者感到故事是发生在久远的过去，与自己相距了一段悠远的岁月；那模糊的人物印象，使读者感到那人物活动在目光难及的远方，与自己相隔了一段迢迢的空间距离。无疑，读者这种感觉中的时空距离，必然地情绪化为对小说中人、事的心理隔离。如此，作家那寂寞而散淡的心态，便悄无声息地通过小说中的印象世界传输给读者，读者也便不由自主地生出一份淡淡的寂寞来。

三

“我认为文学最简单、最正确的定义应是‘利用词句使想象力活动的技术'。"[1] 如果叔本华的这一定义并不偏激，那么，小说文体的秘密，也就在于对语言的创造性使用。借助这种语言的创造性，作家将其情感体验组织成一个有机的艺术整体。在语言的创造性使用这一点上，何立伟无疑是新时期下力最多、用心最深、收获最丰的作家之一。他调动了语言的表意、音韵和语言构成的直接视觉效果诸因素，独创了一种印象化的语言。由此，他赢得了"多佳句、多奇句"[2] 的称誉，同时也招致了"何立伟小说中的叙述语言往往刻意修饰以至机心毕露"[3] 的贬责。

我们不妨暂且抛开这些他人的赞颂与微词，自己来鉴赏和分析一下这种个性独具的印象化语言。

> 河堤上或红或黄野花开遍了，一盏一盏如歌的灿烂。
>
> ——《白色鸟》
>
> 他明白自己正如这秋叶，飘在这好听的空气里了。
>
> ——《一夕三逝》

很显然，句中的比喻"并不是语言的一种外在装饰，尽管它也可能对语言有着装饰的功能。一个新颖的比喻，是对语言常规的变异"[4]。这种变异的内在机制，是作家对对象感觉区域的转换和扩大；这种变异的目的，对于何立伟来说，并不在于对对象做更细致客观的描状，而是

1　叔本华语，转引自何立伟、储福金：《关于文学语言的对话》，《钟山》1987 年第 5 期。

2　汪曾祺：《从哀愁到沉郁——何立伟小说集〈小城无故事〉序》，《文学自由谈》1986 年第 2 期。

3　南帆：《论小说的心理——情绪模式》，《文学评论》1987 年第 4 期。

4　［美］利昂·塞米利安著，宋协立译：《现代小说美学》，陕西人民出版社，1987 年。

为了使语言在作家的感觉中印象化。上面这类奇句，其所以新奇，就因为它表达了一种通感印象。这种通感语言，其意义并不在于通过感觉的转换而谋求一种准确性，而是要通过转换构成一种诱因，暗示一种可能性，一种诱使读者以其全部感觉区域去感知对象的可能性，从而将对象置于读者全部感官的观照之下，获得在某种单一的感觉下所没有的广阔的感觉空间和新奇的感觉印象。通感，在何立伟这里，不是一种语言的修辞格，而是一种感知世界的方式。一般说来，人的感觉器官有着严格的分工：花朵，只会由视觉和嗅觉去感知，尔后获得视觉或嗅觉印象；空气，一般则不会属于听觉的感知范围（风除外）。但是，当感知主体的外感官受到某种内感觉（如寂寞）的影响时，感觉控制系统则可能消除这种分工，而对某一对象开放全部外感官。通感，实质上是一种情绪化的外在感觉，是人的生命体验所捕获的直觉印象。正因为内在情绪的作用，这种感觉才突破了习惯性感觉图式的羁束，语言也因此打破了既定的规范。因而花朵会灿烂得如歌，夜晚的空气也清新得优美动听。何立伟的语言，所以空灵剔透，所以意境淡远，大抵正因为作家的这种通感印象，拓宽了读者的感觉空间，使语言表达的对象活跃于读者无限广阔的感觉空间里。所以，对一位作家来说，只有当他感知到某种语言，才能以这种语言表达其感觉。何立伟的小说，正是以其印象化的语言表达了他印象化的感觉，同时，又以其印象化的感觉创造了他印象化的语言。

何立伟用语言编织了一个视、听、味、嗅、触的感觉世界。这世界因印象化而失去固有的质感。他小说中以超高频率出现的叠词，几乎全是对表现对象的质与量的模糊描状。它们或仿声："还格格格格盈满清脆如葡萄的笑声""嘤嘤成韵"；或状色："青青的水，油油的草"；或写通感："声音仄仄的、薄薄的，又凉凉的"。而且，在句型结构上，何立伟每每将表现印象的叠字前置，以突出这种感觉印象。

何立伟的语言，是一种纯直觉的印象，"是没有经过理智的筛滤的或者超越理智的直觉"[1]。尽管人们认定何立伟的语言属废名的一路，但废名的语言却往往是意象化的，是一种包藏着理智内核的印象：

> 有一回，母亲衣洗完了，也坐下沙滩，替他系鞋带。远远两排雁飞来，写着很大的"一人"在天上，深秋天气，没有太阳，也没有浓重的云，淡淡的，他两手抚着母亲的发，尽尽的望。
>
> ——《桥》

显然，大雁在这里已不是一种纯直觉的视象，而是寄寓了十分深沉的人生哲理。似这类意象，在废名的小说中俯拾皆是，在何立伟那里却寥寥无几。如果说那对"白色鸟"多少还带了一点象征意味，那么，当它们被一记响锣惊飞之后，便再也没有在何立伟的小说中栖息过。

在语言的结构形态上，何立伟将常用词与罕用词相结合，现代汉语语法和古汉语语法相糅杂，使语言具备一种直接作用于视觉的陌生印象。他的小说中不时出现一些早已被现代白话文废弃了的语词，如

1 汪曾祺：《从哀愁到沉郁——何立伟小说集〈小城无故事〉序》，《文学自由谈》1986 年第 2 期。

“遽”“乃”“抑且”等。这些词语，部分源自典籍，大多则采撷于曾保留在湘方言中而现在已经消失的古词语。这说明，他的目的并不在于像别的作家一样谋求某种地域特色，而是要刻意造成文体构成的不纯。在句法结构上，他则每每将现代口语按古汉语句法加以组合。如“护城河绕那棋盘似的小小古城一周，静静蜿蜒。即或是月黑风紧，也不惊乍一叠浪响”“小船轻揉哗哗涛声好久”。这样将来自两种不同时代文化的语言构成和句法结构人为拼合，一方面，带来了一份新奇与典丽，另一方面则让人感到些许不适和隔膜。于是，借助这种语言构成，作家完成了对新旧文化交汇与断裂并存的现代文化结构的形态模拟。通过这种直接的语言结构印象，读者也便获得了对整个现代文化结构形态的印象。锐敏的读者，是不难从这印象中感到一种文化的寂寞的。

何立伟的小说语言，极注重音响与节奏。他那长短相杂的句式、频频出现的叠音，流响了一种单调而寂寞的旋律。它像一道山涧的溪水，于一派静寂里淙淙流响；也如一位打坐入禅的老衲时快时慢地拨动着佛珠。这音响与节奏是那般清晰，以至于我们读完小说掩卷沉思时，仍有这寂寞的声音在久久回旋。无怪利昂·塞米利安说：“小说语言中的节奏和音乐性，能够启动人们心灵深处那丰富的情绪和情感，对人们产生一种神秘的魅力。”[1]

谈及阿城的小说语言，何立伟做过这样的概括：“他的心态、他的人生的和审美的理想都在这文字间浸渍了出来。另外，字里行间充分加

1 ［美］利昂·塞米利安著，宋协立译：《现代小说美学》，陕西人民出版社，1987 年。

入进来了他的非常个性和独异的审美经验，使他的语言具有了精确而可触的感觉。”[1] 如果将这段话转用到他自己身上，则可视为他的语言艺术的自白。他这种从能指（音响、形象及字形）到所指（概念含义）均充分印象化的语言，的确浸润了他那寂寞而散淡的情绪，充盈了他那追求“似与不似之间”的审美理想。因而，即使在最严格的意义上，何立伟的语言也是一种高度人格化的表现性语言。

何立伟小说的价值，不仅在于它与王蒙等人的小说一道率先追求文体个性，从而唤醒了新时期文学对文学自身建设的自觉，而且在于它实实在在地独创了一种新文体，从而在文学的殿堂中，构建了一个纯直觉的印象化世界。我们的这种价值审定，无疑是基于文体比较的视角。但同样通过这一视角，我们还能发现这种印象化文体难以自行弥补的缺陷。这种缺陷表现为他的小说中对象世界深层结构层次感的消失和坚实性的摧毁，作家心灵表现质感的模糊和力度的稀释，以及人生现实纷扰与忧患的那一份沉甸与笃实的失却。诚然，每一种文体都必然会有或这或那的艺术偏废，然而，任何一位图成大器的作家都绝不会对上述的缺陷视若无睹。在《单身汉轶事》和《花非花》等小说中，我们看到了何立伟企图以加强现实感来弥补这一缺陷的创作意向。然而，他的这种努力在艺术上未能有所成功。作家一方面保持着他那寂寞的心态，在心理上与小说中的人和事离得很远，一方面又力图将故事和人物写得细致清晰，这使这些小说既失去了印象化的特色，又显出了结构上的繁乱无

1 何立伟、储福金：《关于文学语言的对话》，《钟山》1987 年第 5 期。

序。任何一种文体的建构与转变，都在本质上受制于作家内在生命的要求。因此，只要何立伟不从他那用透明的寂寞筑成的围城中走出来，便无法从根本上消除其文体的缺陷。然而，他一旦丢掉这种寂寞的心态，那么他的这种印象化文体也便会从他笔下消失。

当代著名女作家辛西娅·奥齐克说过："我确乎认为大多数作家生于一种时代精神，而天才作家创造了他们自己的时代精神。"[1] 何立伟所守护和珍爱的寂寞，的确是我们时代所拥有的一种普遍的精神特征。他那印象化的文体，正是这种时代精神的产儿。但我们寄希望于何立伟的，是他能走出这寂寞，以自己的艺术创造出一种新的时代精神来。因为我们的文学固然需要春兰秋菊、各为一秀的名家，但更需要那种开启一个时代的大家。我们深知，要求每一位有特色的作家都成为文学巨擘是既苛刻又幼稚的。然而，当我们将中国文学振兴的厚望寄托于这一批艺术资质甚高的青年作家时，这种要求也许就不算过分苛刻和幼稚可笑了吧？

1987 年 12 月于泉城

原载《上海文论》1988 年第 2 期，选入《新派小说家评论集》

（中国和平出版社出版）

1 ［美］辛西娅·奥齐克：《辛西娅·奥齐克谈创作》，《外国文学动态》1987 年第 10 期。

面对一种新文体的困惑

——对残雪小说艺术的一种读解

人们一旦对人类所共有的这一自在的表象世界感到单调和厌倦，便会自觉或不自觉地转向对自己心灵的凝视。西谚云：人们醒着时有一个共同的世界，在梦中却各有各的世界。这里的梦，还应指白日梦。如果认可这种体验，残雪小说的问世，也许就不会如此令人惊诧、疑惑，甚至愤愤然以为大逆不道了。假如我们人人都具备这样一种才能，像残雪那样将原本属于一己的那个倏然呈现而又转瞬即逝的情绪化的感觉世界凝结为形式，那么，你会觉得自己的艺术荒诞不经、无法理解吗？

然而，残雪的小说终究是费解的。

毋庸置疑，艺术总会给她的接受者留下升堂入室的门径。面对残雪的小说，读者和批评家们之所以感到某种压迫、惶惑和慌乱，不只是因为我们对一种个性化新文体先天地缺少热情和好奇心，也不只是素来为合目的性文学所娇养的我们缺乏直面人性弱点时所应有的心灵力度，更主要的是因为我们尚不知晓烛燃着哪一盏灯，才能使这个迷宫般幽冥的艺术城堡洞然若揭。

当然，远非每一位读者都有找到这盏灯的幸运。那么，残雪小说之于他们，终将是一种遥远的诱惑。以下的文字，作为对残雪小说文体的一种读解，也许就只能算是一次黑暗中的历险，一次企图进入残雪世界的失败的努力了。

一

如果我们试图凭借全部的日常经验和思想观念步入残雪的小说，那么，我们是会感到失望的。问题的关键并不在于我们经验的局限和观念的陈旧，而在于经验和观念的方法，最终无法把握那种超越理性的、只有靠内省方能领悟的生命现象。而我们所面对的这个荒诞、神秘、虚幻而又充满诱惑力的艺术世界，恰恰是超越了经验与观念的纯主观感觉的世界。

大概不会有人像残雪这样写小说了，因为他人很难有她那么发达、那么奇异的感觉可资凭借。她的感觉太精细、太锐敏了，任何对象都因感觉的过细过敏而夸张和变形。抑或是一种天赋吧，她的感觉总是超越了一般人所能感觉的光频和音频的极限，所以她的感觉世界之于读者，总是那么陌生、怪诞和不可思议。

至于残雪感觉生成的奥秘还是留给现代心理学家们去探寻吧。一个不时困扰我们的、不容忽视的事实是，残雪的感觉最突出地表现为对人的精神质的敏感。她的感觉，总以一束精神的灵光烛照着对象世界，使感觉对象因之而失却固有的质量而变得空灵剔透：她的小说是一团透明的、蠕动的、有生命的灰色晶体，以其无数无穷的触角，撩动着人们或麻木或迟钝的感觉，通过感觉刺激人的精神。一方面，她从不以纯生理的五官感觉，而是以纯情绪化的精神体验感知对象，用马克思的话说，是"以社会这种形式形成的社会的精神器官来感觉"。另一方面，她的感觉敏感区，始终固定在人的精神气质和心灵关系上。一次灵魂的悸动（《约会》），一种意念的顿悟（《天堂里的对话》），一抹凄婉的记忆（《布谷鸟叫的一瞬间》），一星莫名的憧憬（《公牛》）或一丝情绪的不可捉摸的凝聚与消散（《山上的小屋》）……诸如此类无形无迹的心态，悉被作家化作具象的感觉符号，以可视、可闻、可触的生理感觉呈现出来。

我如果是一位擅长精神分析的批评家，也许不会忽视残雪那命途多舛的童年。母亲被遣送劳改，父亲负着精神的重枷艰辛度日。社会的动乱造成了家庭的不幸。对一个不满十岁的女孩来说，家庭便是她的全部世界。然而，一个离乱中的多子多女的家庭，又能留给她多少温存和幸福呢？也许只有那位善良而又信神弄鬼的老外婆尚能给她一些慰藉。外婆奇特的思维和诡秘的举止，培养了她奇异的感觉和梦游的习惯。但饥馑终于抢走了她的外婆。于是她那幼小的灵魂便在这苍茫人世间失去了唯一的庇护，她不得不蜷缩起孱弱的躯体，蜗牛般地护卫着自己的心灵。她开始长久地凝视自我，频繁地与自己约会和对话。终于，她有了一个完全属于自己的奇丽美妙的、自由自在的、梦幻中的天堂。相比之下，她所栖息的现实世界（对她来说实际上只是家庭世界）便显得黯然无光，甚至奇丑不堪了。据此，我们便不难理解：为什么她的小说中总有那么一间小屋，主人公总是躲藏其间，栖栖惶惶地与整个户外世界对垒；为什么她总是通过自省抖搂出人性的另一面；为什么她总是将心灵的颖悟嵌入一种家庭故事的框架中；为什么她笔下的家庭关系总是那么肮脏、险恶和病态……

现代著名心理学家希尔曼认为："情绪是对主观精神的符号化理解。"[1] 残雪的小说，首先将自己主观精神的某种启悟符号化为情绪，这种情绪经过作家感觉坩埚的蒸馏，凝结为形式化的感觉符号。这些感觉符号，之所以总是烙着阴冷和变态的印记，是因为作家童年生活的阴影，在其深层心理结构中淤结为一个阴郁的情绪结、一个相对稳定的反常态的感觉图式。创作中，作家的心灵启悟首先符号化为一种情绪，这种情绪一旦触动这一情绪结，便会自觉不自觉地构成一个假定的、习惯性的情绪氛围，虚拟出那些阴郁的、变形的感觉符号。这一情绪结，既是一片情绪的滤色镜，又是一块情绪的哈哈镜，任何一种情绪投射其上，都会蒙上阴郁的色彩，都会扭曲变形。《天窗》也许是作家在长期无望的灵魂审视中不期然获得的一次契机，它像一个洞眼，让她窥见了一个更本真、更广大的自我，从而感到一种挣脱桎梏后的快意，神游四极、意翥八方的自由感和自我发现的惊喜。然而，在这一由精神启悟到感觉符号的形式化流程中，感觉符号与这种快意和自由感并未严格对

1　［美］K. T. 斯托曼著，张燕云译：《情绪心理学》，辽宁人民出版社，1986 年。

位，构成《天窗》的，是骷髅、梅毒、烧死人的油烟味和食人肉的黑乌鸦等阴惨恐怖的感觉符号，以致读者很难判定“我”所游历的这一世界究竟是天堂还是地狱。由此可见，在两次符号化之间(由主观精神的启悟符号化为情绪，然后由情绪符号化为感觉符号)，由于残雪深层心理中情绪结的作用，造成了一种异质性、反差性。这种作家的主观情绪与感觉符号的异质性和反差性，构成了残雪主观精神形式化的个性特征，也生成了残雪独特的感觉符号系统。

残雪小说中感觉符号的群落，是非原生态的。表面看去，感觉符号荒芜杂乱，颠三倒四，一派谵语和梦呓，仿佛完全是信手拈来的自然形态。然而，任何一种未经作家控制与组合的感觉和情绪，都只可能为心理学所接受，而绝不会被艺术接纳。因为任何自然态的组合方式都是偶然的，而艺术所需求的则是以偶然方式表现出的必然。所以，艺术“总要渴望结构，因为只有通过非自然的安排，艺术才能取得生活中不存在的强度”[1]。残雪小说所表现出的，正是这种生活中不存在的强度。残雪小说的特别之处，就在于她以人为的努力、非自然的手段来造成一种超自然态的混乱效果。如：“瞧那星涛里的比目鱼，太阳和月亮将同时升起，妖娆的大地扭曲着腰身……静静地，古树下面，年轻的头颅玲珑剔透。”(《天堂里的对话》)在我们的经验域内，我们能为这种梦呓般的感觉符号的组合找到一根清晰的逻辑链条吗？不能。残雪总是以我们经验时空秩序之链的断裂来重构超经验的时空秩序，从而强化小说超拔

1 ［美］韦恩·布斯著，付礼军译：《小说修辞学》，广西人民出版社，1987年。

出世的梦幻感。我们可以看到，几乎任何一种随心所欲、别出心裁的组合方式均可被小说接纳，唯独那种合逻辑的、合惯常经验的方式被拒绝了。残雪之所以选择这种混杂的、非逻辑的、超日常经验的组合方式，是因为她的小说在其本质上“一直回溯到具体的人性，回溯到一种原始意识的状态，这种原始意识仍然浸在梦中，受一些基本力量的影响，几乎还不可能用一种清楚的语言来表达”[1]。的确，残雪小说的神秘感、梦幻感，既来源于她感觉的纤细、锐敏、新异和透明，亦来自她感觉符号的这种非逻辑的、超经验的勾连与组合。

二

也许，接近残雪小说的便捷之径，是将它们当作一首首无韵之诗来诵读。在她的每一篇小说中，的确搏动着一个纯诗的灵魂。然而，我们无法改变这样的事实：在严格的意义上，它们都是小说。大概我们现在谁也不会说残雪是一位天才的故事讲述大师，但同时我们亦无法否认她是一位以自己独特的方式出色地讲述故事的小说家。

以一种静态分析的眼光，我们便可发现残雪小说都是三种故事构架的复合：一个抽象化的世俗故事，一个戏剧化的心灵故事和一个整体化的象征故事。

我们并不需要仔细寻找，便会从残雪的每一篇小说中看到一个世俗

1 ［法］米盖尔·杜夫海纳著，孙非译：《美学与哲学》，五洲出版社，1987 年。

故事的外形构架。尽管作家最大限度地将故事情节删削简化，但它依然保存了一个完整的外壳。由于作家实际上抽掉了这一故事的世俗生活的内里，因而变得晶莹剔透。就局部而言，残雪小说的叙述闪烁、跳跃，甚至含混杂乱，类似詹姆斯、乔伊斯的一路；但小说的整体格局依旧遵循着清晰的时序，表现为一种经典小说式的有条不紊、娓娓道来的叙事风度。《苍老的浮云》也许因为是中篇的构制，其世俗故事便格外明晰。虚汝华和更善无的爱情纠葛（有人说是苟合）构成了这一世俗故事的基本骨架，附着于骨架的是两个家庭间没完没了的猜忌和窥探，以及两个家庭内部的相互怨恨和折磨。同样，《公牛》中那神秘的不速之客（公牛）所牵惹起的家庭纷争，亦构成了一个抽象的世俗故事。残雪知道怎样用诸如此类平常和简单到乏味甚至无聊的日常故事，来载负和包裹她那细腻、丰富、高雅而神秘的沉甸甸的心灵故事。在他人的小说中，这样的处理方式或许使人感到某种不协调，感到世俗故事的力不胜支。但在她的笔下，我们觉得浑然天成。因为她只需要这一世俗故事成为一幕背景、一种氛围、一束伸入现实生活的根须、一个随神赋形的透明外壳。在作家超日常经验的独特心理感受与读者的习惯心理及审美定势之间，世俗故事是往返于两岸的渡舟。如果我们不愿否认残雪的小说也蕴藏着一种“现实幻觉的强度”（尽管这种强度每每由陌生效果来强化），那么，这种强度便来自这一抽象化的世俗故事。

残雪小说的主体，是一个戏剧化的心灵故事。它所叙述的，是作家自我与自我会晤、自我与自我对话时的体验和顿悟。作家将一种朦胧的憧憬、莫名的惆怅、慵懒的倦怠……将这一切偶然的非命题性领悟（即无法用逻辑语言表达的愿望和意念），将这些或零零星星或密密匝匝漂浮在意识门口的情绪乱麻和感觉碎片，以故事的形式讲述出来。对于深层心理的表现，可做司汤达、托尔斯泰式精细严密的心理分析，亦可做乔伊斯、伍尔夫式潜意识的近于自然态的呈现。然而，残雪有她自己的独特方式——构梦。“作家用自我观察的方法将他的‘自我’分裂成许多‘部分的自我’，结果就使他自己精神生活中冲突的思想在几个主角身上得到体现。”[1]

残雪小说的人物多是作家“部分自我”的象征。作家的心灵故事正是由这些象征人物的相互冲突构成的。所谓心灵故事的戏剧化，来自因作家的自我分裂而构成的小说结构的对话体式。对话在残雪小说中不仅是一种人物塑造的手段，而且是小说的一种内在结构方式。我们只要抽取出《公牛》中老关夫妇的对话排列于下，便能看到隐藏在人物对话背后的小说结构的潜对话。

老关：我们俩真是天生的一对。

我：那些玫瑰的根全被雨水泡烂了……

老关：我要去刷牙，昨夜的饼干渣塞在牙缝里真难受。

我：我看见了一点东西，一种奇怪的紫色……

老关：你看，这里面就像一些田鼠洞。

我：那东西整日整夜绕着我们的房子转悠，你一次也没看见？

1　［奥地利］弗洛伊德：《创作家与白日梦》，载《外国现代文学批评方法论》，江西人民出版社，1985年。

老关：有人劝我拔牙，说那样就万事大吉。

“我”和老关之间这种所答非所问的对话，实际上是他们各自拥有的两个互不相干的世界之间的对话，他们是在同一时空中说着各自在另一时空中的故事。“我”沉浸在公牛紫色的诱惑中，而老关却只关心他那腐烂的牙齿，他们谁也不想，亦不可能走进对方的那个世界。他们的故事像两个旋转着却并不相切的圆，当它们被置于同一时空中，便构成了一种张力。残雪的小说可按人物划分出各自独立的世界（如《天堂里的对话》中“我”的关于草场的故事和“你”的有关南方森林的故事），这些世界在小说中对峙着，通过相互间的抵牾或撞击，构成一种引人入胜的戏剧冲突。通过诉诸听觉的人物对话进而达到不诉诸听觉的深层结构意义上的潜对话，这种文体，颇类似于陀思妥耶夫斯基的对话体复调小说。这种对话结构，使残雪那些杂乱的感觉碎片聚集在时间和空间的一个焦点上，使其心灵故事实现了完全意义上的戏剧化。关于此，残雪有自己独到的见地：“只有这样的对话，才能翻译出人的秘密，开启心灵的智慧。作为对话，艺术是发掘意识与潜意识的工作，也就是用活的语言来构梦。依靠非凡的压缩和移置，将心中所有对立的错综的心理力量和冲突的情感加以调遣，使那些处于紧张或敌视、近在咫尺或相离遥远而似乎都互不相干的各方面直接面晤，让它们在理想的回复到自身的静穆高远的图画和音响中和好如初。”[1]

1 程德培：《折磨着残雪的梦》，《上海文学》1987 年第 6 期。

小说以整体方式呈现的象征故事，是心灵故事的必然升华。作家内视时的感觉和颖悟，在此上升为本体意义上对于人的生存现状的焦虑，以及对于人自身发展的无限可能性的展望。人是一个无可限量地发展着的存在物，人对于自身的审视也永远无法完成。人总是被裹挟在一个自我创造非我、非我寻找自我的无限循环中，人对于自身的发现永远无法终了。而且，任何作为个体的人对自身的颖悟和发现，也同时是作为类存在的人对人类的丰富和发展。因而残雪小说中那些心灵的个体性领悟，必然地上升为一种对类存在的人的本体象征。如《公牛》，通过小说中零散的象征符号（人物、情景以及感觉符号）在整体上构成了这样一种象征：人在意识到自我日渐沉沦时所产生的一种沉重、庄严、绚丽但又迷离恍惚的期待，人在潜意识中寻求精神升华的生命律动。这是一个难以从某一零碎的象征中破译的故事，甚至是一个难以从形体上辨识的形而上的故事，它既含孕于世俗故事、心灵故事之中，又超乎它们之外。因而，小说的象征寓意就只可能涵容在整个故事中而不可能在某一具体的象征符号中。因为，残雪小说所关注的不是这个和那个的具体存在，而是某个时间或情状下的整个人的生存状态。故它不是这个或那个的孤立现象，而是一个直观的整体。这便内在地规定了小说象征的整体性。

三种故事形态在小说中构成了一个纵横交叉的张力场：世俗故事按时序发展，造成了读者因关注情节发展（尽管情节已被删削简化）而产生的强烈的艺术期待；而三个故事间内在的非时序性发展——世俗故事—心灵故事—象征故事的升华历程，造成了读者的精神探索由此岸向着彼岸的飞越。两种趋向不是并行不悖的，而是交叉着朝各自方向发展的。读者的注意力同时被两个方向吸引，他们的意识必须匆匆地在两极间来回奔跑。他们无法抵御任何一极的诱惑而心安理得地停下脚步在某一极歇息。这是读残雪小说格外累人的原因，同时也是她的小说故事构成的特色与魅力之所在。

三

我们确乎没有必要否定对残雪小说做道德价值和人生价值判断的可能性。她那凡·高式的狂乱的意绪，陀思妥耶夫斯基式的撕裂的灵魂，卡夫卡式的阴冷与窒闷，以及约瑟夫·海勒式的无可奈何的调侃与自嘲，其间难道真的没有渗透着对人生的迷惘和道德的失望?! 小说中那丑陋、病态的鬼魅般的人物，那相互猜忌、怨毒和折磨的凶险的人际关系，那或恶心或恐怖的变态感觉，那抑郁症和狂躁症患者的谵语与梦呓……当作家将这一切人性的弱点层层叠压在读者的心灵上时，他们很难不因精神痛苦而信念动摇，萌生一种宿命般的悲剧感。也许，这是对作品的一种误解，但这一误解至少是作家可以宽宥的。我们的民族，刚刚经历一个疯狂的年代，此类小说极易唤起读者的现实感和切身体验。同时，面对一种新的文体，读者失却了惯常的标准，失却了参照系和权威，因而满腹狐疑、手足无措。一方面他们不得不勉为其难地与自身经验进行对照，一方面却又顾此失彼，最终难以全面深刻地把握作品，假如大家承认这是一种解读的失误，作家不去苛责也便罢了。然而，这真是误解吗？不少读者这样反诘。对于残雪小说的优劣评价，甚至生存的合法性问题之争，都是在这一点上引发的。

如果我们仔细分析一下小说中叙述者与隐含作者的关系，这一争端的化解也许就不是一件难事了。小说中，叙述者不仅塑造了大大小小的人物和自己，同时还塑造了一个隐含作者。他是小说创作时作者的自我形象。叙述者和隐含作者，是每一篇小说都不可空缺亦无法空缺的两位特殊人物。但在我们常见的大多数小说中，由于作者采用了可靠性叙述（即隐含作者与叙述者在各种价值观念上完全等值，叙述者在任何意义上都成为隐含作者忠实的代言人）而使二者合而为一。然而，残雪小说采用的，全是不可靠叙述（包括《苍老的浮云》），叙述者在某种意义上，并不是隐含作者的忠实代言人。这种叙述者与隐含作者的分离，决定了残雪小说的叙事结构。

残雪小说的叙述者，多是以第一人称出现的焦虑症或抑郁症患者。他们敏感、偏执、狂躁、思维混乱、胡言乱语，多是一些被压迫、被折磨者。在《阿梅在一个太阳天里的愁思》中，“我”被母亲和丈夫折磨得心力交瘁；而《山上的小屋》中的“我”则因不堪母亲的折腾而只好去找寻那并不存在的山上小屋。尽管他们也窥探别人，也蝇营狗苟，也时常沉溺于相互报复的恶意快感之中，但他们毕竟有别于小说中的其他人物。他们的灵魂尚未完全沉落，每每处于撕裂状态。他们的心中，还不时有那么一星半点理想的星光透过浓雾和阴云闪闪烁烁。它们或表现为一抹早已飘逝的生活中的美好记忆（如《我在那个世界里的故事》中那首萦回缭绕的《妈妈的鞋子》）；或表现为对一颗不甘沉沦的心灵的一星光明的诱惑和招引（如《公牛》中那团飘忽的紫色光影）。由此可见，残雪的小说绝非一味溢恶。如果我们坚持着终于没有被小说中的肮脏和恶臭窒息，那我们便可以感到一片朦胧而温暖的夏日阳光。我们并不是读到了《美丽南方之夏日》中作家那段愤激的辩白之后，才感到渗透在她小说中的光亮和暖意的。这光亮和暖意，在小说中尽管只是一种背景、一种零星的象征，但它却是一种光源、一把标尺、一个参照。她的小说之所以能剥开人伦道德的楚楚衣冠，抖搂出几乎全部的人性弱点，或许正因了这一光源的烛照。诚如作家所言："正因为心中有光明，黑暗才成其为黑暗，正因为有天堂，才会有对地狱的刻骨体验。"[1]

残雪为何总是选择精神错乱的叙述者，总是给自己的小说一个颠倒紊乱的"意识中心"（詹姆斯语，指作为书中人物之一的叙述者的心灵，故事通过这个心灵反映出来）？也许，这是她艺术创造上的别无选择。因为除了以不和谐、不均衡的混乱叙述，还能有什么方式构成小说特有的梦幻感，能使那些拥挤在作家意识门口的感觉碎片和情绪乱麻构成相安无事的艺术平衡？也许，她要轰毁人们的既定生活信念和人生看法，必须借助于一位疯子。拼命挑剔人性弱点，无情否定人们现实生存状态的"我"们的，能不是一群精神病患者吗？也许，残雪做这种选择的主要原因，还是因为她的小说在本质上是对人的自身的反省和探寻，是通过自我观照撩开人性的另一面。

如果说，叙述者作为一个偏执的人世挑剔者多少叠印了一些残雪

---

1 残雪：《美丽南方之夏日》，《中国》1986 年第 10 期。

自己的影子，那么，小说中的隐含作者，则以一位纯情诗人的形象，与叙述者对峙着。当叙述者尽情地挑剔人世时，我们却分明感到隐含作者对此极为淡漠。她不仅无意于介入故事去附和叙述者，而且对叙述者的尖刻，还不时报以一种无可奈何的善意嘲讽。她似乎并不执着于对现实人生的偏执看法，而只是忘情于小说艺术的经营。或苦苦地等待一种感觉，或惊喜地捕捉一缕意绪，尔后小心翼翼地将其嵌入一种精心构制的结构。她像唯美诗人一样遨游在一个远离尘嚣的艺术天宇，精细地琢磨那些纯情的晶体。她偶尔遥遥地俯视一眼下界，心头掠过一丝超脱的快意。这就是我们从小说中看到的隐含作者，一个思维升华到更高层次之后的残雪。

叙述者与隐含作者的对立，披露了残雪人生观念的矛盾性。她一方面执着于某种理想力量，一方面强调现实的巨大同化力。在人生的悲观与乐观问题上，她似乎长久地摇晃于两极间，找不到自己的支点。其实岂仅残雪，假如我们每个人都严肃而不是苟且地面对这一选择，也许同样无所适从。因为从哲学意义上说，这选择本身是一个悖论。悖论即真理，一个难究其竟的真理。残雪不是靠三段论，而是靠直觉走向真理。她的小说从来就不追求思想的深度而是体验的深度。我们不难发现，残雪小说的所有命题，几乎都是悖论式的。也许对她来说，悖论并不需要寻找，而是自行冒出头来。正是这些悖论，推动着残雪去探索，而这种探索又远远不会有一种解答、一个终了。我们总感到残雪经常疯狂地、痉挛般地追求着某种虚幻的东西，对她来说，也许是身不由己吧。

但是，任何悖论都是相对于某一个思维层面来说的，如果超越这一层面，悖论也许就不再存在。残雪正是把这种现实人生选择的悖论，升华到艺术的世界中表现，从而超越了人生观念的矛盾性。残雪的小说，几乎同时烛燃着乐观的与悲观的两种光源，现实人生在两束交叉的光照下，投射出一些离奇古怪的影子。我认为残雪的小说是人生困惑与障碍的个体化表现和象征性的形式化解决。

就读者的感受来说，这种因信念与价值追寻不一致造成的叙述者与隐含作者的分裂，产生了这样的艺术效果：一方面，叙述者的发泄、放纵与隐含作者的刻意控制，叙述者对于人世的挑剔与隐含作者对伦理道德价值的淡漠，构成了小说的距离感，保持了艺术的平衡，满足了不同层次的读者对道德、人生价值或纯艺术价值的不同追寻；另一方面，叙述者的放纵与发泄，将读者置于一股狂乱的意识漩流中，此时的读者期待作者来充任向导，给予一种可靠的参照。而小说中的隐含作者却从未直面读者，对叙述者进行任何直接的、正面的匡正与控制，这既可能使读者将叙述者与隐含作者完全混同，因而听不见隐含作者沉默的声音，也可能使读者将二者完全割裂，因而忽视其中任何一者的存在。残雪小说的诸多论者，每每各执一端，或曰残雪一味溢恶，有“阴暗暴露癖”；或曰残雪蛰居象牙之塔，玩着贵族艺术的花招……诸如此类，皆因为此。

沿着一般读者进入残雪小说的逻辑顺序——从感觉符号的生成与组合到故事形态的构成到叙述结构的内在关系，进行了以上的一番逡巡之后，我的自信反倒消失了。这并不是说文中找不出两三处对残雪小说文体的恰切之论，甚至我也不怀疑自己对于残雪小说的整体感受。但这一切终究无法支撑我的自信，因为文章构建在一个尖锐矛盾的逻辑支点上：一方面，我强调残雪小说的超经验性、超观念性，观念与经验均无力把握；另一方面，我又只能以观念和经验传达其感受，只能将一种非逻辑、非理性的直观嵌入一个严格的逻辑构架和理论规矩之中。谁能用一种未经我们的习惯思维“毒化”的语言来阐释她的小说呢？除非以她的这一部小说去说明另一部。

1987 年 10 月 4 日三稿于泉城

生命的告白

——读蔡测海小说的感受

一

蔡测海从湘西大山里走出去的那一年，正好我从山外走进来。后来，他去了京城，我去了齐鲁。我上北京找他，他总是回了山里；他进山里找我，我又总是出了山外。经历了太多的东奔西跑南辕北辙失之交臂之后，在一个夏日的黄昏，我们终于坐进了山里小城的一家酒吧。其实，我们也没谈什么。沉默中，彼此相视着坦诚而赧然一笑。大抵两人都在想，我们这样羁旅萍踪疲于奔命，究竟在找些什么？

再后来，我将他这十来年前前后后付梓的小说，能找来的都找来读了。于是发现，他所写的人物，如他一样地奔走着，仿佛命定要逃离什么又命定要追寻什么，起初是山里人义无反顾地往山外走，后来是城里人别无选择地朝山里走。在这山里山外进进出出的文化迁徙中，他的小说整个儿构成了一个流浪者的大家族，仔细想想，这倒也合情合理。一个自我放逐的精神流浪型作家，他笔下的人物怎么可能得到可靠的文化庇护呢？老黑格尔早就预言，在长久的流浪中无望地寻找自己失落的精神家园，这正是现代人必然的文化宿命。

二

流浪，构成了蔡测海小说的文化批判主题。小说人物在各自的精神流浪中，其生命主体自觉地与文化保持了一种批判性的距离，从而在形而上的意义上使生命成了现存文化的反题。

蔡测海小说的主人公，大都是一种敏感、躁动、自由而放任的永不安分的生命体。他们可能置身于任何一个文化部落，却不会承受任何一种文化秩序的规范和羁縻。无论人们将阳春、博士、画家们的出走，理解为一种夸父逐日式的理想追寻，还是一种赫索格式的人生逃离，这种追寻或逃离的精神原动力，在本质上都不是来源于某一种新的文化目标的吸引，而是来源于一种鲜活而强劲的生命对那凝滞和沉闷的文化环境的本能反抗。就精神气质而言，他们是一群鲁迅笔下的“过客”。在人生的逆旅上执拗而艰辛地跋涉，他们不是为了接近，而是为了逃离某一种文化目标。他们寻找着，只是为了寻找“寻找”这一生命过程本身。对于他们来说，生命的路上只有生与死的两极，此外的“终极是没有的。而每一步又都是终极。你走过了，这就够了。你还要找什么”。生命的价值，便在于生命的不可逆的过程本身。而流浪，作为生命的一种形式和过程，构成了蔡测海小说人物的生命的终极意义。

因此，他写道："我的钱袋永远是空的。我把它腾出来装着那些日子。"

三

于是，你走向太阳堡时太阳堡却在你的身后，你拥抱爱时你却正失去爱，你画山崖上白马时画布上却一片空白，你死去时你的生命却变得灿烂和永恒……人们确乎很难说清蔡测海的小说是使生命变得神秘了还是不神秘了。生命作为一种实在，表现为一种单纯的感受和直接流动的感觉，人的心灵只能在直接流动的感觉中享受生命。如果你企图凭借某种文化教义去思考它、理解它，那么，这些人生的悖论就变得神秘和不可理解了。因而至少在主观上，蔡测海努力使人物的生命保持最自然和原本的形式，让他们在流浪中恣肆而靡费地挥霍和享有自己的生命。他的人物走向死亡时也总是平静而淡泊的。他们死去不是为了某种外在价值的诱惑，而是为了生命最终的自我完成。人生所有的轰轰烈烈和惊世骇俗，都在这生与死的圆圈中了结了。生命最高价值的归宿，便是这种向着自然的寂然归还，以及生命终于与自然同在后的终极怡适。这其实也是一种流浪，向着一片不可知的人生荒原的流浪。

"你去死吧，神说，神把最好的归宿给了人。"如果蔡测海所说的那条"老的近路"果真存在，那么，这大概就是。

四

或许，蔡测海还是属于菲茨杰拉德所称的那种信仰自白式的小说家。他的那些多少带有浪漫情调的故事，之所以最终没有发展成为那种异乡异闻式的戏剧小说，大约正因为他更重视自己心灵那种自我表达的渴望。诚然，他的小说极少使用可靠的第一人称的叙述。他恣肆的才情与摇曳的笔致也每每将小说的题旨隐藏得很深很远，以至于粗心的读者时常会误入理解的歧途。不过，在心性与气质上，蔡测海与他的人物间，毕竟有着一种深刻而显见的精神纠缠。这种纠缠在关于生命与文化的哲学观念上，确实隐秘地制约了人物性格的自我生成和发展。有时候，人们会有一种感觉，仿佛小说中的那些人物，是作家强行从他们原有的文化部落中驱逐出来的，是作家执意要使他们成为文化荒原上的流浪者。因为和他的人物相比，他自己既是山里部落文化的第一位决绝批判者，也是山外都市的超级部落文化的第一位精神叛逆者。他甚至在理性上否定了这两种文化媾和以产生一种更适合生命存在的新的文化模式的可能性。他的许多小说，都展示了一种文化进入另一种文化所必须经历的浴血痛苦，以及那些文化承诺者无法承受这种浴血痛苦而导致的荒诞骇人的悲剧。在一个自我封闭的文化部落中，外来的科学文化是不可能建立起某种新的精神秩序的，它所能导致的只能是人们心灵的极度混乱和堕落。古里镇人和绿地人以他们那种令人触目惊心的精神迷狂，证实了那个近两个世纪以来人们在情感上拒绝接受的文化论断，即那种自由而高尚文明的野蛮人不仅是一个神话，而且是一个荒诞不经的神话。

面对生命与文化的哲学对立，蔡测海是一位理智上极为清醒的现存文化的悲观论者。

五

不过，蔡测海企图使他的人物永久地驰骛于生命哲学领空的执着努力，最终并未在小说中建立起一种纯粹的生命价值尺度，而只是造成了生命哲学与历史哲学两种理论视角和价值体系的并存和对立。这种努力的结果，只是使蔡测海在理性上超脱了一般地域性、民族性，以及作家每每恪守的虚妄的文化自尊或自卑，但在内在感情上却并未使他摆脱对于人物生存的那种道德主义同情与历史主义关切。大凡新时期有些声名的先锋（或实验）小说家，几乎都做过此种努力。然而不管他们怎样妄图突破伦理主义和历史哲学的桎梏，以确立绝对的生命价值观，到头来他们不约而同地发现，自己所放的那一只价值论的风筝，却怎么也飞不出伦理和历史的空域。

生命哲学与历史哲学的抵牾和冲突在蔡测海小说中所造成的精神紧张是显见的。读他的小说，尤其晚近那些抽象的观念小说，总感到他在写作时或多或少怀了一份内疚。这种内疚使他一直试图通过把观念小说写成某种非观念的东西，而为自己终究是在写观念小说进行辩护。按说，蔡测海完全可以保有一种轻松自由的心态而不必为此负疚。但青少年时代大山里那种匮乏而闭锁的精神状态，困顿而艰辛的生存环境所留下的深切记忆，使他即使在潇洒地谈论形而上的命题时，也时常流露出某种道德同情和现实殷忧的隐隐牵扯。蔡测海的确曾想以抽象的、观念的命题来抵御那些活生生的伦理故事，以纯粹的生命价值观来逃避那种情感上的道德牵扯。这种抵御和逃避，构成了蔡测海小说内在结构上的情感张力，增强了人物承受主题的负载量和传达主题的隐蔽性，但是却始终未能将那种现实忧患和道德倾向彻底消除。在一片峥嵘嶙峋的形而上命题的礁石间，沁流出一道不绝如缕、纯净清亮的乡愁和乡愿，这大抵是蔡测海近年小说中最为迷人的精神景观。

六

毕竟，蔡测海来自那片古老而贫困的湘西山地。他早年栖身的那个山寨，隶属于一个相对独立的民族性、地域性文化部落。崇山峻岭的阻隔，弱化了它被其他文化部落同化或取代的危机，也使其丧失了与山外中原文化同步进化的可能。特定的地理与历史环境，铸造了这个文化部落自尊、排他和守常的性格。这性格使之必然地遗落于现代文明之外，并由此而导致生产方式的原始和生存环境的困厄。物质的贫乏依旧幽灵般地威胁着部落的生存和发展。同时，这个文化部落对生命又持有一种极古朴而又开放的观念。他们的生命，因免遭儒家礼法卤水的长期腌渍而保持了原始放荡的个性和强劲坚韧的活力。生命的喧哗与骚动，本质地构成着对文化压抑的哲学冲突。出于对这种生命个性的肯定与张扬，蔡测海必然在生命哲学的意义上对文化作为一种现实存在的状态表示不满与同情，他又必然地在历史进化的意义层面对文化取一种优胜劣汰的选择观念。这种自身文化处境的矛盾性，使蔡测海盘桓在历史理性和生命感性两大价值体系间，怎么也找不到一个可靠的支点。

在这种现实批判与道德同情、哲学否定与历史选择的深深缠夹中，蔡测海小说的精神意蕴变得更广大也更驳杂、更深刻也更隐晦了。这便招致了人们对其小说精神本质及其思想价值的现代性的质疑。

所谓现代性或现代意识，我想，大概并不只是表现为对文明战胜野蛮的历史主义的渴望，也不只是表现为对人性复归取代人性异化的生命哲学的企盼，甚至不是企图融会二者的简单的复合与叠加。它在根本上是现代人面临现实生存的选择时一种无法选择的精神疲软。人类有史以来所有的观念（包括那些即使在过去也未曾获得现实性的观念），都被赋予了一种现实存在的合理性，人们同时兼容并企图实践这些相互拒斥的合理性。这种包容并不是精神气度的恢宏博大，而是望洋兴叹的无可奈何。现代意识，其实是在太多的观念压迫下，一种惶惶然无所适从的失落情怀和抓住什么都不妨一试的病急乱投医的侥幸心态。而蔡测海的小说，正是在这种情怀和心态下，将现代人这种精神惶惑和文化困扰的情绪，宣泄到了小说作为一种艺术体裁所能允许的弹性限度。

七

蔡测海明确地意识到自己对于一种政治哲理小说的倾心，也许还不是很久远的事情，直接的诱因大概是米兰·昆德拉，以及他那本著名的《不能承受的生命之轻》。昆德拉处理政治题材时那种举重若轻、雍容大度的精神魅力，由政治批判升华为生命批判的思维进路，以及由此而获得的高贵的艺术品质，的确使那些被五六十年代的政治小说弄倒了胃口的作家大开了一次眼界，并给了徘徊不前的实验小说一种深刻的艺术启迪。不过，蔡测海走向政治题材，似乎还有着更为内在的艺术因由。

对于现代人来说，人可能首先是政治动物，然后才是文化动物。一个人的政治定位，对其命运的左右，远远胜过了他的文化定位。那么，对于人的生存状态及其价值的哲学考察，在哪一个领域会比在政治领域更便捷可靠？大约也只有在面对政治题材时，蔡测海对于人物生存的生命哲学意义上的价值批判和历史哲学上的状态批判，才可能获得某种限度的统一。因为政治在某种意义上便是一种哲学的历史化或历史的哲学化。

蔡测海并不像昆德拉那样通过论辩和抒情使政治哲理化、诗意化，而是通过对人物和故事的高度抽象构成一种隐含哲学意味的政治讽喻。也许，表现现时政治需要使用抽象和变形的手法，这种艺术选择本身便包孕了对现时政治的一种并不轻松的讽喻。尽管小说讲述的几乎都是人们熟悉的政治事件，但因作家采用了一种呓语式的叙述和梦境式的结构，便使小说的题旨变得难以捉摸了。或许，人们现在只能朦朦胧胧地感觉到作家想谈点什么，直到未来的某一天他才会恍然大悟。不过，政治讽喻小说的直接价值对象是现时政治，如果读者要在脱离了那种政治环境之后方能感知其讽喻力量，这是否反过来又构成了对作家和作品的一种讽喻？！

八

蔡测海与他那位同乡的前辈作家沈从文在艺术上的瓜葛，应该说并不像人们想象的那样深。的确，对于蔡测海来说，沈从文是所有前辈作家中一个最难抵抗的艺术诱惑。尤其是沈从文那鲜活自然得如同生命流泉一般的语言，曾令蔡测海十分向往。不过，后来他大约明白了，自己那种哲学和文化观念上的缠夹，以及由此造成的精神浮躁，会使他的小说命定地写不出沈从文那种沉静温良的质地。于是，他开始寻找自己的语言方式。在新时期青年小说家中，蔡测海是以文体的生命化而引人注目的。然而，与沈从文相比，他的小说尽管也是一川舒畅徐缓的感性语流，但这种语流却不时被一角突兀的理性暗礁阻遏，激起一圈圈颇为惹眼的哲理的浮浪。

对于语言，他后来又有了一种更为哲学化的理解。这种理解使他从沈从文那种趋进的、肯定的语言方式，走向一种逃避的、否定的语言方式。他以为作家只有打破既往的语言模式，才可能表达自己想要表达的生命母题。因而对于作家来说，语言的创造便是语言的逃避。所谓神话的重建实际上是一种神话语言的重建。作家只有在语言的逃避中才能传达出那种对瞬息神或人格神的体验。所以他说蓝岩不是蓝色的岩石不是白色的岩石也不是蓝白色的岩石，这种颠来倒去的语言纠缠，实际上是作家对那种既定的语言概念和结构方式的逃避。在逃避中暗示读者：在这篇小说中所使用的概念是只属于他所讲述的这一则神话故事的概念。这种概念超越了它在通常语境中的含意。于是读者知道小说中那些很思辨很理性很逻辑的语言，其实是为了突破日常语言的语义临界，使那个不理性不思辨无逻辑的生命的神话更本质地呈现出来。

抑或，就是在这种对既定语言规范的逃避中，蔡测海的小说渐次拉大了与读者之间的审美落差。

九

“自从对文艺作品从推理做评价以来，什么东西都不是稳定或确实的了。人可以证明他想证明的任何东西。”我并非在即将结束这篇文字时才想起普鲁斯特这段话。其实早在动笔之先，我便深深感到了写作此文的不合适。信然，还有什么比让读者自由地感悟作品所得来的印象更真实可靠？

好在大凡明慧的读者，都会自己跳过评论去读作品。因而这些推理的文字，也就不会贻害于他们了。不过，对于那些不怕贻害又有耐心读完这篇评论的读者，我还是想最后提醒他们——一个几乎同时为追寻和逃离两大文化主题所纠缠和困扰的小说家，他最终所能选择的主题将会是什么？一个几乎同时为生命哲学和历史哲学所招引和诱惑，又为二者所拒斥的当代文化人，其生命主体又将魂归何处？

这，正是蔡测海的小说企望告白于读者的。

原载《民族文学研究》1991 年第 2 期

邈邈玄思 耿耿孤心

——说聂鑫森的文化寻根小说

鑫森的小说，时下当属老模老式的一路。就形貌言，颇类于明清文人的笔记，而韵致，则更近于古城湘潭老辈人唠叨来唠叨去的陈年掌故。

《头上是一片宁静的蓝天》，是聂鑫森最早引人注目的小说。一胖一瘦两个卖风筝的老头，他们之间发生的那极平常的故事，却不寻常地揭示了两种不同价值观在现实生活中的尖锐对峙。瘦老头执拗倔强的性格透出的极度自尊，使读者在久违之后重新看到了那种古典式的精神气度。那群剪断了拉线在蓝天中翱翔的风筝，是一种象征，隐喻人在挣脱某种世俗价值的羁束后所获得的精神自由。随后的《护桥碑》《凌风阁》《藏画》《临终》《遗作》等，也大都旨在表现一种人格胜利。鑫森笔下那些或可称作遗民的人物，大多在人格的自我完善中承受着深重的精神苦难。物质的困顿与精神的丰饶，在他们的人生形成的某种对立，标示着他们力图摆脱身外之物的累系，而臻于精神自由的人生追求。这种对于当代人来说已是明日黄花的人生境界，为鑫森的小说带来了一股不媚时俗的飘逸之气。

那时节，“寻根文学”尚未兴起，作家的文化意识尚未得到理论的阐释和支撑。说聂鑫森得文学寻根风气之先，或许言之稍重，但这至少表明，在艺术趣味上，他更偏爱一种古典的儒雅飘逸的风致；在人生价值上，他更注重人的精神价值的确立。信然，对于目下的聂鑫森来说，精神的原创还只是一种可能性，但这种朝向原创方向的致力，却使他那些表现人伦道德主题的小说，蜕尽了历朝历代道德劝谕小说的陈腐之气，以及桎梏人性的浓烈的血腥味，而充盈了一股蓬勃而深沉的生命活力。尽管他的小说，大都涉及了道德修炼、人格完善等传统伦理的思想范畴，但鑫森的小说，却并不一般性地指责社会的人心不古、世风日下；也不在世俗意义上劝谕人们遵从既定的道德规范。恰恰相反，他的诸多小说，对那蒙着正义面纱的道德的虚伪性和残酷性，进行过见血见肉的披露。可是，他的小说所引入的道德观念，不是以纲常名教为中心的社会约束性道德，而是以仁、诚为中心的精神超越性道德，其中暗含着一种比传统的世俗人伦观远为广阔的宇宙价值观、一种纯然的生命价值的尺度。孟子曰：“尽其心者，知其性也；知其性也，则知天矣。”以人之德，悟天之道；行天之道，成人之德——这种形而上的生命之道，在历朝历代的统治者那里，统统被弃本存用，因而面目全非。鑫森的小说，在本体意义上把握了孟子学说中“仁体”与“仁心”的生命意义。“仁体”所强调的是人的自我实现，只是这种自我实现所指涉的是一种真正的圣贤人格。神医顾伯均的自我实现(《神医顾伯均》),在于他抛弃安适的生活而为穷苦人穿乡走村;哑巴的自我实现(《临终》),在于他最终抹掉自己人格的瑕疵而成就其神圣人生……这种自我实现,不同于西方哲学的概念范畴,这是一种人类可以相互沟通的先决条件,也是人类可与自然沟通的先决条件。现代唯识论哲学家熊十力认为:"仁心"乃人性之精英,说明了大化流行并规定了大化流行的方向,"心"赋予宇宙以终极的人文意义。聂鑫森的小说所昭示的,正是一种天人合一的生命意义。如果说,封建的正统道德,如鲁迅先生指出的,旨在害人与吃人,那么,鑫森小说中的道德本身就是人实现其自由生命的一种形式。鑫森写道德,实际上是想通过"写出一种高远的人生体验",而达到"对生命本体——生命形式的了悟"。

生命本体的奥秘,是每个人都难以在终极意义上穷究的认识黑洞。纵然人情练达,世事洞明,也难说企及了生命本体。因而,在鑫森的小说中,对生命本体的了悟,便表现为面对着生命大化的无穷困惑;他对生命本体的关心也便隐含在他对诸种生命形式的凝神关注中。一位退休的船长总在自家阳台上发号施令(《阳台与海》)。在他的意识中,只有海洋和航船。后来他终于丢下亲人远远地走了,践约般地将生命交付给了他魂牵梦系的大海。大海与船长间的这种生命契约,似乎带着一种涂抹不掉的宿命印迹。这种纯粹发自生命的呼唤与响应,在聂鑫森的笔下还表现为白马之于猎手(《雪魂》)、桃花井之于桃花女(《桃花井》)、五层楼下的洞穴之于画家的父亲(《五层楼下的洞穴世界》),等等。这里与价值选择无涉,他们是别无选择地走向冥冥之中早已注定了的生命归宿。作家在这些小说里，似乎无意从心理学角度来阐明这种人的精神一重化现象，而是企图通过这带有神秘的命定色彩的生命形式，诱使读者去感悟某种无法言说的生命内蕴。

《血驴膏》是鑫森近年的中篇力作（当然，我以为这部中篇比起他的许多短篇，艺术上略显粗糙和杂乱。聂鑫森也许是那种更适宜写短篇的作家），小说仿佛是写一个人们早已听厌了的因果报应的故事：驴贩子姜子富，无奈而熬驴膏，意外大发其财，一时腰缠万贯，金屋藏娇。尔后不知打哪儿来了一位挑水汉子，不可思议地夺走了姜夫人的芳心乃至生命。而姜子富却被一种神秘的仿佛来自天国的叫声困扰，神情恍惚，寝食不宁。最后一场不知缘由的大火，烧得家府空荡荡一片。这期间，那如幽灵如鬼魅飘飘荡荡的无穷爱、恨、恩、怨，是那"善有善报、恶有恶报"的佛经教义的人生演绎？是那"青山依旧在，几度夕阳红"的兴衰慨叹？还是"塞翁失马，焉知非福"的人生无常之感的泄露？抑或都是，却仿佛又不仅仅如此。法轮常转，人生无常的古典式忧患在这里似乎正从经验的蛹中羽化而出，飞向一个迷茫邈远的超验世界。近作《血牒》，写龚、魏两个商行老板间的传奇故事。龚欲弃恶从善，重新做人，却屡遭血牒追索；他仁义经商，方正为人，却偏遭市人嫉恨；而当他再度弃善从恶，与周氏狼狈为奸时，反而备受市人景仰。魏无意中救了龚的性命，却最终又杀了龚；杀了龚，自己的灵魂也在一片血色中失却了安宁。小说中，生生死死，善善恶恶，这人生的无穷关目，究竟有谁道得清说得明呢？即使那《易经》中的阴阳爻卦，也未必算得清这祸兮福兮的因果渊源。运耶？命耶？偶然耶？必然耶？这一切似乎只能如此解说，然而这一切确乎难以如此解说。人生一世，悲欢离合、生老病殁，顺乎天？悖乎天？面对广袤深邃的宇宙大化，作家有的是困惑，有的是诱惑。鑫森的小说，的确只是他对这迷茫天宇、惶然人生所发的无数“天问”。答案大约总是没有，似乎也不重要，重要的只是这种探本溯源的愿望与努力，重要的是这种生命体验形而上为一种人生境界的历程。鑫森的小说里，其实并没有信天与悖天、宿命与非命的教化，有的只是天地万物与人类作为一个生命整体生生不息的勃勃生机，以及倏尔万变的玄机奥妙。在这些小说中，我们或多或少是可以感悟到一种《楚辞》式的智慧，一种《易经》式的思维进路及其宇宙人生观念的。在这一意义上，将《血牒》等小说视作《天问》的当代遗响，我想也未尝不可吧？

如果我们让自己的感觉更细腻些，便不难发现，儒家的仁体、仁心，佛教的因果轮回，道家的天人合一，这些似乎相拒相斥的观念，在鑫森的小说中已和谐统于一体了。文化寻根，寻出如此结果，这或许是作家寻根之初始所未料的。就寻根的初衷而言，他也许更神往于佛教、道教那幽玄奇诡、大智大慧的思维境界。然而，任何旨在本体的精神探求，都必然在形而上的高层思维中汇于一源。只有当探求者的思维洞见力达不到那玄妙深远的层面时，各家各派间的门户之隔始成为森森然不可逾越的精神高墙。有人曾问法于慧海法师：“儒佛道三教，为同为异？”法师答曰：“大量者用之即同，小执者执之即异。总从一性上起用，机见差别成三。迷悟由人，不在教之异同。”鑫森的寻根，寻至楚骚精神与周易思维，也就不难摄三教之精魂了。于是，他的寻根也便走了一条返本体仁、参禅悟道的玄览之路。

这也是一条艺术之路。从本质论，他所寻求的这种原始的、互渗的、交感的、生命一体化的思维，是一种艺术思维。普雷斯科特曾在他的《诗歌与神话》中指出：诗人的心灵在本质上仍然是原始时代的心灵。然而，这只是就理论而言，实际上，现代艺术家们每每需要一段漫长的求索才能找回他们曾迷失了的神话心灵。论禀赋，鑫森无疑很有灵性，但他也只是在寻根之后，才真正成为一位体验与感悟性的作家。在他早期的小说中，我们不难找出观念演绎的痕迹和卒章显志的结构。愈往后，他的小说愈是立意玄妙幽远，愈是飘逸灵动。任何艰深的观念与思想，在他的小说中都被生命化为一种切身的体验。因而，他能将那些思想载负极重的小说以轻淡出之。他的小说大都很淡很淡，淡到给故事只留下些许影子，淡到给人物只留下一抹情绪色调，淡到使人读后觉得是一派空蒙。尔后让人从无处悟有，从空蒙处悟实在。《小三子跑堂》，那故事实在太平淡了，平淡得让人读过像一阵风吹过，只留下一种清爽爽的感觉。这感觉久了，也便浓了重了，使他颖悟到那平淡处有一种言说不清的警奇在，那空白处有一个无垠无涯的时空在。这是一种功力，更是一种境界，一种神话的艺术境界，一种禅的人生境界。“赖天之诱，忽尔发觉”，我相信，鑫森的小说大多如斯而来。

说不准鑫森是否喜爱美国南方文学。在他和美国南方作家的作品中间，分明有着某种精神默契。这种默契，或可称之为一种南方的诱惑。这诱惑并不来自约克纳帕塔法县与梧桐街的简单的相似性，而来自他们对于人类生存前景的一种“杞人忧天”的多愁善感和“舍我其谁”的使命意识；来自他们对民族精神堕落的深刻悲悯、对价值重建的无比焦灼；更来自他们对宇宙人生无穷困惑的那种童稚似的好奇与哲人似的冥思。这种烙着传统印记的精神气质，自然难以见容于当今时尚。不知道美国南方作家们曾在寂寞中无声无息地度过了多少时光？也不知道究竟是怎样的时代契机让他们走上了文学的领奖台？不过，对于中国文坛来说，这种契机即使会发生，也为时十分遥远。因而，鑫森的寂寞境遇，大概也不会十分短暂。好在他颇自信于自己的追求，也颇能甘于寂寞。我国古代的两位大艺术家苏东坡和王羲之分别说过："意造本无法""适我无非新"，作为寻根文学作家的鑫森，想必是深领其中三昧了。

原载《理论与创作》1989 年第 2 期

西西弗的悲剧

——评韩少功近作《火宅》

许久未见这类小说了。

少功的近作《火宅》，或许可称是新时期第一篇以荒诞形式写广阔现实生活，并上升到哲理高度的讽刺之作。它也应是少功自己的佳作之一。

小说写一个荒诞不经的语言管理局。不知何所来，也不知何所去。而偏偏是它引出了一连串真实可笑的故事：一番有身份的饕餮之徒虔诚的取经，全市动员，老少上阵的语管大宣传；语管与市民长达二十四小时的街头混战，新老学者、街道居民济济一堂的语管学术讨论；M局长疗养院中倒运的南柯一梦；大楼内T与众官员具有划时代哲学和人类学意义的尊卑倒置；以及那莫名其妙的美丽的大火……作家信马由缰一路写来，确乎洋洋洒洒。他那杂文式的笔墨，尖刻而见出宽容，执着而显得机智，严正以诙谐出之。以荒诞故事写荒诞现实，虽只稍事夸张与挪揄，却已鞭辟入里，而且令人忍俊不禁。然而，明慧的读者似乎难以一笑了之——于爽心一笑之后会惊诧，会自省，会焦虑。因为这荒诞的大楼，几乎浓缩了整个现实。在这悬浮于尘嚣之上的神话世界中，却蠕动着一群活生生的现实人物。你踯躅街头，驻足机关，或跻身学界，均会找到与书中人物相似的身影与面孔；或者你还会发现自己也在这浩浩荡荡的行列中——这一切我们太熟悉，因而习以为常，熟视无睹。只有作家以荒诞的故事、荒诞的逻辑、荒诞的手法写出这一切，才现出了荒唐、庸俗与丑恶。如果说小说的形式是荒诞的，那么，更为荒诞的却是作家嘲讽的现实生活本身。假如你依旧习惯于以一种纯社会学的眼光读这篇小说，同样不会失望，你不难从作品中感受到作家关注现实的热情及其无情的批判精神，不难发现他那以否定性方式表达的对改革的建设性见解。

然而，这篇小说的独特之处，恰恰在于作家在现实巡视一番之后，升华到了哲理的层次，揭示出我们生存状态的荒诞性。小说中的人物，平心而论，生活得并不那么空虚，似乎比我们想象的充实很多。他们似乎都不是平庸之辈，都有着自己坚如磐石的生活逻辑——不信问问 M、问问 T 和 N。他们的回答一定振振有词：为什么活着？不就是为了语管吗？为什么要语管？去看看语管局的录像资料片吧，事关身家性命、社稷存亡。还不重要吗？可惜偏有那场倒霉的大火，焚毁了高耸入云的语管总局大楼，也焚毁了他们生活的逻辑。因而“他们感到身前身后都空荡荡的，没有任何东西可拿、可扶、可坐、可踩踏，日后之生活，空游无所依，想来凄神寒骨”。似乎连他们自己也无法相信，他们那有声有色的生活，那欢乐、那苦恼、那纷争、那谦让、那些生命的宝贵年华，仅仅只为了这栋空荡荡的大楼。人们为自己的生活编造了一个逻辑怪圈，在这圈里谋求一种表面的充实，似乎为了骗人，其实真正被骗的是自己。我们不能不承认，这是目下中国一种极普遍的生活方式，人们的生存，仿佛只是为了证明自己如此生存着。一旦理性的目光洞穿这种假象，我们便能觉出，如此生存着恰恰是对如此生存的否定，生存的方式正好否定了生存的意义。如果说这种生存也有价值，那么这种价值正在于它证明了这种生存的无价值。

这让我们联想到希腊神话中的西西弗。他整日整夜地推着石头，从山脚到山巅，石头滚下来，接着推上去，循环往复，以至无穷。他的逻辑是石头滚下来就要推上去，但从不关心为什么推。我们不也和西西弗一样？忙碌着，苦干着，生生死死，却从不曾问自己："你在干什么？为什么干？"聪明、智慧的人们却常常不敢直面这简单朴素的反问。人们将自己严密的生存逻辑大厦，构筑在一个荒诞的基石之上，而且生活于荒诞之中，却从无荒诞之感，这岂不是更大的荒诞？我们又不由自主地回到了老黑格尔那个著名的命题前——凡是现实的，都是合理的；凡是合理的，都是现实的，然而现实却并不等于现存。在我们的思维定式中，现实与现存却完全被等同，因而只要一个人忙碌着，手脚不停，便是合理，便是有价值。我们的先人，早已将诸多美好的词语献给了那些只愿拼命做、不问做什么的人。在对于人生价值的审定上，我们过分偏爱了这种感情的尺度。正是这种尺度，每每为假象所惑，坠入荒诞。人类的发展，有着自己的理想逻辑，这种逻辑，才是我们所需要的理性尺度。任何感性的尺度在它面前，都会变得苍白而孱弱。

如果说，西西弗之推石头，是因为上帝的惩罚，那么我们呢？仍是为了亚当与夏娃的那点原罪？在哲学的意义上，我们这种西西弗式的悲剧，不来自上帝、不来自某种长官意志，而来自我们对现实的认同，来自我们自主意识的丧失。读小说时，我们所以感到M、N、T之流荒诞可笑，同时又可怜可悲，正在于他们竭力创造了自己的生活，而生活却嘲笑着、捉弄着、惩罚着他们。而且他们愈是自以为是，强调自己的合理性，便愈是可笑可悲。只要生活跨不出它的逻辑怪圈，只要它有悖于人类的理想，人们便只能推着石头，周而复始，以至终生。

诚然，生存之荒诞，绝非M之流头上的癞疮疤，亦绝非中华民族之专利，整个人类都难以避免。然而，关键在于是否觉察，是否承认自身的荒诞。数千年来，中华民族征战挞伐，逐鹿中原，流多少血，洒多少汗，然而历史之进化，步履维艰，我们以数千年悠悠的岁月，以数十辈坚韧的生命，不过完成了一座东方的西西弗的巨大造型。而且我们觉得这合理，这正常，这有价值，这只是我们应当支付的一小笔学费。我们的确自信得有些冥顽，竟丝毫没有感到其中的荒诞。小说中，正深蕴了作家这种深远而严正的历史眼光，这大抵是他寻根的收获吧。

或许，读完小说，有人会深感遗憾，作家没有指出一条如何走出荒诞的道路。因为那场大火毕竟虚幻，现实的矛盾终不能以烧得大地一片精光来解决。在这里，我只能责怪某些作家、评论家养成了如读者做文学欣赏一样的惰性。他们读文学作品，就像进了医院，非得拿了几片药才算有所收获。他们常常满足于作家所开的药方，却从不自省，从不反思。在生存的荒诞性问题上，作家是无药方可开的，除非现代中国人有一场精神的大火；而作家或许正希望以他的小说，来点燃这场大火。一个人，一个民族，只有意识到了自己的生存方式与逻辑的荒诞，方有可能走出荒诞，除此而外，纵有什么仙丹妙药，也无法逃出西西弗的悲剧。

重理性思辨，是少功的特色。他的感悟也总是蕴含着某种哲理意味，这恰恰是许多作家有意或无意忽视了的。他的《火宅》，现实感与荒诞感、讽刺性与哲理性、指向性与普适性交相融会，浑然一体，这也许是那些缺乏哲学功底的作家们可望而不可即的。仔细想想，我所期待的此类小说，最先出自他的手笔，似乎也就很自然了。

原载《芙蓉》1987年第2期

穿过世纪之门

——作为诗人的托马斯·哈代素描

在 19 世纪初叶那场狂飙式的喧哗与骚动中，英国诗坛恣肆放浪地挥霍了自己的激情。待到世纪之末，那种抒情的内在动力确乎已经消耗殆尽。华兹华斯、拜伦、雪莱，以及勃朗宁、丁尼生，这些震古烁今的伟大歌喉，都相继哑没了；艾略特、奥登等尚未开始最初的吟唱；而叶芝那发自偏远的爱尔兰的孤独的歌声，似乎总也透不过英伦诗坛那一派沉寂的浓雾。只有托马斯·哈代 (Thomas Hardy)，他几乎是命定地要背负着那沉重的大不列颠诗歌的传统，踽踽独行着去跨越那一片荒原，穿过那座世纪的拱门。晚近的人们，在习惯了拜伦时代的喧嚣之后，的确很容易将这新旧世纪之交的数十年诗史想象为一片空白。不过，对于文学史家来说，至少有一个充满象征意味的历史细节是他们不应该遗忘的。

那是 19 世纪的最后一个黄昏。托马斯·哈代倚在自家小院的柴扉上，静静地看着辉煌了整整一个世纪的太阳在一望无垠的荒野上悲壮沉落。暮霭弥漫，夜凉如水。一只鸫鸟莫明地叫唤，搅扰着这旧世纪安息时分的岑寂，也搅扰着这位蜚声世界的小说家心底的诗情。于是，《黑暗中的鸫鸟》诞生了！在 20 世纪的大钟就要敲响的时刻。这是 19 世纪英国最后的一首名诗，人们称它是镌刻在世纪之门上的诗篇……

自此之后，哈代再也没有归返他的小说园地。20 世纪的哈代，是一位纯粹的诗人。如果以他最后一部小说出版的时间 (1895 年) 为标志，哈代长达近七十年之久的文学生涯可均等地划分为小说时期和诗歌时期。不过，哈代作为诗人的历史，并不囿于晚年的三十多个春秋，而是可以远远地追溯到他在多塞特大草原上流连行吟的少年时代。哈代的艺术生命，是以诗歌肇始的，而且他的整个创作历程，自始至终都与诗歌宿命般地纠缠在一起。国内的读者都知道哈代是维多利亚时代最伟大的小说家，却很少知道他从未成为一位纯粹的小说家。他对诗歌的钟爱，几近为一种怪癖。身为一位声名斐然的小说家，却时常在心里希望人们称他为诗人，他甚至把自己的诗能入选弗朗西斯 · 帕尔格雷夫的《英诗金库》那样的选集作为一生的夙愿。这个与其显赫身份极不相称的小小愿望，几乎成为英国文学史上一个久谈不衰的掌故。的确很少有人，至少在当时很少有人能够真正理解哈代对诗歌所怀有的那样一种感情。花甲之年，是许多大诗人因诗情枯竭而封笔或转向叙事文体的人生节令，而哈代就在这种时刻决绝地放弃小说转而专事诗歌。这也许是对他早年那一次被迫转向的补偿、报复或者自我嘲弄。写诗维持不了生存，就是这个既简单又严峻的原因，使年轻的哈代割爱，丢下诗歌去创作小说。

即使在小说写作最勤奋的时期，他也并未完全停止诗歌创作（这些诗一部分被他嵌进了小说，更多的则被保留下来，后来结集到他的第一部诗集中），但这种因生活逼迫而造成的精神戕害，却一直郁结在哈代的心中。他那种与日俱增的对诗歌的异乎寻常的酷爱，除了因为他那由母亲自幼开掘出来的奔涌诗情之外，大概还因为他内心那长久的自我愧疚与追悔。

关于哈代晚期放弃小说创作的因由，人们多有猜度。有人说，他的长篇小说已经构成了一个完整的、宏大的艺术体系，因而作家得以有闲从事诗歌写作，以舒展他那一直处于压抑状态的抒情天才；也有人说，他的最后也是最优秀的两部小说《德伯家的苔丝》和《无名的裘德》问世之后遭到了文坛的围攻，于是他拂袖离开了小说界。在颇为纷纭的解释中，以上两种说法应该算是持之有故的。前者发现了作家转向的必然的内在动因，后者指示了偶然的触发契机。在某种意义上，契机是更难得因而也更重要的。哈代由小说转向诗歌，其实也是一种寻找可以躲避文坛风雨的精神茅庐的努力。他甚至抱了一种天真的想法，即诗歌可以成为他自由表达激进观点，可以规避来自文坛的精神纠缠的一种理想手段。他说："大概在诗里，我可以更充分地表现与顽石般的消极意见相对立的思想和情绪……如果伽利略在诗里宣布地球自转的话，宗教裁判所就可能不纠缠他了。"这也许还是他热爱诗歌的主要原因之一。不过，或许诗歌在本质上并不具备哈代所企求的精神庇护性质，抑或哈代过分仰赖了这种性质而在诗中更尖锐更直接地表达其叛逆思想，因而他终究未找到那么一座风雨茅庐，至少他的诗歌并不比小说更少招惹同行们的飞短流长。

真是阴差阳错！

哈代因一种心造的诱惑由小说逃向诗歌，此乃一错；而群星灿烂的19世纪英国诗歌，却由一位小说家越俎代庖去导向新的世纪，此乃再错。耐人寻味的是，恰好是这种阴差阳错开凿了20世纪英国诗歌上游的河床。简直难以想象，倘若历史剥落了这一次又一次的鬼使神差和阴差阳错，那种所谓必然的历史将会是一副干枯得多么瘆人的骸骨！

哈代一生出版了八部诗集，共九百一十八首诗，另外还有一部史诗剧。它们是：《威塞克斯诗集》(1898)、《过去和现在诗集》(1902)、《时光的笑柄》(1909)、《即事讽刺诗》(1914)、《幻象的瞬间》(1917)、《晚期和早期的抒情诗》(1922)、《人生小景》(1925)、《冬日的话》(1928)、《列王》(1904 – 1908)。正是这些诗作，与那十五部小说一起构成了哈代完整而特异的艺术生命，让人们无法在他的叙事天才和抒情禀赋之间分出伯仲轩轾；也是这些诗歌，使哈代表现出了那种从他自己的时代延伸到我们时代里来的素质。作为小说家，哈代始终以自己本色的悲观和乡俗的幽默抵御和嘲弄着维多利亚时代文学轻薄的乐观与伪善的高雅。这种对于普遍的社会文化风尚的执拗反抗，其结果是使他的小说，尤其是“性格与环境小说”，成为维多利亚时代小说艺术的制高点和代表。不过，为这些小说奠基的那种人类学意义上的部落理想和缺少节制的最后一次弥撒式的感伤情调，使它们终究沉溺在维多利亚时代的文学传统之中。它们的光辉，仍旧被哈代自己所编织的19世纪乡土主义的帷幕庄严地笼罩着。现代的英国小说家，似乎很少人有兴致跑进那个在他们看来是落满尘埃的文学沙龙，去撩开那厚重的帷幕，放出一线光芒以照耀自己。然而，哈代的诗歌，特别是20世纪的诗歌，几乎是以那种悲切凝重的独特质地，同时拒绝着维多利亚诗歌的浮华和现代派诗歌的浮躁，而同时又将前者的温柔、宁静和后者的哗变、躁动，前者的艺术实验和后者的精神反叛集合在一起。尽管哈代依旧恪守悲观主义态度，然而文化的失重、历史的迷惘和哲学的困惑，日趋加强着诗人理智上的好奇心和探求欲。理性的因素渐次遏止了那多少带点世纪末情调的情感滥觞，并在诗中形成了某种情与理的缠夹和撕裂。如果说，现代主义就是从启蒙主义那里承袭来的某种智力因素的混合物：清醒、冷嘲、怀疑主义、智力上的好奇心，还有从浪漫派那里得来的强烈激情与高度敏感，对工业革命的反感和神经过敏，以及对自己生活于一个悲剧时代的明确意识，就是这诸种因素的对抗态的组合方式，那么，哈代后期的诗中多少已经透露出这样一种精神气质和艺术气息。哈代在他生活于20世纪的极有限的二十余年中，慷慨地预支了几乎整整一个世纪的艺术家们所可以享有的那种欣悦和痛楚、期冀和无望。因而，英国著名的文学批评家西利尔·康诺利 (Cyril Connolly) 便将他的《即事讽刺诗集》列入现代主义的代表作之中。当然，作为诗人的哈代，其价值并不在于他显示了英国现代主义诗歌运动的某种实绩，而是展现了现代主义诗歌生成过程中极重要的一段里程，展现了维多利亚诗风向现代诗风蜕变的艺术悸动与痉挛。在新旧世纪接壤的那一片诗之原野上，哈代是一株孤独的橡树。它巨大的绿色冠盖无法划归任何一片森林，而那深埋于地下的根须，却努力向外延伸，将那些森林连结为一体。对于哈代所充任的这样一种历史角色，人们在读过下面三首咏鸟诗后，或许会有更直接和深切的体味。

“夏天来了，夏天已经临近／我知道，我知道／又将是阳光、绿叶，生命、爱情”／说得对呀，我狂热的小诗人／在蓝天下唱来新的一年吧／去年你的赞歌也同样欢畅／“多新呀，多新呀！”真的吗——／万象更新使你唱得这样狂热／“又将是爱情、歌曲、筑巢、育雏”／从没有一个预言家像这样痴／几乎还不见雏菊哩，小朋友／你瞧，几乎还不见一朵雏菊……

——丁尼生《鸫鸟》

……陆地轮廓分明，望去恰似／斜卧着世纪的尸体／阴沉的天穹是他的墓室／风在为他哀悼哭泣／自古以来萌芽生长的冲动／已收缩得又干又硬／大地每个灵魂与我一同／似乎都已丧失热情／突然间，头顶上有个声音／在细枝萧瑟间升起／一曲黄昏之歌满腔热情／唱出了无限欣喜——／这是一只鸫鸟，瘦弱、老衰／羽毛被阵风吹乱／却决心把它的心灵敞开／倾泻向渐浓的黑暗／远远近近，任你四处寻找／在地面的万物上／值得欢唱的原因是那么少／是什么使它欣喜若狂／这使我觉得：它颤音的歌词／它欢乐的晚安曲调／含着某种幸福希望——为它所知／而不为我所知晓。

——哈代《黑暗中的鸫鸟》

> ……走出了房间，重新出现／在窗外，脸朝着里边紧靠／紫藤的枝条一丛又一丛／圈出一副金黄的狞笑／房主人同模糊不清的什么人／避开了别人在门口密谈／夜莺成群，一番歌唱／临近那一座圣心修女院／歌唱在流血的树林深处／在阿伽门农呼叫的时辰／撒下它们湿漉漉的排泄物／来玷污不光彩的硬板板尸衾。
>
> ——艾略特《斯维尼在夜莺群里》

鸫鸟是一种画眉类的鸟，和夜莺一样，因鸣唱婉转而成为英国诗人乐意选择的自我形象的象征物。以上三首诗中的鸫鸟或夜莺，其实也未尝不是三位诗人某种意义上的自我写照。丁尼生的鸫鸟，是一位轻灵婉转、狂热乐观的小诗人和预言家；哈代的鸫鸟则是一位老迈瘦弱的孤独者，以它那泣血的歌喉，向浓重的黑暗倾泻心中明灭的希望；艾略特的夜莺是一群黑色幽默式的“戏剧人物”，一群充满了“废墟”意识的粪土万物的颓丧者。丁尼生诗歌中蓬勃着的青春气息和快乐情调，显露着维多利亚时代诗人惯有的闲暇与怡然的心态。人们大概难以想象，这首诗竟写作于诗人八十高龄时。这可不是什么老夫聊发少年狂的一时心血来潮之作，而是这位维多利亚时代的桂冠诗人一以贯之的风格。艾略特这首而立之年的诗作，弥漫着一种在污秽中生长的“恶之花”罂粟般的香味。在那戏剧性的夸张和反讽中，暗示了一种惴惴不安的恐怖预兆。哈代的诗中夹杂着丁尼生的希望和艾略特的灰颓。在鸫鸟歌咏的幸福和尸体般的荒原含孕的不祥之间，哈代似乎无所抉择。面对这百年方遇的旧死新生的庄严时刻，诗人究竟是怎样的一种心境呢？！他仿佛是努力而尴尬地保守着心灵中的那一份悲切和宁静。哈代虽不断然否定希望存在的可能性，但他却清醒地意识到那或许存在的幸福和希望全然与自己绝缘。鸫鸟的身上，分明投射着诗人的影像，而诗人同时又固执地拒绝这种情感形象。这样的一种缠绞和撕扯，使诗作表现出一种朝向现代诗风的倾斜。而且那段描写荒原的诗行，很自然地让人联想到后来艾略特写出的“四月是残忍的季节”的名句，以及他那首表现了西方一代人幻灭情绪的名诗《荒原》。西方世界的现代主义运动，是一种没有统一目标的叛逆思潮。在法国，它的反叛对象是布尔乔亚情调；在美国是清教主义和物质主义；在英国，则是维多利亚王朝绅士淑女们的虚妄乐观和温情伪善。哈代正是在精神反叛目标的选择上，与英国现代派诗人们缔结了某种同盟。准确地说，哈代是这场精神反叛的一位先驱。不过，后来艾略特等人又向哈代倒戈一击，将他视作维多利亚时代的最后一座艺术古堡。这确乎有那么一点闹剧的意味。然而，无论就历史的辩证逻辑，还是就哈代诗歌的精神构成来说，艾略特们的倒戈都是一桩既悖理又合理的事情。哈代那皇皇三大卷的史诗剧《列王》，就在整体意义上充分显示了现代派诗人攻击哈代的悖理性和合理性，即哈代作为一位跨时代诗人的两栖特征。

在《列王》这部诗体巨制中，哈代以超常的气魄将主题因素和技巧因素丰富到了诗剧作为一个艺术整体所能允许的最大弹性限度。它是戏剧、散文和诗体的组合；是史料、政论、抒情和情节冲突的组合；是古典无韵诗、现代各种有韵诗和纯粹散文叙述的组合；是真实的历史人物、虚构的戏剧人物与复活的神话人物的组合。其间我们可以发现那种莎士比亚、弥尔顿式的英国诗剧传统；但更引人注目的，还是丁尼生、勃朗宁式的那种心理独白诗剧的抒情魅力。如果人们认可这样一种历史结论，即维多利亚时代是英国现代诗歌的艺术试验期，那么，《列王》则在很大程度上成为这一时期主要试验成果的结晶。《莱德》《国王叙事诗》《戏剧罗曼史和抒情诗》及《指环与书》中的抒心独白和心理分析的技巧，在《列王》中得到了匠心独具的运用。而这些长诗处理神话题材的方式，则在哈代这里演变为一种历史时间、现实时间、神话时间自由渗透，故事时间、叙述时间和心理时间切割对位的新时空结构。因为《列王》的存在，人们对《荒原》的横空出世就不会感到过分地惊诧和费解了。哈代并不属于那种有意识地要使自己的诗歌成为纯粹艺术品的象牙塔里的诗人，他甚至还征引过马克·芮泽福的一句话以表明自己的艺术态度："我们不愿意拼命地构思一块块诗的精致镶嵌。我们所需要的是力量。"这表明哈代对维多利亚诗歌唯美倾向的反感，却并不意味着他对诗歌艺术的淡漠和简慢。哈代无疑是一位诗体试验家，他努力用叙事因素和民歌节律开拓诗歌艺术的表现领域，以拯救被维多利亚诗人们弄得越来越孱弱、纤巧和浮华的英国诗歌。哈代这种健旺、驳杂的艺术口味，对于新世纪诗人无疑是一种富有诱惑力的启悟和招引。但这对于他们中那些被象征主义汁液浸泡得苍白羸弱的人来说，便是可望而不可即的了。

《列王》以辽阔的欧洲版图为空间背景，展现了拿破仑发动的长达十年之久的"战争热潮"。面对在战乱中喋血和死亡的欧洲，哈代进行了深刻的哲学思考。在自然法则与社会法律、历史必然与现实选择、科学发达与人性沦丧、人民与英雄、自由与强权、善良与邪恶等哲学命题间，哈代进行的精神探求是执着而艰难的。诗剧中，诗人真诚地袒露自己心灵的矛盾和困惑，以及向近、现代哲学家们的精神求助。他甚至走向了叔本华的唯意志观念。于是，他那原本由现实生存的苦难引发的带有某种宿命意味的悲哀，又多多少少地导向一种形而上学的思维层面。

不过，哈代毕竟是一位植根于现实的虔诚的人道主义者、一位淳朴厚道的人民诗人，这决定了哈代不可能长久地将人生信仰建筑在一种由他人创立的哲学体系之上，以一种冷漠的逻辑尺度去衡度现实人生。他在日记中写道："我研究各种哲学体系，见到它们的矛盾和空虚，便得出如下结论：'让每个人以自己的亲身生活经验为基础，创立自己的哲学吧。他不可能避免利用先辈哲学家的术语和词句，但是，如果他重视自己的智力生活，请不要掌握那些哲学家的学说吧。他要记取柯勒律治（Samuel Taylor Coleridge）的命运，通过对所处环境的观察形成自己的观点，以节省数十年的努力吧。'"这种清醒、理智的哲学态度使哈代终于避免了因那些支撑英国现代主义运动的哲学体系的诱惑而丧失自己精神支点的悲剧。而这一点，大概也正是最令艾略特们沮丧和恼火的。

哈代的一生几乎横贯了整个维多利亚时代，这是哈代哲学思想生成的背景。1848 年至 1866 年，在这不满二十年的时间里，英国工业飞速发展，一跃而成为"世界工厂"。工业的扩张导致了农业的危机。哈代生活的多塞特郡，虽然几乎没有近代工业，但工业经济的病毒依然蚕食了这片残存的宗法制领地，败坏着这里古老的伦常。哈代目睹农民怎样由原始的自足坠入衰败和困顿；田园怎样由美丽恬静蜕变为荒芜与颓圮；道德怎样由古朴淳厚沦丧为物欲和情欲的牺牲品。哈代看到了乡土社会必将为工业社会所解构的不可逆趋势。于是，一种别无选择的命定的悲剧意识，笼罩了哈代的心灵及其作品。他执拗地站在农民的立场，将自己全部的同情和尊敬，倾注在那些在生存的大海中无法把握自己命运的小人物身上，以满腔的柔情来诗意化、神圣化那正在消亡的宗法制田园生活，以那种铭心刻骨的沉郁和忧虑，反驳沙龙诗歌的矫饰和轻佻。这种深切、肫挚的人道精神和清新、刚健的美学品质，贯穿了哈代诗歌的战争、爱情、乡土三大主题。

《写在"万国破裂"时》，是哈代反战抒情诗中的名篇。诗里三组凝定的意象与淡化为抒情背景的"一战"中动荡的欧洲，构成了一种异质观照。诗人择取的意象都是人类生存中那种古老而永恒的画面：老牛犁地、农人烧荒、少女恋爱。这些画面配上诗题所采用的《圣经·旧约·耶米利书》的典故，造成了人类历史延绵不绝的悠远情调。这境界中的确蕴藉着一种一百年前华兹华斯诗歌的牧歌风味。不过，哈代尊崇自然却不耽于山水，不像华兹华斯那样从人世的苦难遁入自然的怡乐。因此，诗歌在构成了一种古朴宁静的抒情氛围之后，顿然转笔，返回战争题旨。与人类亘古不绝的生命史相比，王朝更迭、战祸起伏，都不过是转瞬即逝的过眼云烟。诗人对于战事的展望，是完全支撑在信赖人类生命力的强大与坚韧的一种老农式的简朴信念之上的。

哈代爱情诗中最有魅力的，是那些他自己称为"旧日爱情之遗物"的悼亡之作。康诺利说它们是"作者沉思默想的伟大心灵的思想火花，它们奏出了新的音调"。这音调大约就是那乡土的本色语言和坦诚无饰的抒情方式。晚年的哈代，与前妻的感情已不甚好。1912年，前妻故世后，他又悔罪似的到两人往日一同走过的地方，故地重游，写下这些诗作。在诗中，哈代并不虚情假意地溢美死者，同样也不为自己辩白，而是如实地回顾他们的情感经历。诗人表达的，并不是因妻子逝去而失却爱情的悲恸，而是思索和探寻他们究竟在何处丢失了爱情的真诚反思和追悔。悼亡之作，不悼亡人而悼亡情，这样的诗作只有哈代这种质朴诚恳得几近迂腐的人方能写出。

哈代几乎以诗歌建构了一个乡土社会。其间活跃着老农民、歌谣手、流浪汉，以及孩子和婆姨。诗人只有在歌咏他们的时候，才偶尔从他那沉郁的心灵中流露出一丝浅淡而会心的微笑。哈代在本质上是一位劳动者的歌手，流浪者、困顿者和牺牲者的歌手。他清醒地意识到，他作为一名诗人的全部价值，都体现在这些不幸的乡下人身上。读读他那首名闻遐迩的《身后》，人们便会坚信这一点：

当我不安度过一生后，“今世”把门一锁／五月又像新丝织成的纤巧的翅膀／摆动起欢乐的绿叶，邻居们会不会说／“他这个人素来留意这样的景象？”

若是在黄昏，眼睑无声地一眨那样／暮天的苍鹰掠过高地的阴影／落在叫风吹斜的荆棘上，注视者会想／“这准保是他熟悉的情景。”

我若死于一个飞蛾连翩、温暖漆黑的夜里／当刺猬偷偷摸摸地穿过草地时／有人会说：“他为保护这些小生命出过力／但没做成什么；如今他已去世。”

人们传开我终于安息的消息后／若倚门仰望冬夜布满星斗的天际／愿从此见不到我的人心中浮现这样的念头／“他这个人可洞悉那里的奥秘。”

当丧钟开始为我而鸣，一阵轻风吹过／哀音随之一顿，旋即继续轰鸣／仿佛新的钟声又起，可有人会说／“他听不见了，过去对这却总留心？”

哈代想象自己死后被人们谈论的情景，恬淡、平静，充溢着农家情趣。在邻居们平淡而蓄满真情的闲谈中，诗人记数了自己的一生。那些显赫的桂冠被诗人自己摘掉了，他仿佛真的只是一个农人，在田园中劳作过，为那些弱小的生灵付出过同情和爱心。也许没有人会相信这就是哈代的一生，但谁又能说这不是他的一生呢？！诗中没有对生死主题的冥想玄思，但从诗人选取这些乡居生活画面的动机上，不也表明了他在了悟人生本质之后，对生命向着自然寂然返归所秉持的一种静穆与怡然的心态。中外文学史上，吟生咏死之作多矣，然而如哈代这般悬想后者却鲜见。坎坷、艰辛的八十多年生命之途(1840—1928)，激荡、辉煌的六十余载文学之路，仅以如此一首小诗作结，轻耶重耶？是耶非耶？诗人似乎并不在乎这些。他所挂念的，是乡间的邻居及其风物；他所忧虑的，也只是怕被他们和它们忘却。诗人的心脏搏动时属于乡土，安息后同样属于乡土。哈代的遗体被安葬在伦敦著名的“诗人角”，而他执意将心脏留在了故乡的大草原，留在他一生关注和厚爱的农民身边。

后起的英国诗人，从哈代这位旧世纪最后一位、新世纪最初一位大诗人那里，获取的艺术启迪定然不少。只是，他们却把诗人那颗乡愿而淳朴的伟大灵魂遗忘在他自己的诗歌中了。20世纪的英国诗人中，没有第二个人像哈代那样被那些普通的乡下人在日常的闲谈中深深地追怀和思念。这究竟是当代英国诗歌的幸运还是悲哀？！这一点，或许值得每一位注定要像哈代那样穿越世纪之门的诗人深长思之。

原载《吉首大学学报》1990年9月第11卷第3期（署笔名：白耶）

“湘军”：一支缺乏修炼的队伍

重振“湘军”雄风几乎成为湖南文坛的一种情结。近些年来，为了重现那已是过眼云烟的昔日荣耀，有人鼓呼奔走，有人殚思竭虑，整个作家群落激荡着一股卧薪尝胆的奋发之气。昔日的军阵虽然风流云散，留守的将士却没有自甘没落，这自然值得庆幸，更何况任何一种地域文学的勃兴，也是需要动因和口号的。

值得留心的是，如果这种心情太过迫切、太目的化，便难免会有意无意地将所谓昔日的雄风神圣化、神秘化，反而成为我们寻求振兴之路的一种思维障碍。唐末宋初的文人，也一定做过“重振盛唐雄风”的慷慨文章，然而他们若是企图重走初唐诗人的旧路，尔后爬上盛唐的巅峰，那么他们的一腔豪情也就只能换来一枕黄粱。聪慧的宋代诗人从唐诗的反面做文章，从唐诗兴盛时潜藏的危机中找起点，终于使宋词伟岸崛起并与唐诗一较高下。以此为鉴，我们的思路就不应拘囿在对昔日荣光的追慕与礼拜之中，不应拘囿在如何从昨日的山道再攀顶峰的思维定式上。我们不应只是检讨与昔日的“湘军”相比，今日的“湘军”缺少了什么，还应当看看昔日的“湘军”究竟是因为缺少了什么，竟至于转眼之间轰然坍塌，看看我们还能否将这些缺少的东西找回来。

就整体而言，“湘军”呈现着最为典型的南方作家群体的特征：敏感、机智、躁动，具有良好的生命领悟力和语言感觉，倾向于从美学角度感悟地域文化空间和建构个人文化人格。在新时期文学发展的头十年，这些特征成了一种显而易见的优势，“湘军”借此跑赢大势实属必然。新时期前十年的文学史实际上是由题材和思潮两场大战构成的，而“湘军”作家以其自身特有的敏感，机智地把握着政治解冻的速度，从而恰到好处地捕捉住那些尚未开禁而即将开禁的题材或思潮捷足先登。与其他作家群体相比，“湘军”的敏感性不单纯表现在政治上，而且表现在美学和文化上。因而他们总是能在一种新的题材领域最先捕捉到政治与美学的契合点，总能最先找到与一种新的思潮共振的文化表征。“湘军”作家凭借自身天赋首先使其作品同时具备了政治的敏感性、个体的人生体验、个体化的语体以及文化意味。在同一时期的作家群体中，“湘军”以最快的速度使自己的作品具备了一般意义上的“好作品”的基本素质。同时作家文化人格建构上的美学化倾向所带来的个性的语体追求，又使得这个群体最先显得异彩纷呈。这一时期里“湘军”连摘桂冠尽显风流是理所当然的。然而，作家一旦跃马扬鞭跑完所有题材禁区，挥桨荡舟逐遍所有思想潮头，文坛便失去了热点，失去了争抢的目标。文学行进的速度一旦缓慢下来，“湘军”敏锐快捷的优势便失却了，而那种在高速运作中产生的巨大心理惯性却又使其无法停顿下来，因而也就在某种意义上助长了他们躁动的天性。渐渐地，先前那场题材和思潮的争夺战的遗毒也便显露出来：对于每个作家而言，一阵狂奔乱跑后突然失去目标，茫茫然找不到文学的出路，而难以战胜的心理惯性又使他们仍然要在一个没有了热点的文坛找热点，在一个无须争抢题材的时代抢题材，结果闹出些堂吉诃德式的笑话。对于作家群体而言，这场题材争夺战几乎是对题材矿藏的一场灾难性的滥开滥挖，使人难以找到一个完整的矿脉进行深入的整体性开掘。不少作家眼望着被践踏得狼藉不堪的生活原野，再也找不到自己原有的题材领地了。因此，20 世纪 80 年代后期“湘军”的下海热，不能完全视为一种金钱的招引。在更本质的意义上，它是前十年文学的一种必然的延伸和合理的转移。一方面，文学失去了热点，作家荷戟彷徨找不见出路，因而希望从实在的人生中寻求新的文学支点；一方面作家敏锐地意识到经济将成为未来社会的热点，已经形成的心理惯性便自然而然地驱使他们去追逐这一热点。敏感、机智、躁动的天性成就了“湘军”的十年辉煌，同时也注定了在这短暂辉煌之后的一个需要大作品、大气象的时代中的没落。

时至今日，“湘军”作为一个群体仍然缺少从某一个题材或文化领地硬着头皮钻进去的“痴情”“傻气”和“倔劲”。他们不能像路遥那样投入全部心血乃至生命去笨拙地写一本大书，不能像张炜那样让心灵在新旧文化的撞击中去痛苦地孕育一种照彻生命的文化激情，也不能像张承志、史铁生那样将民族或个人的生命体验努力灌注和融汇到人类的普遍的精神苦难中去，用自己的灵魂去承担人类的痛苦。“湘军”作家仍旧听凭心理惯性的驱使，以自己的敏感与机智寻找着轻松便捷的创作道路。他们在世界文坛上寻找热点作家，寻找自己与这些热点作家“英雄所见略同”之所在，从而陶醉在这种发现的惊喜和满足之中。从海明威、贝娄、福克纳、马尔克斯、昆德拉到大江健三郎，在他们的作品中“湘军”作家都找到了自己思想的影子，因而也都曾跟着跑上一阵。等到一个更新的“热点”出现，又紧紧地追逐上去。在这种敏锐的发现和接力式的追逐中，“湘军”作家实际上成为这些世界级大作家的义务“科普员”，其创作也成了他们廉价的“实验地”，他们最终以自己的作品证实了这些世界级大作家的思想放之四海而皆准。当然，在大作家的启示下，他们也曾生出一星半点自己的体验和思想，也能为这种思想找到圆熟的艺术表达。单篇地读这些作品也都不错，然而一旦拢到一起，便会发现其精神指向南辕北辙，根本找不到一个基点。因而这些可怜的思想碎片就像晶莹的沙粒一样，终究只能在别人的思想光芒下闪烁，却怎么也凝聚不成自己的光源。

坦白地说，“湘军”作为一个创作群体，还只是一个纯自然的精神群落，是一支过分倚仗天赋而缺少自觉精神修炼的队伍。既没有努力承继近代湘学感时忧国、贴恋民生的地域文化传统，也没有自觉地从深沉博大的齐鲁文化、慷慨苍凉的西部文化等异质文化中汲取精华。与近代湘学大家相比，就天赋的心理、生理素质而言，两者之间并无根本性差别。三湘四水今天赋予“湘军”的性格和气质，昔日也同样曾经赋予过湘学诸位学人。然而，湘学中的那些大家不玩味自己的敏感，不卖弄自己的机智，他们用“板凳一坐十年冷”的苦读苦思来修炼自己浮泛易躁的天性，将个人的人生际遇与生存体验升华为对民族和人类命运的大关怀、大悲悯，从而养成了一种宏阔博大的精神气象。而新时期文坛上的“湘军”，恰恰未能形成这种修炼的风气。因此，“湘军”的整体素质构成了孕育一般意义上的“好作家”的文化温床，却没有构成产生伟大作家的精神环境。借用19世纪30年代评价学人的一把尺子（功底—思想—主义）来衡度“湘军”，便会发现这个群落所缺少的正是那种“有功底有思想也有主义”的大作家，以及使自己成为这种大作家的切实而执着的精神修炼。

当然，“湘军”队伍中也曾有人产生建立一种洪涛大浪式的精神气象的渴望，甚至为此做过某种努力。然而，我们所希望的是作为群体的“湘军”能够持续地进行这种努力。倘若大家都能沉下心来，刻苦地自我修炼五年、八年，乃至十年、二十年，大抵那时的“湘军”就会有些大气象。

原载《湖南文学》1995年第7期

创作批评的个体与群落

十多年来，湖南的文学创作成绩赫然。作家们以一个被外省人名之曰“湘军”的群体纵横驰骋于文坛，闯进了当代中国文学的编年史。相比之下，七零八落的批评家则陷入了一种被淡忘、被指责，甚至被鄙弃的狼狈境地。“每念斯耻，汗未尝不发背霑衣也”，这的确是近年来在湘评论家共有的感受和心态。也正是在这种羞愧与感奋交织的情绪下，我们几乎不假思索便接受了创作界向我们昭示的成功之路——建构自己的批评群体。在这种时刻，对建构这一群体的可能性做某种哲学或人类学意义上的理论质疑，确乎会显得迂阔和冬烘气十足。但这也并非意味着这种可能性是绝对不可置疑的或绝对无须质疑的。因为一种艺术或理论群体的形成，关键的问题不是他们必须意识到某种现实的文化处境需要他们站立在一起，而是必须找到他们可能站立在一起的那一块艺术或理论的基石。因此，当我们与大多数湖南作家交谈时，他们并不认为自己隶属于某一创作群体，甚至否认湖南存在这样一个群体；然而大多数的读者和评论家，却又确认有那么一个作家群的存在。我们当然不能将这一现象简单地理解为理论家和读者的阅读错觉，或作家为了标新立异而硬着头皮说谎。合乎逻辑的解释应该是：尽管作家们在理论上还没有那种明确的形成群体的渴望，但在实际的创作中，他们自觉或不自觉地找到了那一块可以使他们站在一起以构成一个群落的基石，即那种对本土文化(特别是社区性乡土文化)的主位视角的强化，对这一文化中所隐含的艺术质的敏感和悲剧情愫的钟爱。与之相比，批评界的情形几乎恰好相反：别无选择的地理位置、可能赓续的理论传统和已经面临的创作施加给批评的巨大压力，其实早已使批评家们清醒地意识到形成群体的必要。然而，这种清醒的意识却并没有能够使我们成为一个群体，至少，迄今为止我们依然还是散兵游勇。所以，对于湖南评论家们来说，真正的群体意识不应仅仅表现为对形成整体的必要性的强调，而更应该表现为对构成这一群体的历史与现实的诸种可能性的寻找。也就是说，作为一个批评个体，究竟应当选择怎样的精神气质、理论向度、学术风格和研究领域，才可能与他人一道建构一个生机勃勃的批评群落，已成为批评家们不能回避也无法回避的现实命题。在这一意义上，“批评的个体与群落”毫无疑问又成为一个只能由批评家自己来谈论，而且是每一个批评家都应该谈论的话题。

就本质而言，一种社区性的精神群体(诸如创作、评论等)，它所占有(或限定)的不只是一个平面的地域空间，还是一个具有时间深度的人文空间。而且这一人文空间中所包含的那些历史、文化因素，包括那种以假死的形态而存在的文化因素，常常会成为形成这一群体的潜在的自发性和制约其精神形态的“遗传模板”。因而世界上那些大的理论群体，如法兰克福学派、哥廷根学派，草创之初都承诺了一种深厚的学术传统。因为这种传统提供给后人的不仅仅是一堆现存的思想、理论资料，而且它本身可能暗示一种在诸多人文地理因素制约下学术风格选择的必然性，甚至是唯一性。譬如近代“湘学”学术传统的形成，就可能与远离京都的地理位置及楚地湘人那种与生俱来的执拗、坚韧而充满忧患意识的血性相关。所以，在我们讨论怎样建设湖南评论家群体并为促进湖南创作发展服务的时候，就不能不考虑赓续“湘学”传统的问题了。

所谓“湘学”传统，就是那种“颓波难挽挽颓心”的执着的使命意识以及皓首穷经的坚毅的学院精神。而对近代国人意识危机、价值失范的精神颓势，曾国藩、左宗棠、谭嗣同、叶德辉及南岳学派诸学子（尽管他们中某些人的学术思想保守，其中有些人政治上甚至反动），都以一种挽狂澜于既倒的姿态投身于民族精神的救赎。无论是曾国藩对于儒学正统的维护和发展，还是谭嗣同对于“仁学”的阐释与弘扬，都显示着一种对国人灵魂的极度关注的忧患意识和使命感。人们常说，湖湘之地每出硕儒，而这种力挽颓心的人格精神和不随流俗的价值观念，就成为这些硕儒共同的精神象征。令人遗憾的是，这种三湘学子的遗风，在今日的湖南批评家中已所剩无几。不可否认，在我们的文评中，思想观念太合乎时尚，价值取向太屈从流俗。我们似乎还不敢正视作为一位批评家对民族的心灵时疫所应负的那一份疗救之职；也似乎尚未充分地意识到，在张扬福克纳所说的同情、勇气、荣誉、怜悯和牺牲这些人类的古老德行方面，批评家甚至比小说家负有更不可推卸的责任。我们看到，今日之文学，正愈来愈趋向精细、唠叨和冗长；趋向多愁善感和装腔作势；愈来愈缺少真情、理想和生气；缺少透视民族心史的深邃眼光和直面人类未来前景的人格力量……一句话，正日见浓重地濡染着世纪末色调。作为批评家，我们的确需要充分地理解这一时代色调的成因及其必然性，但我们似乎更应该像杜勃罗留波夫那样，为一个时代的文学撕开那“大雷雨”前的暗夜以展示一线光亮。诚然，我们必须承认大多数的作家、评论家只能生于一种时代精神，只有少数的作家和评论家才可能创造一种时代精神，但是如果我们都安于做这种“生于时代精神”的评论家，那么纵然我们组成了一个庞大的批评家群体，对于现在和未来的中国文学又能有多大的价值呢？难道在今日之文坛，这样的批评群落还嫌少吗？一位批评家，尤其是生活于新旧世纪之交的批评家，必须意识到自己所面对的远不只是同时代的作家和作品。作为一名文学的即时史演员，我们今日所表演的任何一种文学行为，都可能会成为开启下一个世纪文学的直接传统。因而，当我们就要穿越这文学的世纪之门时，我们确乎找不出更多的理由不应该像一个世纪以前的那些湖湘学子那样，为重建民族的精神秩序和文学风尚而自觉地殉道。

从总体上说，湖南评论家缺少的并不是勤奋和才情，而是那种攻克文学生产流程中重大理论命题的胆识、气魄和韧劲。我们大多数的评论文字，还自觉不自觉地停留在文学商品广告的层面，不是浅俗的文本阐释，便是浮泛的现象描述，真正有创意有洞见的学院式理论文章颇为鲜见。我们仿佛还缺少对这两种批评在理论上进行质的区分的自觉，仿佛很少人注意到前一种评论的目的是为了引起公众对可能被忽视的文学作品的关注，只有那些学院式的评论才企图使文学评论在本质上成为一种独立的、具有自身内在价值的文学样本。换言之，我们尚未使文学批评作为一种文类的独特价值全面实现。当然，不是说那种短、平、快的评论文字全然没有价值，而是说至少在既非政治经济中心又非文化艺术中心的湖南，要以这种评论风格建构出一个引人注目的批评群体是极为困难的。平心而论，这些年我们对湖南作家群的评论并不少，但真正被认为有深度的文字有多少呢？缺少必要的理论距离，也许是一个不可忽视的原因。但我们是否在自觉地创造这种距离，是否乐意接受这种距离，甚至是否产生过以坚定的理论姿态介入文学生产、将生产中的那些先锋性命题理论化系统化的冲动，都值得我们扪心自问。

以对湖南作家群的研究为例，我们就很少涉及文本以外的领域，我们往往只是使自己的研究漂浮在那种文本阅读的欣悦之上。而实际上那一片前文本的广袤领地才是研究这一作家群体的最重要的对象。比如：为什么近代以降的湖南作家在对待区域文化的态度上，都倾向于主观视角的强化；湘楚文化在何种意义上显示为一种艺术文化的特质；在这种文化积淀与时代风尚之间，是哪一种或几种精神中介使其激发出了变革文学形式因素的巨大活力；这种由本土文化涅槃的艺术形式何以在文学史意义上显示出先锋性；这种艺术文化与近代以来极其发达的湖南政治文化属于怎样的关系；这种关系是怎样刺激和制约着湖南文学的发展以及作家群落的形成的；现代神话重建中那种“极乐文本”与语言约定性的矛盾以及由此造成的作家摇摆于两种语言之间的叙事焦虑，怎样才能得到最终的艺术消解……这些理论命题我们的确尚未问津。研究“湘军”，却不能坐下来耐心清点一下“湘军”的武库，这样的研究怎么可能获得令人满意的深度呢？在这里我们所倡导的学院风格，不是要批评家远离创作闭门造车，而是要更冷静、更严肃、更公正地对待文学创作中先锋性的理论命题，并以对这些命题的坚实的理论研究准确而强硬地介入文学生产，使批评不再只是漂荡在文本阅读快意之上的浮萍，不再只是那种即时性的愤激之辞的堆积物。M. 阿诺德说过：决定某个特定的世纪知识水平的是批评家，而不是别人。湖南的评论家们倘若真要成为 M. 阿诺德所说的这种合格的批评家，那么，学院风格的确立对于我们来说将会是别无选择的。

或许，只有在讨论了如何面对“湘学”传统之后，我们才可能谈论在现实的文学评论中怎样强化批评家意识的问题。因为对我们来说，增强忧患意识和使命感，就是要“养气”，养所谓浩然之气；发扬学院风格则是要“练功”，练过硬的理论之功。有了这种“气”和“功”，批评家才可能获得批评的自信、自尊和自觉。批评家与作家的关系，在本质上应该表现为一种就共同关心的艺术和现实问题进行平等对话的关系。或者是作家以文本提出话题，吸引批评家来一道谈论；或者是批评家在评论中指出一些被作家忽视了而批评家认为不能被忽视的话题，邀请作家来一道谈论。可见，作家提供的文本，只是批评家理论研究的起点之一，因而，没有哪一位具体的作家或哪一种具体的文本，可以成为文学批评的终极目的。但是，由于湖南创作与批评发展的极不平衡，的确使不少批评家在面对作家时自惭形秽，面对作品时六神无主。谈批评性的意见怕作家不高兴，说吹捧的话又怕作家不看重。处于这种诚惶诚恐的心态，当然写不出有见地有个性的文评来。而如此谨小慎微的举措和平庸甚至肉麻的文章，也就自然会为作家所鄙弃。而作家愈是鄙弃，批评家则愈是自卑，于是便造成了一种恶性循环。究其根源，造成这种问题的主要责任在于批评家自己缺少自觉的批评家意识。因为“艺术批评的时代始于批评家完全独立于诗人和艺术家之外，而用自己的权威对艺术作品进行评判、赞成或反对的时候”。批评家自己没有自尊和自信，便不可能营造一种正常的批评环境。实际上，多数作家期望于批评家的，是真诚的理解而不是廉价的吹捧。虚伪的奉承既因为世俗情感的介入而妨碍了批评家正常的审美活动，同时也伤害了作家自己的艺术良心。所以，真正的批评家意识，是建立在对批评对象真诚理解之上的自尊、自信、自主和自觉，是一种不偏不倚、不卑不亢地与其对象进行平等对话的理论风度。

这种意识不应只是就批评家与作家的关系而言，还应包括批评家相互之间的关系。目下的批评界缺少交流，缺少争鸣，大家都像痴人说梦，自言自语互不搭界。即使是讨论同一部作品、同一个理论命题，也都小心翼翼地躲闪着以免发生理论碰撞。这种表面上的相互尊重所掩盖的，是对他人理论成果的轻视和对自己的理论自信的怀疑，也是对理论探索的真理性和价值性的淡漠。这实际上已经成了一种戕害理论发展的流弊。这一流弊的实质依旧是缺少热情和真诚。记得列维－斯特劳斯在他《野性的思维》一书的前言中，写过这样一段话："我希望，萨特首先会看到，尽管有不可避免的分歧，这些表现出我们深切关注之意的讨论，仍然间接地表示了我们大家对他本人的尊重和崇敬。"从这段话里，我们读到了一个理论家真挚的友情、坦荡的襟怀和坚持真理的执着精神。这三者，正是今天的批评家所匮乏的，却又是我们要构建一个真正充满活力的批评家群落不可或缺的。

毋庸置疑，一个秩序井然的批评家群的组建，会有大量行政管理方面的工作要做，但是我们以为最为重要的，还是批评家个人的精神素质和理论素养，以及这种责任和素养的可共生性。倘若上文所陈观点，能为多数湖南评论家理解和认可，并由此形成一种风气和时尚，那么，当代中国批评界的"湘军"之崛起，也就断然不会是很久远的事情了。

原载《芙蓉》1991 年第 4 期

创作的徘徊与作家的换代

回首新时期文学十来年的路程，确有过激动人心的日子：作家一呼，万众应和。这种情景很容易使人联想到千百年前古希腊人在雅典广场观看悲剧的盛况。我相信，狂欢中的古希腊人做梦也不曾想到，辉煌的古希腊悲剧会随三大悲剧诗人的陨落而一蹶不振；我也相信，沉醉于轰动效应之中的新时期作家，定然也极少有人想到，有一天他们的创作将失却这种公众热情的娇宠。于是当这一天真的降临时，他们除了感到茫然之外，只好不无感伤地喟叹文学失去了轰动效应。虽然轰动与否并非判定艺术价值的标准。也姑且不论当初究竟是因为什么而轰动，文学轰动效应的失去，却无疑标示出了新时期文学发展的一种态势：就社会大环境而言，文学为归返自身而逐渐挣脱了某些非文学因素的羁縻，同时也逐渐游离于社会所关注的热点。文坛与社会曾经缔结的神圣同盟，因失却双方共同关心的话题而解约，文学开始遭到社会的冷遇。

就文学小圈子而言：文学在返回自身之后，并未显示出人们所预期的赫赫实绩。作家们开始失去耐心，慢慢滋长了焦躁、厌倦情绪，文学的实验步入了令人忧虑的徘徊期。这表明，这一代创造过新时期文学最初繁荣的作家，正在丧失艺术生命的活力。作为新时期文学发展史上的第一代作家，就整体言，已经基本完成了自己的文学使命。

一个民族，文学的发展，总要以淘汰一代又一代作家为代价。这种淘汰，既以个体方式也以群体方式进行。一代文学在其发展进程中，作家的淘汰多是零星的、个体的；当一代文学已经发展成熟，尔后要超越一个层面进入新的维度时，作家的淘汰则都是集中的、群体的。目下文坛所孕育着的，正是新时期第一代作家的整体换代。无论在哪一个民族的文学史上，横贯几个文学时代的作家终归是少数。

1987年以来，文学创作势头锐减，文坛呈现疲惫之色，创作确乎步入了一个淡季。人们大都将今天的这种文学颓势归结于一些外在因素：或曰商品经济的诱惑与逼迫，或曰通俗读物的泛滥与冲击……这些固然都是影响当前文坛的重要因素，但究其根本，这种创作低谷的出现，乃是新时期文学内在发展的必然。

一、十来年的新时期文学一直处于文化思想的兼收期、艺术技巧的实验期。作为新时期文学发展必经的这一积累过程，其基本任务已告完成。新时期文学的进一步发展，期待着超越这一层面的创造性升华。

与“五四”文学不同，新时期文学发轫于一片文化荒漠。“五四”文学是新一代作家为摆脱太过沉重的旧文化负累而做的一种决绝抗争，被作家们高呼要打倒的旧文化，恰恰是他们赖以吸收新思潮、进行创造性转化不可或缺的文化土壤。这种文化土壤，正为新时期文学所缺少，它所面对的只是一片贫瘠的荒土。所以新时期文学发展的第一个阶段，必定是对人类文化成果兼收并蓄的积累。新时期文学以其超常的精神贪欲，同时吞食着古今中外的文化果实，这种宽容的气度使新时期文学一度保持了纳万汇于一川的精神优势。与这种文化思想输入相伴随的，是艺术技巧的借鉴与实验。尽管人们对于实验文学的评价褒贬抑扬，各有轩轾，然而毫无疑问，这种借鉴与探索更新了文学的观念，丰富了艺术的积累。不过，从某种意义上说，新时期文学的现代性，主要表现为思想与艺术观念的超前性。因为这种超前观念并未经过生命意义上的本体化，因而缺少原创性。近来文坛有“伪现代派”之说，或许这一概念的准确性尚可争议，但却深刻地指出了新时期文学由吸收、借鉴到超越、创造这一转化过程的艰难。创作的徘徊之势，表明新时期文学的第一个生成代已经基本构成，新时期文学的长足发展将要在第二个生成代中实现。

二、新时期作家以其勤勉和聪敏基本完成了新时期文学的文化思想与艺术技巧的积累，同时也因某些先天和后天因素的制约，在整体意义上，他们将无力实现新时期文学发展所期待的这种创造和超越。新时期作家，是在特殊年代里诞生的一代特殊作家，他们大都具备如下特点：

1

写作欲强，先天素养差。新时期文学的起点，是文学的零度。这使新时期文学既没有任何艺术门户，也缺少一尊守门之神。这使一大批并不真正具备文学禀赋的人因此误入文坛。追根溯源，新时期文学滥觞于“天安门诗歌运动”。而这一运动的参加者，几乎全是以文学手段为非文学目的之用。随后步入文坛的作家，也大都如此。多数人是凭着政治胆识和不吐不快的义愤闯进文学圈子的，一方面，他们有着十分健旺的写作欲，因而大都著作甚丰；另一方面，他们的思想与艺术积累却极不丰厚，因而操笔写作不久，库存即已告罄。古今文学大家，无不厚积而薄发，而新时期作家们却常因薄积厚发而入不敷出。如此素养，尾随文学之潮已属艰难，当然难言文学超越。

2

精神食欲强，创造能力差。与新时期作家不同，“五四”作家，多数旧学功底丰厚，由知之深而恨之切，于是转向西洋，获取新知。而新时期作家，旧学与新知两亏，这使他们能够不带文化偏见，平等对待各种不同体系、不同价值观念的文化。因而他们的精神吸管不仅伸向西方现代，而且远远伸向中国古代。他们既追逐西方哲学和艺术的新观念、新思潮、新技巧，又钟情于中国传统文化的气质与风韵。他们往往来不及比较和抉择，只管尽数“拿来”。新时期文学的积累期，的确需要这种宽容精神和恢宏气度。然而，这同时造成了一种惯性。作家在这些思潮和观念面前失去了自主意识。他们无力驾驭这些不同价值尺度的文化体系并进行必要的整合，这使新时期文学处于比思潮、比观念、比技巧的食“古”而“洋”不化状态。在现代，任何一个创造性的艺术家，都必须有着深厚的异域文化的积淀。这种积淀不仅是对这种文化的接收，而且要将其观念生命化，使其成为艺术创造的原动力。因此，就艺术的创造性而论，新时期作家在文化上缺少积累过程，在心态上缺少自由感（他们面对世界文化并非真正自由选择，而是具有某种被迫性、盲目性），在精神气质上缺少自发性。

3

不朽欲强，自我淘汰意识差。新时期文坛拥有一支庞杂的作家队伍。所谓“五代同堂”，一时传为美谈，这固然从一个方面说明了新时期文学的兴盛。然而在这“五代同堂”的背后，是否也隐藏着一种大家族式的虚假繁荣呢？至少，这说明新时期作家的自我淘汰意识不强，作家的自然淘汰流程不够畅达。有人说新时期文坛是各领风骚三五天，这似乎是极言作家淘汰率之高，但是我们掐指算算，十年来究竟有多少作家自动离开了作家行列？与现代作家相比，新时期作家有着远为强烈的不朽欲。这既表现为作家写作的刻苦勤奋、作品等身，也表现为作家自信力的膨胀，缺乏应有的危机感。甚至不少作家不是想凭借作品，而是想凭借作家的名头而不朽。尽管已经丧失创作力，却偏要争当终身职业作家，他们不甘落伍，却又常常功夫做在“诗”外，助长了整个文坛急功近利的平庸之气。无怪一些正直的作家最近愤然喊出“面向文学，背向文坛”的口号。大量平庸的作家与作品充斥文坛，本身就说明了这一代作家创造力的衰退。很难设想，文学能在这种环境中正常发展。

新时期作家的换代，自然需要一个过程。我们把这一过程称为“换代期”。换代期中，作家队伍将重新组合，眼下这种重组已见先兆：一部分作家将被迫离开作家队伍，跻身其他社会行业，其中主要是文化管理和文化商品事业；一部分人将放弃纯文学，去写作通俗作品、纪实作品、传记作品；余下的人将继续留在纯文学的圈子内。他们中的一部分将继续写作以支撑寂寞的文坛，另一小部分天资颇高、积累颇厚又有危机感的作家，如韩少功、张炜等，他们将休笔一段时期，进入一种新的生活维度，在急剧变动的实际生活中充实人生，完成现代观念的生命化，尔后重操旧业。他们的路子，颇类似于郭沫若、茅盾等老一辈作家。郭老等都曾在“五四”文学高潮之后投笔从戎，参加实际的革命斗争，使他们在日后的创作中保持了持久的艺术活力。在最后的这一部分中，或许将有少数人能够成为跨代作家，在新时期文学的创造期中一显身手。

新时期文学的第二代作家，尚在生活的孕育中。他们中的一部分，将来自实际参战的知识军人和学成归来的留学生。他们或许能像“二战”之后欧美的那一代参战作家和“五四”时期的留学作家那样，给新时期文学带来全新的风貌。

在新时期文学刚刚走完第一个十年时，人们曾经预言：第二个十年将是创造的十年，真正取得实绩的十年。这种预言似乎乐观了些。新时期文学还将在两代作家的交替期中徘徊，或许这还将是一段并不短暂的日子。

原载《文论报》1989年4月5日

印象与随想

——1995年《芙蓉》杂志浏览

对于文学的日渐式微，人们似乎已经不想再谈论什么，批评家们期许的“95文学复兴”未能如期到来，读者依旧反应平静。不过，这并不意味着不景气的文学已培育出一代心平气和、宽容大度的读者。平心而论，每天咽着不对口味甚至令人反胃的饭食，你还会对厨师礼敬有加？平素里说某某人脾气不好、火气大，便问是不是吃了夹生饭，可见不合口味甚至夹生的东西是养不出好脾性来的。当然，文学作品不对胃口未必就是夹生，也未必一定是作家的罪过。然后谁又说得清究竟是因为读者的挑三拣四、指指点点导致了作家的无所适从，还是因为作家一出再出的文学次品败坏了读者的欣赏心境和胃口呢？公允地说，这责任应当大家共同担着，但心境坏了谁还能那么公允？在这种情绪背景下不再谈论，实际上意味着共同话题的失却，意味着对对方所寄希望的泯灭。

在这执拗而又无可奈何的读者和无可奈何而又执拗的作家的相互怨怼中，只有文学编辑们还执着地扮演着中介人和调停者的角色。尽管他们是风箱中的老鼠，常常两头受气，尽管他们比任何人都更直接和深切地感受着文学的困窘与尴尬，但他们总希望通过自己编发的好作品来消解这种怨怼。在这文学持续减产的年份里，他们是一群善良而勤奋的农人，总希望靠着累体累心的辛勤劳作能在自家那一亩三分田地里多收个三五斗。倘若逢上颗粒无收的大灾年岁，他们的汗水自然是白白流淌了，即使累死累活搭进命去，也无济于事。好在新时期文学还不曾遭遇这样的灭顶之灾，因而他们的辛勤劳作也便总有收获，尽管这收获未必如期待的那般丰厚。

《芙蓉》近年来频频改版，编辑班底也一换再换。究其动机，大抵也是基于这种农人式的善良与勤奋。在不少文学园地已经或正在抛荒的年月，《芙蓉》尚能按期奉给读者一勺不算粗糙的饭食，实在很不容易。回头读读 1995 年的《芙蓉》杂志，一百一十篇稿子，总还有不少闪光点。我不禁想起曾国藩的一副对联：“养活一团春意思，撑起两根穷骨头。”在如今这文学年年歉收的年代里，谁还想为文学做点实事，便免不了这一份苦撑苦熬了。

作为封建末世的中兴重臣，作为封建文化的最后一个梢头大瓜，作为在一个不可能产生巨人式文武全才的时代里执拗地使自己成为这种全才的悲剧英雄，曾国藩身上无疑集中了中国传统文化蜕变的诸多命题。然而，一百余年来流传于民间的种种谈论和历史学家们偏执狭隘的定位，几乎完全剥离和消解了他身上的文化意义，使他在民间传奇人物和与历史罪人的对立评价中沦落为一个纯粹的世俗话题。不论是他的修身自励、治家教子、统兵打仗，还是官场周旋、操办洋务，几乎无一例外地被作为一种实用性、技术性话题为人们所谈论。这样的一位历史人物，谁来写都得做历史的翻案文章，都得站立在文化的立场来清扫正史和野史洒落在他身上的尘垢；同时，无论作者怎样清扫，大多数的读者也依然不会站立到文化的立场上去，他们关心的依旧是曾国藩作为一个世俗话题所能教会自己的种种人生技巧。不管人们在翻开这部小说时是否怀了强烈的历史好奇心，他们都将最终从人生的现实生存需要上来判断这部小说的价值。不能说每一位作家来写曾国藩都能使小说大红大紫，但毫无疑问，曾国藩是一位足以使那些史识与史料兼备的作家大红大紫的人物。

与《曾国藩》的大红大紫相比，《旷代逸才》（载1995年第2、3、5、6期）的反响应当是平静而悠长的。选择书写杨度，是需要眼力的。杨度不是一个世俗意义上的成功者和英雄。他在近代中国历史上的种种形状，从形而下的视角去考察确乎充满了喜剧意味。在杨度的身上，可以说聚集了中国近代文化人全部的喜剧和悲剧因素，聚集了从旧文化走出来的新一代知识分子人格追求上的全部可爱和时代局限上的全部可悲。这个一生都轰轰烈烈却一生都没有过成功顶峰的血性才子，以自己的生命演绎着鲁迅“过客”中所张扬的那种执着的追寻精神。杨度是一位比曾国藩更为合适的文学人物，他所包容的形而上空间和人生的悲剧情愫，几乎可以成为近代以降百余年来中国知识分子的象征。《旷代逸才》在某种意义上是一部《苦难历程》式的作品，它所展示的不仅是杨度个人，而是近代以来中国数代知识分子的心路历程。

作为挣扎、沉浮于中国近代政治舞台上的一位文化人物，杨度的人生遭际是命定的。当中国的政治体制已经蜕变，而中国知识分子尚未找到自己新的人生舞台之际，这种知识分子在政坛的客串便不可避免地发生了。中国近代文化解放不彻底、政治改造不完善，在某种意义上与这种客串有关。然而这种客串并不是杨度等人的个人行为，而是历史在特定时期的必然抉择。近代中国知识分子的觉醒是由国势衰微的现实处境触发的，因而他们一旦觉醒，便必然首先致力于政治的改造。而一个在文化上没有充分启蒙和改造的国度，再频繁的政局变更也不过造成一种“城头变幻大王旗”式的政治动荡。近代知识分子在文化建构上太过实用性的考虑，既导源于政治又危害了政治。这种宏观上的文化处境决定了杨度及其师王湘绮等只能是政坛的边缘人、游击者，机遇到来他们杀进去大闹一阵，大势一去便退避三舍躲进小楼做自己的学问。这种政治上的被动地位决定了他们不可能有实际的政治建树，但同时也使他们与政治保持了适当的距离，使他们有可能观察、反思和重新选择。因此，这实际上是一个极为有利的文化思想站位。中国近代有创建、有成就的文化思想家，几乎都选取了这样一种政治站位。对于小说家来说，杨度的这种站位无论是从文化透视的角度，还是从思想透视的角度，都远远比曾国藩更为有利。

如果这种人物选择不是出于纯粹偶然的因素，那么，对杨度这一形象的选择，标志着唐浩明的创作在本质上更趋近了文学。这不仅因为杨度作为历史人物自身性格和命运的独特性，而且因为他的这种文化、政治定位对于小说整体结构的深远影响。由于杨度是一个出入于文化思想界和政治军事界的自由人，是一位“逸才”，因而他所能牵带出的社会生活面便更为广阔，而且在结构上可以因为人物行踪的自由转移而收放自由，还可以由此而引导出同时代的一大批杰出人物。因而，无论在深度上还是在广度上，《旷代逸才》都比《曾国藩》展示了更丰富的时代内蕴。在小说的细末结构上，《旷代逸才》显得更轻松、丰赡和舒展，书中时见闲笔出奇，较之《曾国藩》少了一份内在结构的紧张。奥·威尔森在将第二届诺贝尔文学奖授予德国历史学家蒙森时说：“蒙森融丰富的资料与精确的判断，以及严格的方法与年轻的活力于一体，以艺术的形式将其表现出来，这一方式正是唯一能使描述具有生命感与具体感的方式。”我觉得唐浩明在其历史小说创作中所追求的正是这样一种方式，而且他的第二部小说确乎比第一部距此走得更近了。

历史小说在当下文学低谷中的崛起，是颇耐人寻味的。近几年文坛上的“抵抗”“退守”“消解”之争，似乎未能对历史小说家们产生多少影响，他们似乎是闭目塞听地盘桓在历史王国之中，一副遗世独立的超然样子。深究起来，历史小说的勃兴正是以现实题材创作的萎缩为代价的。作家们面对突然来临的金钱“极权”时代，顿然感到了文学的失语。坚硬强大的现实生活窒息了作家的想象和幻想，使作家差不多丧失了虚构生活的能力。在这种状态下，作家们从既往的历史中寻找人物便成为唯一明智的选择。纵然历史小说也需要合理的艺术想象，但终究有一个历史的蓝本为依托。对于读者来说，当现实题材小说变成了生活的琐碎实录之后，他们只得去寻找那些距自己较为遥远的历史人事来满足自己的想象力。另外，我们面临一百年和一千年的世纪跨越，尽管这只是一个人类虚构的时光之结，然而因为人类已经把这个虚构之结与既往的历史勾连在一起，于是便必然成为一个“瞻前顾后”的高台。当现实的当下处境在如此固执地摧毁我们对未来的热情憧憬时，我们便不得不回首望望百余年来自己走过的蹒跚历程，寻求一根精神拐杖以支撑自己毅然前行。当一部分作家要消解理想、消解终极关怀、消解权威话语的时候，许多历史小说家是在用历史人物与之抵抗。不管我们是否愿意承认，杨度一生追求真理的那种坦诚襟怀和执着精神，就是当代知识分子的一面精神宝鉴，让我们照出自己心灵的虚弱和卑琐。读读《旷代逸才》，我们确实能从现实生存的欲望之流中超拔出来，感受一种献身的美丽和纯洁的力量。唐浩明不想消解理想和终极关怀，也不想消解权威话语。他以那种诚实得近乎木讷的话语叙述，企图以这种叙述话语在历史的废墟上重建一座人文精神的神殿。

当然，并非所有的历史小说家都醉心于这种重建工作。或者说，他们乐于重建的，只是一种历史幻象而不是历史精神，他们总是在虚构了一个历史的外在轮廓之后将内里掏空，然后将纯粹虚构的人事充填进去。这类小说所干的真实的勾当，是借助历史以消解历史自身的权威性。尽管人们也常常将其归类为“历史小说”，但更准确地说，那只是一种“历史意绪小说”。宋月瑜的《霉季》（载《芙蓉》1995 年第 5 期）所写的就是这样一个充满历史潮霉味的故事。这个故事的基本构架并没有多少想象力，至少在看多了此类小说后会有大同小异之感。但小说中潮蒙蒙、霉乎乎的情绪还原得极真实，让人读小说时也仿佛触摸得到那空气的黏糊。在这样的一个情绪背景下将一个人生的阴谋写得不动声色而又无处不在，让人感到作家人生体味的细腻和话语表达的准确。屈先生布下的陷阱是一个可怕的象征，让人联想到某种若有若无的文化，联想到人生本质意义上的险恶。赵俊辉的《夜半月半》（载《芙蓉》1995年第6期）批判的矢的似乎更明确、更尖锐些。尽管由丁贡子强健鲜活的生命起笔，写到他衰朽不堪一命呜呼打住，在整体结构上给人以一种感叹生命力消殒的印象，但在更深层的意义上，这仍旧是一个新生与意志对抗的生命故事。在这部小说中，生命力是判断美丽与丑陋、道德与邪恶的标尺。丁贡子娶许多女人似乎并不值得指责，应该指责的是他不具备占有女人的能力后还要占有。生命力的有限和占有欲的无限，在小说中构成了一幅人类难以超越自身贪欲的丑恶图景。虽然小说尽力张扬了人的生命力，然而读完全篇，我们依旧感到人的生命力的脆弱。按照寻常的思路去想这篇小说对人性缺陷极富批判精神的揭露，可谓惊心动魄。但因为有张爱玲的小说在前面，而且她对自己所写的那个时代那种家族又是那样熟悉，有那种铭心刻骨的感受，因而《夜半月半》《霉季》《十八相送》，乃至整个这一路的小说便都显得虚渺、浮华和似是而非。当然，这也是一种艺术境界。然而，一个颇为流行的小说派别，要生长得更大，眼下显然缺少坚实的根基。历史意绪小说是不同于张爱玲的，张爱玲是写实，他们则是画梦。靠画梦去消解历史，或许只是一种美丽的梦想。

《黑白》（载《芙蓉》1995第2期）的作者似乎是打定主意不去讨好一般读者。不论对谁，这都是说来容易做来难。卢萍这样结构小说需要勇气也需要才气，应该说卢萍是在充分度量了自己的才气之后才这样写的。卢萍的才华虽然充沛，却并不皈服于一种严整结构的羁束。小说中那些有关天、地、人生的感悟式的哲学思考，在传统时空结构的小说中很难串联为一个有序的整体。作家思想的零碎性决定了小说需要进行时空重叠和切割，需要在所谓历史与现实的对应中建构新的艺术时空。这是一部内容与结构颇为匹配的小说，尽管有人会觉得作家是故弄玄虚。作家在一部小说里想把他关于世界、人类等的思考都写完，而且又不让人觉得太零乱，他就得自己先把世界搅乱，无序便有序。在搅乱后的每一块碎片上，他的那些思想都熠熠闪光，像黑夜里的渔火，尽管是彼此孤立地亮着，远望去不也是一幅井然有序的图景么？！

蔡测海从《黑白》中读出了“易”，读出了一个王国的诗史和这部诗史自身的构建史，我相信他读到的还有许多（参看《不必圣贤——评〈黑白〉》，载《芙蓉》1995年第4期）。一部聪明的小说之于一位智慧的作家，那将是一场无限的对话，可以长长地持续下去。《黑白》达到了这种效果，标志着某种程度的成功。其实，作为一位当代作家，他究竟能言之凿凿地告诉读者些什么呢？他的任务其实只是引诱读者去自我思想、自我发现。你当然可以说《黑白》给读者讲述了很多：关于生命，关于国家，关于诗歌，关于爱情，关于死亡，关于时空……然而这都是些何其重大的命题，作家关于这些命题究竟有多少自己的看法呢？但作家将这些组织到了一个新的时空里，形成了一种新的结构和张力，从而具备了让读者自己思索的可能性。这当然是一种聪明之举。然而这也恰好暴露了当代人类，尤其是当代作家思想的贫弱。古典主义的大师们尽管并不都是哲学巨子，但他们对世界的看法有自己坚实的立足点，他们能以这个立足点为中心，将自己的思想组成一个体系。当代作家没有这个点，纵然是一些长于思索的作家，他们的思想也只是一片随水漂浮的水培风信子，美丽、茂盛，却没有承受力。卢萍的思想也是。不过《黑白》是一个王国，作家的思想和才华在这里都获得了某种自觉性。

很遗憾，卢萍的聪明只是用于藏拙，只是用来将我们原本已经十分零乱的对世界的印象弄得更加零乱。可做谅解的一点理由是，他终究只是一个二十三岁的战士。

在《痴虎》（载《芙蓉》1995第3期）中，翁新华努力使文学回到了最原始的主题之一——良知。通过三位过早承担人生苦难的中学生的命运，作品向读者展示的不仅仅是贫困、饥饿、疾病等现实的生存困境，而且展示了当下国人的良知在生存困境中的复杂处境，以及良知作为人类不可泯灭的一种基本素质在苦难之中的倔强生长。翁新华以其最熟悉的写实手法和最擅长的悲剧性处理，使三个初涉人生的少年的友情在并不宽广的社会生活背景下，获得了深切动人的艺术魅力。在本不当忧虑的年岁，他们却不得不忧虑；在本不当动心眼的年岁，他们却不得不动心眼；在本不当失去美好生命的年岁，他们中却有人过早失去了……当所有的不应当都成为事实摆在他们面前，而且最终不是将他们压垮而是使他们更挺直地站立起来时，小说便超越了现实苦难而获得了一种人性的高贵和良知的力量。翁新华对于世界和人生的看法，没有受到他不断遭受的生存苦难的扭曲而形成一种狭隘的偏激的观念，他的道德责任感和良知都已经被苦难净化，他对人生的基本立场是友善和宽容的，因而他小说中的困难和悲剧都扬弃了狭隘的苦难感而成为一种积极向上的人生动力。痴虎说不上是一个十分纯洁的孩子，现实的生存境况使他过早地成熟了，为了考中专，他也使心眼、做手脚，但这一切只是因为生活的逼迫，而并不是因为他的良知泯灭。作家并不把痴虎当作英雄，他只是一个普通的、有上进心的乡下孩子，然而就是他，终究没有被生活的苦难压倒，没有出卖良知去换取幸福。小说让人们看到："真正懦弱和自私的人无法面对痛苦的现实人生，而我们这些平凡的人都能够。"翁新华总是给人类以希望，但那希望不是廉价的世俗幸福，而是人类战胜环境也战胜自己的可能性和精神能量。

姜贻斌的《窑山》（载《芙蓉》1995 年第 3 期）以他那略带揶揄、调侃、轻快叙述和一个游戏似的故事，再一次向我们展示了人生的沉重与严酷。在冬菇与高生、八哥的世俗人生关系中，作家以他对人性缺陷的微妙体察而赋予了某种形而上的穿透力，于是这个带血带泪的人生压迫与反压迫的故事便超脱其具体性而升华为一种游戏。游戏所具备的象征性让人联想到阶级与政权、农民起义与皇帝轮流当……至少在《窑山》这篇小说中姜贻斌是颇为自由的，他让人们从最世俗、最细枝末节的生活内容上去理解人类社会历史的那些重大话题，反过来又用那些辉煌而深邃的重大话题去阐释下层人那些基本的、原始的、寻常的不能再寻常的人生内容和人性冲动。姜贻斌的小说带有一种民间智慧和魅力，只是这种智慧与魅力还缺少有意识的提炼和控制，显得有些粗放和野道。

如果说这种微末与堂皇、形而下与形而上的对比在姜贻斌的小说中还只是一种象征，那么在陶少鸿的小说《逃出紫禁城》（载《芙蓉》1995 年第 3 期）中已经是一种小说的基本结构。作家将明末农民起义中仓皇出逃的皇帝的举措和心态与一对旅客急于离开北京的情状和情绪纠缠在一起，于一种看似荒唐的大反差对比中展开叙述，在皇帝与平民、国家兴亡与家务琐事之间寻找人性的共通之处。“我”和妻逃避的是被膨胀的欲望驱使着追索外地人钱包的北京市民，朱由检逃避的是被膨胀的欲望驱使着追索皇帝大印的起义农民。作家在这里着意抹去了特定时代的阶级标志，而去探讨更具共性特征的人生内容。尽管这篇小说并没有落实在一个十分明确的思想结论之上，然而这种结构本身建构了一个较大的思想空间，给了读者许多思想的诱惑和启迪。借助小说营造的这个艺术空间，读者的思想可以走得很远。

应当说，“湘军”大阅兵小说方队中的作品，都是某种意义上的好小说。各自不同的风格指向和文化指向，在整体上显示着湖南小说家的实力。作家是一支最难以“检阅”的队伍，即使拿破仑，也无法让一千个作家在同一时间写出他们最好的作品，因而我们不能奢望方队中的小说代表了作家们最新的小说水准。但从这些小说中，我们至少看到了湖南作家生活、思想积累的功底和驾驭小说话语的能力。不是每一个省都能拉出来这样一个阵容齐整的方队的，然而这个阵容是否又过分齐整了呢？如此多的作家徘徊在一条水准线上，没有人能奋勇突破这条线而奔向一个更高的境界。湖南中青年小说家的这种徘徊已经持续了近十年，在这期间他们是否真正严格地拷问过自己究竟缺少什么？是否认真地估量过自己究竟还有多大的上行空间并为之付出过艰苦卓绝的努力？！

当然，面临小说危机的不只是一个湖南省，也不只是中国的事，这是一场全球性的危机。米兰·昆德拉和大江健三郎不约而同地发出“保护小说的纯洁性”“倾听小说的声音”的呼喊，正好说明在欧洲和东方这两个小说传统最深厚的地区小说处境的艰难。现代科学和由它衍生的现代传媒正得寸进尺地侵夺小说的世袭领地，而至今为止，小说似乎尚未表现出坚决抵抗的足够决心。我们看到的是一批又一批的小说家向侵略者举手称臣，成为现代传媒的得力帮凶。在某种意义上，小说是在主动抛弃自己的精神领地。小说作为通过表象和幻想以创造生活并使之与现实构成某种对垒和抗争的文体，其想象必须是审美的而不是实用的，必须是对现实的某种匡正、引导和超越，而不是纯然摹写。当人们在生活中已经看到了世界碎片化的种种现实，谁还有兴趣去看小说中的破碎世界？当人们已在生活中感到了某种精神的绝望时，谁还愿再去小说中加强这种恐惧？当人们的生活空间已经被科学家的种种实用性想象占满，谁还乐意去看小说家们能为未来的物质世界提供什么？而当下，在一个被科学和金钱统治的时代中发不出自己声音、想象力枯竭已经成为小说家的通病。如今读到的小说很少有能给人带来想象快感的，由于缺乏想象，小说便构建不起自己独立的思想空间；即使间或生出一点，也因为缺少对独立思想空间的保护而失去发展的可能性。现代传媒的本质是拒绝思索，尤其是独立的思索。它每每采用将一种思想波普化的手段，在瞬息之间将一种独立的思想变成人云亦云的大路货，变成转瞬即逝的精神垃圾。现代传媒是通过消解思想的时间深度和历史感来实现对思想的谋杀的，它不给思想以自我生存和发展的时间，也便从根本上摧毁了思想的生存空间。当代大多数小说家都没有给自己的思想以时间的深度，他们没有耐心对世界做长久的思索，而满足于对世界做一种瞎子摸象式的感悟，然后将这点感悟拍卖给现代传媒，以换取一瞬之间的明星桂冠。思想失去了时间深度便失去了整体性。碎片式的思想正是现代传媒所需要的。它每天都以巨大的吞吐量制造精神垃圾，而大多数的小说家每天也就从事着这种为现代传媒提供思想碎片的工作。小说实际上已经成为现代传媒的一部分。由于小说失去了想象力和思想的时间深度，小说的话语也就在本质上失却了独立的审美性而成为一种实用性、波普化的公众用语。小说的语言应当只是一种书面语，小说话语的非实用性是小说纯洁性的标志。而当下的小说家们要么努力将波普话语引进小说，要么努力使小说话语波普化。王朔的小说语言就是这两种努力的典型例证。不少批评家提出小说要消解权威话语，这当然是就小说与意识形态的关系而言。在我看来，波普化的时代是不可能在小说之外另建权威话语的。面对着被消解了时间深度的意识形态世界，恰恰是小说应当而且必须建立起自己的权威话语，以对抗现代传媒的波普化，保护思想的时间深度。

从这样一个小说危机的大背景上看，湖南小说创作的徘徊不前算不了什么。不过整体危机的解除依旧依赖于各个部分的突破，湖南作为一个文学传统深厚的大省，是可以有所作为的。一个小说家，即使其他什么责任都不愿担当，至少应当为小说承当一点责任。

“纪实文学”的风风火火是近年来支撑人们文学信心的又一个话题。这是一个鱼龙混杂的文类。谁也无法否认在“纪实文学”这个名目下集聚着一大批好作品，不仅仅是读者喜欢看，而且品格也不低。不过，“纪实文学”作为一种独立的文学体裁的本质属性是什么呢？纪实与虚构之间五五分还是三七分？这不仅是一个量的问题。文学给予人的本质快感是虚构的快感，一位作家，无论在纪实上多么出色，都不可能充分满足人们的虚构快感。纪实文学的兴盛或许是一个暂时现象：一方面因为创作小说的想象力贫乏，纪实文学乘虚而入；一方面因为社会处于一个大的转型期，人们对生存现实处境的关心超过了对艺术的关心；另一方面则因为国家刚刚走入一个“冰冻新闻”的解冻期，许多原来被封锁的新闻被挖掘出来，满足了人们重新认识历史的愿望。记得 20 世纪中叶美国也流行过一段纪实小说、新闻小说，时隔不久便式微了。纪实文学当然可以存在下去，但作为小说的某种补充，它不可能也不应该成为文学的主体。

权延赤的《龙困》（载《芙蓉》1995 年第 1 期）像他以往写领袖的篇什一样，具有一种历史的沉重感和正义的力量。在两个高级军事领导人之间，作者充任着历史审判者与道德审判者的双重角色。这篇文字有很重的终极审判意味。人物的塑造（我总以为权延赤作品中的领袖人物形象在很大程度上借助了想象、推理，甚至虚构）富有浮雕感，道德与人格的视点给幽冥的政治历史墓穴烛燃了一盏灯火。作家没有拘泥于对历史烦琐细节的叙述，而是将笔墨集中在对人物精神气质的表现上，从而删减了作品的“新闻性”。《落日黄昏》（载《芙蓉》1995 年第 5 期）的作者则使力于对日军投降内幕的“揭秘”。这种定位使文体显得更加单纯。“芷江受降”是中国现代史上的大事件，半个世纪以来还隐藏在浓厚的政治烟云之中，其间许多鲜为人知的“冰冻新闻”的确尚有发布价值。不过作家叙事的琐碎和文字的平淡使这篇原本没有多少文学性的作品更少了一些阅读的愉悦性。

散文兴盛于“报屁股”也将衰败于“报屁股”，当众多的职业写手在报纸上写专栏，扮演流行“文星”时，散文正在成为文人堕落的另一种标志。《芙蓉》在散文的编发上仍执着于散文的本义，把品位摆在很显赫的位置上。钱谷融和邵燕祥的散文，以其深厚的学养和经历，平平淡淡地叙说往事，让人在往事如烟的感慨里体味一种人世的温馨。《断梦编年》（载《芙蓉》1995年第1期）像一串人生的珍珠，将生命历程上闪光的瞬间串联起来，晶莹剔透而又自然淡雅。徐开垒的《逝去的岁月》（载《芙蓉》1995年第4期）、叶蔚林的《山中笔记》（载《芙蓉》1995年第4期）也都属于这一类打捞人生、咀嚼人生的篇什。每一个生命都是一部历史，将这厚重的历史打磨成一串人生的项链本身就是一件极富诗意的事情。在这里我们读到的不仅是过去岁月的人生故事，而且是作家面对历史与人生时的怡然心态。《纸上的舞蹈》（载《芙蓉》1995年第6期）从一个特殊的通道将读者导向历史上那些伟大的艺术生命。李元洛以自己对书法艺术的独特领悟引发了一场与李北海、怀素的秉烛之谈。书法将书家们的生命力度、人格操守、真情率性凝固下来，让千百年后的人们用生命和心灵去捂温、去复活。作家以自己健旺的生命力去感悟古人的生命力，并把这种生命力传输给读者。近年来李元洛一直在散文中与历史上那些伟大的艺术灵魂对话，希望能将这些在民族历史上曾经熊熊燃烧的生命之火、艺术之火、精神之火续接到当代来，使当代的文化人，乃至全部国人有一次真正的精神涅槃。

这几年在散文界，湖南涌现了一批声名不错的青年选手，他们或智慧，或坦诚，或乡愿，或诡异，按照各自追寻的方向奋力拓宽散文的疆域。他们的散文话语日渐圆熟，也显示出某种职业写手的生产能力。不过我总觉得，散文应当是一种自由的、没有定规的文体，它的魅力就在于怎么写都可以被视为正宗。散文还应当是一种业余性的文体，不需要蓄养太多的专职写手。散文并不需要太多有关散文的知识、学问来滋养，它需要的是散文之外的东西，比如哲学、宗教、法律、科学、艺术等等；散文并不需要作家有某种固定的情感模式，需要的是人世间各种各样的情感。散文不是大海，只是一朵浪花、一星飞沫，但这朵浪花、这星飞沫一定要是从大海里溅出的，能够反映出海的博大。历史上绝大多数的好散文不是出自散文专家的手笔，原因就在于散文家们的散文不是大海里的浪花和飞沫，而只是山涧和小塘里的水花。无论就传达思想还是情感而言，散文都是一种更通俗的文体形式。这不是说散文不能写得高雅，而是说高雅在散文中比在别的文体中更容易使人感觉到，更容易让人接受。一个时代的伟大思想、伟大情感每每借助散文来传达，这样散文便获得了诞生名作的机会。当下的散文虽然热闹，却尚未承担起构建新的人文精神的使命。本次散文热适以港台及 20 世纪 30 年代闲适散文发端的，在基本的精神取向上趋向于消解人文精神，在情感取向上是一种心灵的自我抚慰。尽管作为对这种趋向进行匡正的学者散文受到了读者关注，然而这些学者自身思想的博杂使得此类散文缺少真正的建构力。本次散文潮的上行空间不大。在不久的时间内散文将成为最波普化的文学样式，成为精神按摩和消闲的一次性消费品。

最初注意到曾德旷不是因为长诗《混乱与挣扎》（载《芙蓉》1995年第3期），而是《芙蓉》先行刊发的三首短诗（参看《静寞的菊》，载《芙蓉》1995年第1期）。诗中意象组合的张力和充满了神经的紧张和悸动的热情，让人感到一种理智的压迫和诡异的魅力。其实那三首诗还很生涩，意象缺少打磨，情绪缺少节制，但他的诗似乎不需要这些，需要的只是混乱和混乱中挣扎的力量。长诗的标题极富象征性和概括力，像贾平凹的“浮躁”“废都”一样，都是可以概括一个世纪以来民族精神状况的大题目。近代以来，我们所有的文化人不都在这张混乱的文化之网中挣扎吗？而这种挣扎又反而把风尚弄得更加混乱。曾德旷选取了中国文化史上那些最具象征意味的意象——秦俑、孔林、女尸、飞天和佛陀——作为自己的话题，以开始自己在这张文化巨网中的精神挣扎。诗人并不希望把这种混乱澄清，而只想借助这种挣扎释放自己郁积的激情。祖先的辉煌与卑微在诗中并不构成价值参照，所有的史事都只是常识，不包含正、负价值的常识。诗人以自己的炽情将这些常识濯洗过一遍，然后播撒在诗中，使之像晶莹的石英在沙砾中闪闪发光。同时，诗人的灵魂与之挣扎的也正是这些常识。古人的生命早已逝去，他们的故事化作无数历史的、文化的常识，羁縻着一代又一代的后人。诗人将自己漂泊流浪的地理空间与文化流浪的历史空间结合到一起，从而描绘出自己追索、行吟、挣扎的心灵历程。诗歌的这一外在构架并没有最终控制着诗人熔岩迸发的激情，整首诗就像一次灵魂挣扎的过程，愈往后愈混乱，愈混乱愈挣扎，直至最后心力交瘁地躺倒。曾德旷一方面对历史无情地嘲笑、鞭笞，同时又自嘲自讽。其情绪始终在极度的沮丧与极度的昂奋、彻底的绝望与决绝的期望两极之间冲撞。他像一个历史的弃儿、文化的侏儒，又像一位先哲和预言者，他胡说八道而又惊世骇俗，他精神错乱而又清醒异常。在一个诗人们竞相将诗作摆进精品屋的时代，曾德旷的诗是粗粝而尖利的，一切像把玩雨花石一样来把玩他的诗歌的人，都将被刺破手掌和已经麻木的、长满老茧的心灵。也许不少的诗人也感受到了类似的痛苦，可他们不敢叫喊，他们忘了叫喊是诗人的本义。曾德旷诗歌的力量不在于他忍受了灵魂的痛苦，而在于他毫无忌讳地叫出了自己的痛苦，不在于他的灵魂在历史的混乱中挣扎过，而在于他毫不掩饰地将这种挣扎展示在你的面前。这里没有优雅，没有节制，没有闲适和聪慧，有的只是灵魂痛苦到毁灭边缘的、见血见泪的诚实。才华在他的诗中是充溢着的，像旋风中的船帆，鼓得很满，而且旋转着仿佛随时倾没。曾德旷的才华本身具备着一种精神悸动的内在力度和不循常规的奇险，这种才华是以生命的剧烈燃烧为能量的。

诗歌当然还可以有别的写法，别的写法也当然可以将诗写得很好。石太瑞的故乡恋歌唱了几十年，但这一次的《故乡之恋》（载《芙蓉》1995 年第 3 期）却在清脆悠扬的木叶声中，增添了更为沉重的人生分量。铅华洗尽的文字，朴拙单纯的意象，表达着笃实深沉的生命体验，石太瑞让我们看到了故乡作为他乡游子的精神乳母是怎样随着诗人的成长而改变着模样。另外还有廖志理、陈惠芳、骆晓戈、谢午恒，等等（参看《芙蓉》1995 年第 3 期），他们以各自的指法弹奏着现代诗歌的和弦。

关于诗歌的前景，我似乎无话可说——诗在当代社会的处境就是一种无话可说的处境。在理论上，人类是离不开诗歌的，因为灵魂需要诗意的滋养。然而“诗意”是什么呢？换言之，当代人所渴求的“诗意”是什么呢？将波普话语配上节奏就是诗？将爱情流行色变成文字就是诗？将精致的感觉摆进精品屋就是诗？当代人还有可能为一首诗而共鸣而心跳吗？当代的诗人还找得到诗的泉眼吗？如果心灵是诗的泉眼，那愈来愈严重的心灵沙化是否将会最终埋没这个泉眼？！如果乡土是诗的泉眼，那么乡土在现代社会正愈来愈变为一种奇迹、一种遗迹，它与人类的那种日常关系已变得十分疏远，它还能在多大程度上影响人类的感情？如果人类自身的创造力是诗的泉眼，那么人类正把自己的创造力变得越来越不是奇迹和福音，创造力在物质世界的发挥差不多已经使灵魂找不到自己的居所……诗人在失去了这一切之后是否应该回到最初的出发地，以最单纯的语言坦露心灵，以最朴素的情感面对读者，以最铿锵的节奏歌咏良知？！一句话，将整个的灵魂以最简单纯朴的方式摆进诗中去。当代诗歌距离史诗和民谣已经太远，不仅仅是语言和节奏，还有那种淳朴、鲜活的诗质。诗应当永远是一种民间的歌谣，是流浪者的行吟，是灵魂在最不需要遮掩和装饰时的对白。

一位朋友曾经预言：我们将是最后一群写书和读书的人。我至今无法接受从电脑的光屏上阅读小说和诗歌的想象。但愿人类永远需要诗歌。但愿永远有人愿将带露的玫瑰夹进诗集的书页。

原载《芙蓉》1996年第3期

评论一回评论家

吴亮

吴亮无疑是新时期最富生气、最用脑力的批评家。他的别出心裁和一针见血每每给文坛以诧异、惊扰和震颤。吴亮当然很聪明很会用聪明，他能用智慧用思想来掩饰和填补他在艺术悟性方面的钝滞。吴亮的长处在于他一旦抓住了某种感觉，即使这感觉并不多么深刻、多么重要，也总能填塞进许多思想又演绎出许多思想，总能写得有声有色一鸣惊人。他那些看似感性的印象式批评，其实是一种深思熟虑的逻辑推论的组合，他的感性批评因而比别人的更深刻、更犀利，显得分量更足。吴亮爱下判断也敢下判断，他的那些预言实质上是一种推理的冒险和判断的赌博。这冒险和赌博使吴亮付出了代价并无可奈何，因而他的声名总在深刻犀利与信口雌黄两极间晃荡。吴亮有那么一点超凡脱俗，他那很高很高的心气无法容忍自己的平庸。他要用那些苛刻的言辞、讥讽的口吻和赌徒式的预言铸一个形象，这形象是要能冲出中国走向世界的。这形象成了折磨吴亮的恶魔，因而他总是焦躁不安步履匆匆，仿佛被谁疯狂地驱赶又仿佛和谁死命地较劲。吴亮对他人的不宽容源于对自己的不宽容。单篇地看吴亮对某些作家、某些作品、某些现象敲打得很准确很独到很利索很过瘾，但若将他所有那些大褒大贬的高文宏议拢在一起，就显得零星庞杂、似是而非甚至前后矛盾，我们很难弄清，其实他自己也未必已经弄清，他究竟应该选择什么样的文学。吴亮的思想固然富有洞见，但却是混沌的、零乱的、太不系统化的、太不哲学化的，他的文学批评本质上就是他的思想过程的展露，也是他文学选择的困惑的展露。他无法避免却又并不满意于这种展露，于是便自觉不自觉地以那振振有词的形而下判断来遮掩自己形而上选择中的两可，以那偏执激烈的评论方式来遮掩自己艺术思维方式的中庸与平稳。吴亮当然很神往很醉心于那种纯粹思维的抽象境界，然而在太多花里胡哨的观念、太少真挚深沉的思想的新时期文坛，吴亮却是以他那偏于实用偏于守常的文学思想赢得作家和读者的。这是文坛的幸运也是文坛的遗憾，这是吴亮的聪明也是吴亮的悲哀。当然，吴亮就是吴亮，是不做无病呻吟的吴亮，是不留情面不畏权威的吴亮，是别人不可替代的吴亮。读读那一篇《一个臆想世界的诞生》吧，其间有整个儿的吴亮在。

曾镇南

曾镇南是有些老态了。他一度带给批评界的那份鲜活，正为他愈来愈显沉重的沉沉暮气所笼罩。在新时期批评家的行列中，曾镇南很突兀地站立在新老两代之间。是他使已见式微的社会学批评在新时期有过一次耀眼的曝光，但他并不是新时期最后一位社会学批评家，甚至也不是最有成就的一位；他的出现预示了新一代批评家的崛起，但他却算不上新时期的第一位新派批评家，甚至连新派也算不上。曾镇南亮相于批评界酝酿裂变的沉寂时刻、新老交替青黄不接的当口，这时刻即使他本身并不十分明亮也注定会引人注目。这不是曾镇南的投机但却是他的幸运，这不是历史的必然但这是历史的事实。曾镇南的文学批评，兼有他对社会政治的热情敏锐与冷静精明，他的孤芳自赏使他的见地往往不合流俗。不过就文章论，曾镇南太恪守经典太执着于一种思路，因而将自己逼进了一个狭小的思维空间。他的王蒙研究，大抵是近年来的呕心沥血之作。但他在社会、政治价值向度上的某些恰切之论，并不能掩盖他在文化、哲学以及艺术价值向度上探究的贫弱。他仿佛是将一个很大的王蒙死命地按进了一个小小的匣子。曾镇南无疑感觉到了自己与时下批评潮流的某种隔膜，他无疑意识到了自己正面临着一次重大的选择而且不能不选择，于是他选择了当最后一个“渔佬儿”的命运。他故意拒绝了许多他本可以接受的新理论新观念，似乎是为了保持他所操持的理论的纯度又似乎是为了抗拒诱惑以坚定自信。他频频与人做理论上的交锋，但却时常显得很急躁很虚弱，以致需要摆出架势需要提高声调需要做出某种与理论探讨本无关系的暗示。其实他的论敌并不那么强大，他们的理论也并不那么严密周全。作为理论家，曾镇南的思路似乎是常识化、经典化、封闭化了一些。不是论敌将他的理论逼向了尴尬之垓，而是他无力为自己所恪守的理论注进返老还童的生命活力。曾镇南是新时期文坛不该忘却的一位人物，他曾经冲锋陷阵勇敢拼搏，现在也正以悲壮的努力逃避这种忘却。

李劼

李劼正走火入魔。他是注定要走火入魔的，除非他什么也不干。他那偏执的激情与喷薄的才华，推着他拥着他使他怎么也走不到周圆公允的路上去。他寻找理论的框架并一头扎进去，乍一看以为他是为了使自己那一腔鼓荡的才情有所囿束，其实他并不受制于理论的规矩。他是一位理论的魔术师，谁也闹不清他会从一种理论原型中变出个什么面目全非的新玩意儿来。他从人学走向文本，这是人本主义与科学主义两极间的一次大跳跃。他似乎只轻轻一抹便夷平了二者间森森然难以逾越的门户高墙。如今他玩这种语言结构的游戏玩得挺认真挺着迷，看上去也挺在行，只是他将太多的人文精神注进了这片纯科学的领地，因而内行人觉得他太任性老犯规，那游戏他没法和别人一块儿玩。他的艺术悟性和理论直觉也许很灵敏很鲜活很深刻，但他却难以将这一切编织成一幅很规整很道地的逻辑织锦。没有理由说他走错了门，他写小说并不比写理论文章更得心应手。他算得上文坛的一位怪才，他能即兴地、随意地提出许多新颖的理论观点，但他却总没有耐心也没有能力将它们阐释清楚。他的批评很个性化，因为他真诚地迷信某一理论的价值功能；他的批评很固执，因为他坚定地相信自己的理论选择。他的诗人气质造成了他理论上的痴迷症和偏瘫症。他爱穷掉文袋，爱恣肆艺术悟觉，爱铺排人生体验，爱小话大说、活话死说——一句话，他爱使性逞才。他的文章很热情、很飘洒、很有冲击力，也很有几分书生气的稚拙与执拗。他的存在使那些注经式的理论家显得很小气可怜、很陈腐迂阔，散发一股浓重的冬烘味，但同时我担心他会不知不觉地将自己拉上中国古代才子式的思维道路，因而终将造不出一幢恢宏的理论大厦来。

南 帆

南帆很淡泊。别人秉持着新理论新概念新方法，竞相在批评界扯旗放炮时，南帆却满怀兴致地盘桓于文学理论那些古老的基本命题间。他像凭吊古战场般在这些理论的阵地上漫步。他并不一定要向这些堡垒发动新的攻势以最终插上自己的旗帜，更多的只是想通过实地踏勘以避免对那些既成结论的草率认同。他治理论似乎不是为了满足一种在理论疆场上的拼杀欲称霸欲，而是为了加固自身基础理论的建设。因而他早期的理论文章基本上是这种从容散步式的理性记游。南帆的艺术趣味是纯诗的，他的理解与感悟的方式是中国古典诗学的。这当然与他治古文论并得其熏染有关，但更主要的应该是一种天生的禀赋。他的气质更适合评诗，但在诗已非诗的今天他更多地关注小说。评小说他很审慎很有选择，我是说他的艺术趣味很纯正也很单一，尽管他努力拓宽自己的艺术感悟区但显然收效甚微。对于好些被称为“伪现代派”的小说，不是说他不能感悟，而是说在很深邃很隐秘的心灵层次上与之抵牾。他明白那是一种艺术方式他应该接受，但他至少不能接受那种人生态度。这其实有利于他做尖锐的文学批判，然而没有，他一扭身走进了自己的艺术理论研究的领地。他关于新时期小说艺术模式演变的著作写得很沉稳很踏实，但不警奇不峭拔，他似乎只是将那种诗学式的感悟以很谨严很缜密的逻辑关系做了理性的表达，其间缺少了那被人叫作“理论锐气”或“理论气度”的东西。面对具体的评论对象，南帆的感悟挺细心挺锐敏，他的理解挺周全挺深沉。遗憾的是他时常玩味这感悟的敏锐与理解的深沉以致沉溺于这种玩味而难以从对作家作品的深刻认同中超拔出来。这是因为南帆深刻地理解创作的甘苦以及由理解而衍生的对作家精神劳动的真诚尊重，是因为南帆的淡泊以及由淡泊而衍生的对作家作品的宽容，还是因为他的思想穿透力终究显得羸弱以及由羸弱而衍生的批评胆识的不够？南帆正向着中西古今贯通的路上走，他有那新一代批评家中很少人有的理论功底与淡泊心境，也似乎表明他可以在这方面有所成就。然而当他正朝着这一诱人的目标奔走的时候，他是否发现或是否思忖过自己还缺少一点什么？

赵　玫

应该说，就文学批评而言赵玫要逊色于以上诸家，她的文学评论尚未给人留下深刻的记忆。但她那连篇累牍的关于作家的批评家的印象记近年却颇惹人注目。当然，赵玫因印象记闻名，无疑是因为她写小说也写评论的缘故。她的两栖加上身为编辑加上身为女性，使她更容易成为文学活动家一类的人物并拥有极多的作家、批评家朋友。她大概很热情很乐于交友也乐于助人，在希望理解友人的真诚愿望之外，她写印象记笃定隐含着为哥儿们姐儿们鼓吹鼓吹的心意。毫无疑问，赵玫很富有，因为她有许多朋友，但她真有那么多朋友吗？我是说真正理解她的朋友。对这一点，她自己似乎也犹疑不定，于是她心里有些虚空，于是她努力地去理解友人以换取友人的理解。于是她的印象记在漂亮潇洒之中有那么一缕可怜兮兮的酸愁，在女性纯真的妩媚中掺杂着一点文人的媚态。当然，印象记之于赵玫主要是一种理解的方式、自娱的方式乃至人生的方式。如同写小说般地理解自己的朋友、创造自己的朋友，也借此理解和创造她自己，她的朋友便是她的人物，于是她自己也成了她的人物。这是一种特殊的人生表演，她很看重这表演，因而印象记在她这里便获得了特别的意义。作为一名严格意义上的批评家，赵玫不算出色，对于朋友生活细节的感悟显然比对他们小说或评论的感悟让她更有兴趣也更敏锐。在艺术批判的理性王国中她的思维之刃并不锋利，因而她苦心经营语言。她的语言兼有浑然天成的女性的漂亮和多少有些模仿来的男性的潇洒，她那自然得让你惊讶的佳句奇句和造作得令你作呕的歪句病句差不多同样醒目。她相信语言的方式即思维方式，故她用语很用心也很内行，她懂得用怎样的语言可以掩盖自己理解的贫困，因而她那种老长的多折的翻来覆去颠来倒去好像很理性很逻辑很雄辩的句子，便不时出现在她认为很关键的部位。尽管她每每改变自己叙述方式和语感以适应不同写作对象，但她的叙述总是唠叨的缠夹的，这和她女性的细腻有关，也和她捕捉感觉的摇晃不定、表达感觉的模糊不清而又希望把一切都说满说透的欲望间的矛盾有关。对于赵玫，我想批评的不是她写了太多的友人的印象（这当然是一种有益于文学的工作），不是她那种语言方式，也不是她那一份努力理解人也渴望被人理解的真诚，而是她那一种温情脉脉的洒脱下掩藏的媚俗。

1988 年 10 月 30 日成稿于千佛山下法能寺

原载《创作与理论信息》1989 年第 2 期

“小说家言”与新时期小说史
——《新时期作家创作艺术新探》读后

“小说家言”在中国，素来是不怎么登大雅之堂的。小说家的话在小说中说，这是中国古典小说家的一种风度和境界。跳到小说之外说长道短，不是功力不逮，也是画蛇添足。小说写得如何，读者自有评说。纵然小说中有多少神来之笔，那好话也只能由评论家来说。若自己按捺不住演说一番，即使人家不说你王婆卖瓜之类，你自己也会觉得太少含蕴太掉分子。这也是整个中国文学界由来已久的一种传统，因而不唯小说家，诗人和剧作家也大都如此。

这种传统虽然古老，但在理论上却与现代西方的文本批评合拍。曹雪芹创造了《红楼梦》的文本，然而关于这一文本生成的秘密人们却只能去问脂砚斋。其实曹翁关于自己的创作并非无话可说，他甚至情不自禁地在小说中发出了“满纸荒唐言，一把辛酸泪。都云作者痴，谁解其中味”的喟叹。一方面是作家对读者文本接受能力的极不信赖，另一方面则是作家将其创作艰辛，包括对读者文本鉴赏力的怀疑化为了小说文本。这种矛盾的举措是很耐人寻味的。或许这也是一种无可奈何的选择吧，不过这选择反倒使小说史家颇为作难。中国文论要求对入史对象“知人论世”，而小说家留给他们的却只有文本，于是只好求诸索隐。“索隐派”的牵强附会自不必说，新旧红学之争已能说明一切。即使人们对其可靠性不做苛求，他们可以索隐的天地也是极其狭窄的。迄今为止，人们对于《金瓶梅》的创作情况依然知之甚少。文学史上这些无法钩沉的疑窦究竟是谁造成的？换言之，这种小说家不在小说之外言小说的传统，究竟是小说家自己，还是小说史家和评论家造成的，这实在已是一个十分暧昧的问题。

好在现代、当代的小说家们，已远不像前辈同行那般迂阔。虽然他们也同样重视小说文本，但于文本之外再谈点什么，至少已不觉汗颜。这定然与他们师法西方作家有关。相对于中国古典作家，西方小说家是不惮在小说之外谈论其主题和技巧的，他们甚至认为自己比任何批评家都有权谈论这些问题。雨果就曾毫不掩饰地宣称：“想剥夺诗人的评论权，这想法真是怪。请问，有谁会比矿工更了解矿井里的坑道？”

雨果的坦率与自信，确实比他所陈述的理由更让人激动。倘若就文学理论本身的价值而言，雨果的偏颇是显而易见的。为矫正这种偏激，西方的文学史付出不小的代价。20世纪西方的文本批评理论，就正是对雨果式偏激的一次矫枉过正的反驳。这是西方批评家为救赎批评的独立性与纯洁性所做的一种努力。与中国古典作家的不做创作谈比，西方人所做的更多的是一种技术性选择，而中国古典小说家则更多是一种伦理选择。然而，无论这两种选择的差异性有多大，它们都不再具备阻止小说家谈论自己或他人创作的力量，甚至无法抵御这种铺天盖地而来的“小说家言”对文学批评家和文学史家工作的独立性的干扰。

既然“小说家言”已成为如此普遍、如此充满活力的一种文类，并已向传统的文学批评提出严峻挑战，那么，这本身是否就显示了它存在的理由和价值呢？当代批评的萎缩是一种世界性现象，中国新时期批评家的“角色逃离”也愈演愈烈，传统式文学评论日渐失却读者和作家的信任。在这种状况下，“小说家言”的勃兴当更引人注目。作为一种新的文本（准确地说是过去不曾被重视的文本），“小说家言”既是小说文本创作的自然延伸，是独立于小说文本之外的一种关于小说文本生成的文本，它同时又是一种前批评文本，一种以个体经验为理论前提的批评文本。如果像英伽登那样将文学的魅力归结于关于作品本身的“传说”和“神话”的话，那么“小说家言”又因此而获得了历史文本的许多特征。因而它的粉墨登场无疑会改既往小说史二分天下的局面，即由小说文本和批评文本构成小说史的局面。这倒不是说过去的小说史中从未征引过“小说家言”，而是说它只是作为批评文本的一种附庸偶尔被带进小说史。而作为一种独立的文本，它将不仅为小说史带来新的素材，甚至可能拓宽小说史编纂的思维进路，更新小说成文史观念，使小说史在更准确的意义上成为一个时代的小说家的心态史和艺术技法的演进史。

对于“小说家言”与小说成文史之间可能发生的各种关系，已开始有人予以关注。近年“作家创作谈”一类书籍的编辑者明显增多，编选思路也由过去纯粹的“经验谈”而逐渐拓宽，更多地显露出勾勒小说史轨迹的企图来。新近读到的《新时期作家创作艺术新探》一书（人民文学出版社 1991 年 9 月版，下文简称为“《新探》”），这种意图更为鲜明。编者彭华生、钱光培有一个大计划，他们想将新时期十余年来作家“小说创作谈”方面的文章收拢来，编辑成一套丛书。这一计划本身就表明编者已把“小说家言”视为一种独立的文本，并希望通过这种文本独立地显示出新时期小说的历史面貌。我们过去见过不少以编年史形式编辑的大型小说选、大型评论选，这些选本也大都能透露出某一时代文学史的信息。然而以编“创作谈”来描绘一个时代小说的历史风貌，这种设想确实是新颖而大胆的。

编者的愿望究竟能在多大的程度上得以实现？这一问题要待丛书出齐之后方可判定。但《新探》作为其中一本，至少已让我们看到了“小说家言”作为一种文本揭示新时期小说发展的史学意义的可能性。

与小说文本、批评文本相比，“小说家言”为小说史提供的，是一代小说家的心态和技巧、小说家的个人修养与时代艺术风尚之间关系的信息，这是一种个性化和经验性的信息，它更直接也更敏锐地报道着小说艺术变革的历程和文化时尚形成的根源。在《新探》所辑的那些极为个性化的文字中，我们可以体味到作家面对某一艺术的基本命题、某一时代性主题、某一种小说文体时惟妙惟肖的个体心态。这些个体心态汇集在一起，便形成了新时期小说在文化和艺术品位追求中偏执与浮躁的整体心态。尽管他们在谈论自己和他人的创作时或谦逊或浮夸，或坦诚或狡黠，或平易或霸气，或中庸或偏执，或巧言辩慧或装愚守拙，或一针见血或绕来绕去，或老话新说或新话老说……但从这些姿态万千的文字中，我们不难感到面对传统与现代两种价值观时，一代小说家不知魂归何处的惶惑心态，不难体味到他们在追寻文化内蕴而又未获文化定力时那种飘飘荡荡的感觉。当代法国的新史学派，特别强调心态史在整个历史领域中的地位。小说史作为一种独特的心态史，更应注意一个时代小说家的群体心态。因为小说家的心灵，每每比其同时代人的心灵更为敏锐和丰富，更能传达时代的精神特征。如果说一部优秀的小说史就是一部时代的心灵史，那么，没有任何一种文本能像“小说家言”那样为史学家披露小说家如此丰富的人格秘密和文体秘密。它几乎是一种不受文体限制的文体，是小说家无拘无束的自白方式。在这里小说家不需要隐瞒，他们自己表演自己。当然在表演中难免有人化妆，而化妆本身就是某一种心态的泄露。

不论多数小说家在表述理论命题时多么笨拙，但在这种理论的笨拙中却往往掩藏着他们对艺术技巧真正的敏感。这些雨果所称的“矿工”，对于巷道内地层的微妙变化确有一种近乎本能的感悟力。小说家的某种新的艺术追求，在小说文本中常常被读者忽视，甚至难以被评论家关注。一种新的艺术质的生长，大多在早期被理论排斥，这时小说家的自我确认或相互肯定便极为重要。而这种新的艺术质生成的背景、契机及其独特的历程，也只有小说家自己的叙述和阐释最具权威性。小说的进化是小说艺术技法的进化，而就小说艺术变革的深层信息而言，“小说家言”会比小说文本与批评文本为我们提供的更直接、更生动、更丰富。

《新探》所辑的文章，基本上是小说家对小说创作艺术的探讨，涉及的主要是小说生产流程中的技术性问题。这表明编者已将创作技巧引入了小说美学和小说史学的研究范畴。这对纠正中国文人不言技法的传统会有一些效用（而古典作家不在小说文本之外谈创作的原因之一，就在于他们在理论上对创作技法的蔑视）。

由于“小说家言”这一文体形式的自由和内容的芜杂，编选工作的难度是可以想见的。编者自白，仅就如何将文章归类这一点就曾煞费苦心。既然这种以主题分类的方式容易造成纠缠，那倒不如不分主题，仅以时间先后为序编排来得洒脱。这样既可免除归类不当之虞，也可使文章在排列方式上与历史的发展同步，从而更清晰地显示出新时期小说发展的历史轨迹。不过，这又可能造成读者查阅资料的不便。既然熊掌鱼肉不可兼得，编者的选择也就无可厚非了。另外，书名与内容的不甚相符大概并非编者的疏忽，而是出于某种商业性考虑。既然内容全是小说家谈小说创作，冠以“新时期作家创作艺术新探”之名，就多少有点“名不副实”之嫌了。书中还有几篇文章，其作者在新时期并无什么创作，谈的也不是新时期小说的内容，似乎是可以删除的。当然，这些都算不上什么缺陷，只是因为丛书尚未出齐，挑出这点白璧微瑕，以便后面的书编得更好。

1992年酷暑中于长沙

原载《理论与创作》1992年第6期

语言在文学中的躁动
——论部分青年小说家的语言探索

一

尽管许多语言学家认定：语言的变化是一种神秘莫测的现象，人类有限的感觉能力难以觉察。但语言在新时期文学中的躁动，我们还是强烈地感受到了。特别是在我们遭受了莫言小说的“密集轰炸”之后，这一感受尤为真切和强烈。

新时期文学的躁动，肇始于朦胧诗。是舒婷、北岛、顾城这群羞赧而任性的丑小鸭，率先啄破了封冻已久的语言之壳；继之是王蒙，古今中外，文白雅俗，兼取百家而自铸一格，他那驳杂而洒脱的文体，撩动了人们已经变得近乎麻木的语言感觉；接踵而至的是何立伟、阿城、韩少功、张承志、莫言、王安忆、徐星、残雪……他们将语言的价值供奉在小说诸种价值中最惹眼的位置上。其小说，几乎是以一种“咄咄逼人”的语言魅力，无声但却自信，甚至自得地提醒人们：完全撇开文学语言你们还能像过去那样得心应手、头头是道地对小说说些什么吗？！他们的语言，读者和批评界固然褒贬抑扬，颇有轩轾，然而这种争议本身便构成了一个无法否认的文学实事——文学语言，已经成为艺术评价与论争的中心话题。这表明，我们的作家及其文学，已经或正在走向一种语言的自觉。

文学语言的躁动，根源于作家的语言困惑。古人曰：言为心声。而新时期的作家们，却深深为语言无法传达心迹而苦恼。“类分的方式已毒化了我们的语言。量子力学家们就认为常规语言无法完整地表达他们的观念。我也常觉得，现代哲学的真正建立，必伴随着新的语言出现——电脑语言？艺术语言？我暂时还看不到前景。”[1]唯有传统的常规语言已无法完整地表达现代人的观念，作家才纷纷尝试语言的创新；唯其暂时还看不清语言发展的前景，新时期文学语言的探索才呈现出这种多元多向的趋势。人们说，新时期文学语言的探索，有如一股荒野上无定的旋风，弄不清在向哪个方向吹。无论这风向着哪方吹，至少我们可以找到其风源。这风源就是韩少功在上面一段话中指出的现代人的情感、观念与传统语言之间，即发展了的现代思维与滞留不前的语言传统之间难以消弭的深刻的内在矛盾。既然如此，那么任何一种旨在消弭这一矛盾的语言探索，不管它以何种方式出现，都绝不会是毫无价值的，更何况文学语言最忌众口一词、千人一腔。因而新时期文学语言探

1　摘自韩少功给笔者的信。

索的这种个性化与多元化，在其文学的本质上标示出了一种执着的美学追求。

本文不奢望对整个新时期文学的语言躁动做某种宏观的描述，而只想就莫言、乔良、韩少功、何立伟、张承志、残雪等青年小说家近年的创作，进行一种具体的语言分析，进而从他们个性各异的语言探索与创新中，找寻出某些共通的趋向。宏观的描述固然高屋建瓴、气势恢宏，然而语言的变化却总是星星点点地缓慢地悄悄地进行着，具体的分析或许更宜于感受其脉冲的变化，把握其潜流的走向。

二

毫无疑问，小说中任何人物的情感经历、心理体验，都应该也必然是作家自己的经历和体验，是作家在生活中曾经亲历，或是进入创作状态后对人物特定心态的模拟和体验。文学史上，之所以永久地流传着那些关于作家与作品中的人物同喜同悲以至欣喜若狂或痛不欲生的掌故，不过是为了强调作家情感体验的真实性而已。然而，在传统小说中，我们却时常感到人物心理描写的失真。这种失真除了作家对人物心理把握上的失误外，更多的是一种语言表达上的讹误。

传统小说中，心态描写常见的语言形式不外两种：其一是心态意象的间接转述，其二是心理分析。前者是作家直接站在人物与读者之间，多以一种比喻的方式，将人物经过情绪变形后的心态意象与客观对应物勾连起来，构成一种“似”“像”“如”的表层逻辑关系；后者则是作家如外科医生般地向读者解剖人物心灵，人物丰富的莫名的心理变化被生硬地塞进了一个主观臆造的简单的逻辑框架之中。如此两种传达方式，都不可避免地使作家成了读者与人物间的某种阻隔，从而造成信息传导上的失真。而青年小说家们，则努力避免这种语言表达上的失真与讹误。这种变化不只是从句中删却“像”“如”一类字眼，也不只是摈弃一种比喻形式，其本质意义在于他们改变了语言的表达方式，即由心态意象的间接转述变为心态意象的直接呈现。可以看到，他们几乎是将一个个真切而离奇的意象，鲜活水灵地捧到了读者眼前，将读者完全带入了那既亲切又陌生、既明朗又朦胧的人物的心灵世界。读者不再像在传统小说中那样感到作为叙述者的作家的强行介入，不再感到是作家在间接转述人物心理，而是人物自己向读者袒露心灵。

如“河床里奔走着浓红的熔浆”(张承志《辉煌的波马》)，是张承志在描绘波马河之水。若按传统的语言传达方式，这个句子应是“河床里的水如浓红的熔浆一样奔走着”。传统句式强调了水与熔浆的关系，即被描写的客观对象与主观意象间的关系。然而这种关系，只是冷静的叙述者眼中的，而不是人物眼中的关系。因为在人物眼中，河床里奔腾的根本就不是水而是熔浆，因而也就根本不存在似与不似的比较。我们承认，这是人物的心理幻觉，但这种幻觉在人物特定的心态中是真实的。尽管传统的传达方式，旨在帮助读者明了心态意象(也是心理幻觉)形成的原因，然而它却自觉不自觉地将这种原本是多向的、立体的、感性的、逻辑与非逻辑交错的偶然“原因”，变成了一种单向的、平面的、理性的、合逻辑的必然“原因”。诚然，青年小说家们十分强调作家的语言的构造力，强调作家应塑造自己独特的语言形象，强调叙事角度对作品语言的整体影响，但这一切都不等同于语言在人物心理与情感传达的残缺与讹误。现代语言学要求“一种好的语法要符合人们心理上的真实性”[1]。显然，传统语言在传达上戕害了人物的心理真实，造成了深层语法关系与表层语法关系转换上的错位。

这里不妨自作主张地借用一下哲学名词，将被描写的客观对象叫作“此岸”，而将人物的心态意象称为“彼岸”。那么，在此岸与彼岸之间，确乎存在着多种复杂的勾连关系。这些关系深蕴于意象本体之中，每每难以言喻。对于读者，这些关系用不着作为叙述者的作家来解说、分析和提示，而可以通过对意象的感悟直接把握。现代心理学、思维学告诉我们，人类的任何创造性思维都是以意象的形式进行的，因而意象本身就是思维的产品。“对于这种思维，观看者（或听梦者）可以通过解释这些意象（梦和艺术品），将其从中抽取出来”[2]，这证明了读者无须作家分析与转述而直接把握心态意象的可能性，因为意象既是人物思维的终点，又是读者思维的起点。作为人物与读者的中介，作家的任务只是用语言直接呈现人物的心态意象。读者完全可以借助意象去回溯人物的心理历程，从而把握人物何以产生此意象而非彼意象的那些逻辑的与非逻辑的心理关系。在《北方的河》中，主人公面对这条千年横流、带来了民族文化的丰饶和生存困顿的黄河，抚今追昔，不禁情怀激荡。所以他一见黄河，便觉得燃烧起来了：

1 Jean Aitchison, *Linguistics*, Hodder & Stoughton, London, 1982.

2 Rudolf, *Visual Thinking*, Arnhem University of California Press, 1969.

> 这时，黄河，他看见黄河又燃烧起来了。赤铜色的浪头缓缓地扬起着，整个一条大川长峡此刻全部熔入了那片激动的火焰。山谷里蒸腾着朦胧的气流，他看见眼前充斥着，旋转着，跳跃着，怒吼着又轻唱着一团团通红的浓彩。
>
> ——张承志《北方的河》

这里燃烧的当然不会是黄河，而只能是作为她的子孙的主人公，是他那尚未淡漠的情感、尚未失落的理想、尚未冷却的热血。所以，那种滞碍于似与不似的表层逻辑在此处是不重要的，甚至是非必然的，更重要的是煅烧这种意象的心理氛围。因此，通过作家所提供的表层逻辑导入人物的心灵世界，对于读者来说是一种被动的、单向的、浅陋的、以偏概全而又终隔一层的导入；而读者通过感悟直接呈现的意象所包含的深层的逻辑或非逻辑关系的导入，才是主动的、多向的、深沉的、整体的、感同身受的导入，读者最终将消融在人物心态的意象世界里。

心态意象直接呈现式语言，同样迥异于心理分析语言。比如残雪的小说，几乎阻断了往来于此岸与彼岸之间的一切舟楫，传统小说中不可或缺的解说、分析、概括、推理、议论、抒情等均被舍弃，甚至连诱发人物心态变形的客观刺激物及变形的过程，亦几被尽数删除，留在小说中的只有那刺激变形完成之后呈现在感觉中的意象世界。所以她的小说，绝难划归为司汤达、托尔斯泰心理分析小说的一类。二者的根本差别在于：前者是呈现，后者是分析。翻阅一下两位大师心理分析的经典章节，或许会隐隐地感到，心理分析那种透彻细致的逻辑性，是以牺牲人物情感的丰富性、非常性和非逻辑性为代价的——与其说吸引读者的是人物心态的真实性和丰富性，倒不如说是作家表述的雄辩性。而残雪的小说，几乎纯是人物心态意象的直呈。小说以心态意象的丰赡和奇诡诱惑着读者，同时又以作家的真诚和内容的别无选择逼迫着读者进入人物心灵。它以最简省的文字，完整、丰富、真实地展示了人物的心态；它不像心理分析那样浪费大量笔墨而滥觞一种喋喋不休、冗长沉闷的文体。同时，它具备转述式语言无法企及的语言形象的鲜明生动、直接可感性，以及语言结构的灵活多变性。当然，这给那些习惯于作家唠唠叨叨、指指点点的读者带来了阅读的难度，但这同时又是作家对读者艺术鉴赏力的尊重与信任。

“一个作家理所当然地应该完整地表达自己的所有观点，完整地宣泄自己的所有感受，也许这种极端的主观反而会导致一种极端客观的效果。”[1]我们大概不至于认为这是莫言的诡辩。有人说莫言的语言是主观感悟的，也有人说他的语言充溢着一种神奇的冷静调子。岂仅莫言，其实我们论及的这群青年小说家的语言，均给人既冷又热的印象，且这种冷与热是以对立的形态同时出现的。传统的间接转述式和心理分析式语言，其冷热调子和主客观情感色彩，是叙述者强行介入而硬加上去的，因而常常只能是极端的非热即冷，非主观即客观。而直接呈现式语言，我们几乎无法分辨它是主观的还是客观的，因为它的调子是由人物的心理变化直接调节的，意象构成本身已蕴含了语言的调子和色彩，而且调

1　陈薇、温金海：《与莫言一席谈》，《文艺报》1987年1月10日。

子和色彩多呈一种对立的和谐。所以，小说语言从人物心态意象的间接转述、逻辑分析，走向心态意象的直接呈现，也许正暗示着一种辩证的文学真实观的破晓。

三

读者可以细致地玩味一下这段文字：

> 售票员必以一团笑脸迎来：公民您好。欢迎您来乘坐我们的汽车向您学习向您致敬。让我们以时代的高速度在通向未来的光明大道上奔驰请问您到什么地方去？……
>
> ——韩少功《火宅》

这段话中暗含了一种调侃、揶揄、嘲讽的情调。然而就字面论，作家几乎是对一个生活场景的纯客观实录，没有使用任何带有个人情感色彩的语汇。售票员态度和蔼热情，语言彬彬有礼，理当给人亲切、庄重、文雅的印象。但作家只轻轻地抹掉了句与句之间应有的标点，将数句拼成一句，整个情调便走向反面。这种特定结构，表达的只能是滑稽、做作、神经质。这是一种语义场效应。

语义场，是现代语言学最重要的概念之一。它推倒了传统语义学机械僵死的语义观，认为“语言不是废物堆，不是杂乱无章的一堆词项的集合，而是很像一副‘七巧板’，其中每一块要能和它周围的几块巧合妙拼，如果位置变动，模式改换，被分离为独立的一块，那它就没有什么意义了”[1]。正如诗人埃利奥特所说的：“每个词都有它活动的中心之地，它的活动的位置保持在与其他词的关系之中。”[2]如果将这一理论从语言学圈定的句子范围扩大到句子之间，将一种词与词的关系扩大为句子与句子、句群与句群的关系，那我们便有可能揭示青年小说家们语言结构的奥秘了。

对语义场效应的刻意追求，是青年小说家语言的又一共同特色。这当然不是说，传统小说的语言从未有过语义场效应，但那无疑是偶然的、非自觉的。“熟读唐诗三百首，不会作诗也会吟”，较典型地体现了古典的文学语言观。这就是他们“坚持用词造句一定要模仿古代‘最佳之作’的用例……所以就不得不遵古而模制语言了”[3]。现当代的文学语言观，自然远比古人开放。他们不再唯古独尊，同时还向外国、向大众学习。遗憾的是，这种学习终究未能脱出“模制语言”的桎梏。人们似乎淡忘了作家的神圣使命之一，就是创新语言。人类的语言比之人类的思维，自然极其贫乏。作家要想表达自己无限丰富的思想情感，就必须不懈地创新语言。人类语言的创新，不外两种方式：一是随着社会的发展创造新语汇；二是根据思想表达的需要创新语言结构。前者是由全社会来完成，而后者则多由作家肩负，但过去人们常常重视前者而忽视了后者。

---

1 Jean Aitchison, *Linguistics*, Hodder & Stoughton, London, 1982.
2 Jean Aitchison, *Linguistics*, Hodder & Stoughton, London, 1982.
3 Jean Aitchison, *Linguistics*, Hodder & Stoughton, London, 1982.

有人指出：莫言等的小说语言，具有一种陌生化效果。其实这种陌生化，正是作家所追求的语义场效应。他们善于将一些前人早已用烂的语汇，构成一种新的结构。在这种新的语言结构中，语汇获得了在既往流行的经典结构中所未有的新意。他们的语言，词语本身的含意（已经约定俗成的结构中的意义）是不确定的、不明晰的，甚至是与逻辑相悖的。句子作为一个基本单位表情达意的完整度、准确度、直接度远不及传统语言。在一种特定的语言结构中，句子往往只是作为一种结构符号发挥一种结构作用，作家所要表达的意义，不在每个句子中，而在句与句之间的结构中。我们可以下面两段文字的比较，证明这一点。

> 五年前的花白的头发即今已经全白，全不像四十上下的人，脸上瘦削不堪，黄中带黑，而且消尽了先前悲哀的神色，仿佛是木刻似的；只有那眼珠间或一轮，还可以表示她是一个活物。
>
> ——鲁迅《祝福》

> ……老态龙钟的支部书记从办公室里跑出来，六神无主地站在院子里，丈二和尚摸不着头脑，盲人摸象般地走到教室门口，声色俱厉色厉内荏外强中干嘴尖皮厚腹中空地吼叫一声：不许高声喧哗！然后头重脚轻根底浅地走着；急急如丧家之犬茫茫如漏网之鱼……
>
> ——莫言《欢乐》

鲁迅的句子，表意简洁、明确、完整，入木三分地状出了祥林嫂屡遭人世不幸变得麻木后的神态与形态。句子结构具有经典性，词义用得恰到好处。而莫言尽管叠加了一连串成语，支书的形象依旧模糊不清，表面看来，这些词不达意的成语几乎是杂乱无章地堆在一起，完全可有可无。然而莫言在此无意于将支书的形象精雕细镂出来，而是要通过一连串成语的非逻辑地烦琐缀连，表现永乐这个高考屡考不中的留级生的特定心态。这些成语，全出自中学语文课文，这表明他对课本已烂熟于心而又食古不化，因而当他窥见支书慌乱可笑的神态时，所有与此沾得上边的成语便一齐涌上心头，却又茫茫然无所抉择。文中无一字着永乐，但其情态已在这一语言结构中凸现出来。对此，可以绘画作譬。鲁迅的语言像白描，每一句都是一根准确无误的线条；莫言的语言则如油画，每一笔都不是线条，而人物的形象却正是从这看似可有可无的每一笔的色彩的光影对比中呈现出来的。白描式语言（有别于古典文论中的白描手法）使用的是词语自古已然的经典且明确的"本义"（实际上是一种古典的模式化了的结构意义，然而在漫长的语言流变中因长期袭用而被视为本义），而油画式语言运用的则是词语新的结构意义。语义场效应，在本质上体现了一种系统论思想，语言的这种结构意义，只存在于语义场中，因而也只能在语义场中判定。所谓扩大的语义场，已不是指普通语义学中语义的光谱式序列，亦不是传统语法学中的经典句子，而是指句群。也就是将整个作品的语言视为一个封闭系统，这一系统就是一个扩大的语义场。语言的这种语义场效应，为作家提供了一股潺潺不绝的语言活水。无怪乎青年小说家们的语言，总是那么新奇、陌生、鲜活，给人一种蓬蓬勃勃、潇潇洒洒的创造的快感。

四

小说的叙述角度，直接决定着小说的整体结构、语言组合方式和情感抒发基调，结构主义理论家们甚至说它决定了小说的内容。因为在他们的理论中，结构即内容。结构主义者们的观点自然带了一种门户之见的偏激，然而有趣的是，只有在经过他们偏激的张扬之后，叙述角度对于小说的极端重要性才逐渐被认识。传统小说，除了第一人称、第三人称外，就是作者全知全能的角度；第二人称仅偶见于书信体小说。而且一部小说，均是一种角度到底，尽管上面几种角度已经给我们留下了许多伟大的、不朽的、著名的小说，但我们还是要说，对于今天和未来的读者，的确太单一、太单调了。这一点，从读者对莫言的《红高粱》、乔良的《灵旗》所表现出的超乎寻常的热情，便可感觉到。

可以说，在别的作家专注于心灵感受的倾诉和心理故事的叙说时，青年小说家们却在经营倾诉感受的形式和叙说故事的方式了。所以说，小说叙述角度的调整和更新，在根本意义体现了他们的语言自觉。面对同一题材，即使由同一作家来写，只要叙述角度不一样，两部作品会如出自二人之手。我们来比较一下周立波的《湘江一夜》和乔良的《灵旗》。二者分别取材于民主革命史上两次著名的湘江之役。作为老作家，周立波的文学素养及战争体验自然远胜于初出茅庐的乔良。然而《灵旗》打破了同类题材的传统写法，独辟了一条自己的路子。乔良采用了一种全新的多角度、共时态的叙述方式。《灵旗》共有三种角度：其一是作为叙述者的作家全知全能的角度，这一角度叙述垂垂老矣的青果老汉现时的行动；其二是幻觉中片断式闪回的角度，叙述汉子（即青壮年的青果老汉）与九翠过去半个世纪的苦恋，以及真实的战争经历；其三是二拐子讲古式的角度，以一种神话的方式叙说“湘江之役”过后的传奇故事。三种角度交错变换，将历史与现时、神话与真实的故事拉回到同一时空平面，重新组合，使小说获得了多维的、立体的时空效果。叙述角度的频频变换，使残酷的战争描绘与青果老汉对人生的严峻反省始终纠葛在一起，我们感到小说中徘徊着一种沉重的幽灵般的东西，这或许就是那困扰了青果老汉五十年的人生之谜：生生死死，征征战战，最终得到的都是最初所期待的吗？！作家对历史的崇敬中隐含着的对历史的沉思与反诘，不是以抒情、议论或画龙点睛之类的玩意儿来表达，而是纯然通过叙述角度的变化、场面组合的时空反差、人物情绪的逆向参照，即通过语言结构变化的张力来表现。所以，尽管对战争场面的描绘带来了一股浓重的血腥味，但小说的美学价值最终淹没了史料价值。假若作家将叙述角度改换成单一的全知全能角度，《灵旗》也就与《湘江一夜》大同小异了。

莫言的《欢乐》采用了罕见的第二人称叙事角度。小说以一种残酷的真实，展示了一个初尝人世艰辛却又不胜这份艰辛的中学生自杀前的复杂心态。第二人称的角度，使人觉得作家的叙述更像一位医师对病人所做的不动声色的精神分析。这一方面加强了主人公心态的真实感，另一方面，作家那冷静漠然的叙述语调，与主人公昏热、烦乱、郁闷、痉挛般的狂热情绪构成鲜明反差，从而强化了这种病态心理给读者造成的压迫感。由于小说语言的对称（第二人称）结构，读者便在不知不觉中移到了主人公的位置，与其心灵完全融合。小说达到了使读者同样郁闷、烦躁、精疲力竭地着魔的艺术效果。读这篇小说，的确十分吃力，读者的心灵就像经历了一次炼狱之火的煅烧。如果将第二人称改作第三人称或第一人称，可以肯定，作品给读者心灵造成的巨大艺术压强将大大削减。

我们当然还可以列举出莫言的《红高粱》系列、蒋子丹的《今夕是何年》、王安忆的《小鲍庄》等更多的小说，但仅此两部已经表明，青年小说家对于叙述角度的关注，是因为他们已经意识到“再现世界变得不如探讨在生活和文学中组织世界的过程那样重要了”[1]。在某种程度上，文学语言的探索与创新，成了他们“胜过约定的传统的一种反意的创作方法”[2]。这可以视为对过去极度依赖题材本身的价值而轻视题材的创造性处理的一种反驳。这当然不是说他们已将二者截然对立，恰恰相反，这是他们为使二者的非平衡关系向平衡关系恢复所做的一种努力。

五

一个作家，或一个时代，其文学语言一旦走向自觉，便意味着一次文学本质论上的观念超越：即由对再现世界的关注走向对组织世界的过程的关注，文学的价值体现由写什么走向怎么写。库勒的这一看法或

1　［英］J. 库勒：《文学中的结构主义》，载沈恒炎、吴安迪主编《外国文艺思潮》第 3 集，陕西人民出版社，1986 年。

2　［英］J. 库勒：《文学中的结构主义》，载沈恒炎、吴安迪主编《外国文艺思潮》第 3 集，陕西人民出版社，1986 年。

许有些绝对，但一个作家或一个时代，对待文学语言的不同态度，的确反映了对文学的某些根本看法的分歧。新时期文学语言的躁动，必然地引起了各种文学观念的惶惑、骚动和变化，青年小说家们近年的创作便是例证。他们的小说，由对“外宇宙”的摹写，走向对“内宇宙”的表现；由对偶然事件的必然性揭示，走向对必然事件的偶然性发现；由写正常人的非常态情感，走向写非正常人的常态情感；由写零散的、孤立的意象，走向写诸多意象组合而构成某种整体象征；由单一的、平面的叙述，走向多变的、立体的叙述；由文学的机械僵死的客观真实观，走向辩证统一的主客观真实观……概言之，此类小说比传统小说更注重人物心灵世界逼真、丰富的展现，更注重文学的结构价值。这或许正是语言躁动给文学带来的直接的和间接的、必然的和偶然的影响。因为心态意象的直接呈现式语言，其价值正在于揭示人物心态的简捷、逼真和丰富；扩大的语义场效应和叙述角度的调整，其价值则在于使语言由模制走向创造，使语言获得一种美学意义上的结构观念和整体观念。

新时期文学语言的探索是多向的。像王蒙、阿城、邓友梅、林斤澜等的探索，就不属于本文所论的一类。即使是文中论及的青年小说家，语言的探索同样各具个性。而且，他们的个性，或许比其共性更有价值。一位语言学家说过：“语言彼此间的差异是无限地、不可预见地发展着。”[1] 这不仅适合于不同的语种，而且适合于使用同一语言的不同风格的作家。因此，以一种纯理性的历史主义目光，是难以彻底解释新时

1 Jean Aitchison, *Linguistics*, Hodder & Stoughton, London, 1982.

期文学语言的躁动的。有语言困惑，便有语言探索；是探索，便必定带有一定程度的盲目性，固然，不可能每个人的探索都合乎某种历史的必然逻辑。况且，新时期文学语言的躁动，本身就是对文学的传统语言观一次矫枉过正的反驳，是对传统文学语言的神圣性的挑战和权威地位的摇撼，因而不可避免地会带来文学语言的骚动和混乱。然而，文学要发展，文学语言要更新、要丰富，躁动便属必然。在这一点上，新时期文学别无选择。

原载《吉首大学学报》(社会科学版)1987年第3期

先锋欲何往
——论近年小说语言实验的文化指向

新世纪的拱门，正渐次逼近我们的文学视界。这意味着，一代作家将命定要穿过这拱门成为跨世纪的文学家。这百年一轮的幸运，当然并不是每一辈作家都可以享有的。不过，历史的宠幸也每每就是历史的惩罚。当作家们意识到自己将跨越世纪的历史命运，意识到自己今日的文学行为将必然成为开启21世纪文学的直接传统时，他们便实际上失却了艺术上个人自由选择的机会和权利。从某种意义上说，他们不是作为独立的艺术个体而是整整一代作家，作为文学史的一枚巨大链环，横躺在两个世纪之间。因而，想超脱历史却必须拥抱历史，想解构历史却必须赓续历史，这便成了他们这一代作家（以及批评家）的精神宿命。不论情愿与否，他们都将是20世纪中国文学中最“瞻前顾后”的一辈。

也许只有这种长时段的文学史观照，才可能使我们避免对近年小说创作艺术走向审度的随意和偏失。新时期文学的变革肇始，语言便是一个潜在的、深刻的、显示着强大活力的革命性主题。朦胧诗、市井小说、意识流小说、寻根小说、文化诗、感觉派小说、第三代诗、现代和后现代主义小说、新写实小说……从舒婷、王蒙、何立伟们羞赧而审慎的文体追求，到张枣、余华、苏童们彻底而决绝地走向语言实验，作家和诗人们似乎是接力般地你一桨、我一桨，将文学语言的扁舟奋力划向某一个已经意识到但却不甚了然的遥远彼岸。尽管他们的动作太过仓促，目标又太过迷离，以致在一段时期内让人觉得是荒野上一股无定的风，东南西北胡乱刮。但当我们统观新时期文学的历程，便会发现其语言的实验终究是朝向那若隐若现的彼岸逼近。当然，对于那些无意于在理论上穷根溯源的作家来说，那彼岸浸淫着某种神谕或先验的色彩，他们是不自觉地走近它的。最先在理论上指示那彼岸的存在及其文化方位的，是一群对小说变革持谨慎、鄙弃或抵制态度的饱学之士。这倒真有那么一点儿黑色幽默的意味。他们从老庄及各种诗话词话小说评点或古典作品中寻章摘句，以证实实验小说家们能做的一切古已有之。这种虚妄的唯古是尊和简单、牵强的比附方式，固然可以贻人一笑。然而他们的语言感觉却无疑很锐敏、细腻和准确，从作家们尚不成熟或不甚成功的语言实验文本中，他们捕捉到了抑或连作家自己也不甚清醒的、渴望与传统对话的心理动机和语言指向。

构成这种对话的必然前提，是非文学语言向着文学语言的复归。为打破“文革”语言的桎梏，小说家们在新时期最初的几年中，努力使其小说接近或回复到 20 世纪 50、40、30 年代和“五四”时代的文体风格。这一过程参差而模糊地呈现为一道由近及远的轨迹。这种回归的意义，绝不仅仅是弥补了新时期小说家在语言素养方面的先天的缺失，其真正的价值在于使小说家在新文学的小说传统中，确认了语言的本体性质；在于它使年轻的一代实验小说家清醒地意识到，在新文学的文体范本中，没有一种是他们可以借用来与传统对话的语言通道，即“五四”文学语言实际上成为阻断他们以自己的方式同传统对话的天然屏障。

“五四”文学语言，本质地拒绝传统进入文本，这是“五四”文学革命的初衷，也是其必然结果。如果我们不是将传统仅仅理解为家喻户晓的文化表象，而是也包括那些似乎已经为民族所遗忘、不再进入传谕渠道，然而至今仍缄默着潜藏在人们心中的集体无意识的精神存在。那么，“五四”在思想革命意义上的反传统，其深度是极有限的。它直指的不过是作为传统的外在板结层而存在的封建礼教，由此而造成的也不过是一种传统的假死现象。那种潜在的、制约着民族的思维与审美定势的那一部分传统，却并未被思想革命的锋芒触及。真正阻断这部分传统进入现代文学并由此造成某种文化断裂的，还是白话文的推行。胡适的“八不”宣言[1]，具体地表达了陈独秀、钱玄同等“五四”白话倡导者的语言观。他们实际是要使白话文成为一种在本质意义上与传统决裂的新的思维符号。这种以西洋近代语言模式（钱玄同甚至要使文字拉丁化）为范本建立起来的新的语言体制，其分析性、逻辑性、明晰性、实用性特征充分满足了“五四”作家日见增长的理性要求，同时也便失却了传统语言以简洁、模糊和形象为特征的情感和意蕴的负载力，以及直接作

1　胡适：《文学改良刍议》，《胡适文存》第1集第1卷，台湾远流出版事业股份有限公司，1986年。

用于人的感性本质的审美效果。追溯“五四”以前的白话文首倡者们的心迹，他们不过是想通过白话接通传统与现代、中华与西洋的平等对话的线路，使现代进入传统，以适应近代作家由传统向现代转化的思维与心态。而最终完成的“五四”白话运动，显然未能实现近代作家的这一心愿，传统完全被拒绝于白话之外了。也就是说，“五四”白话文实际上造成了一种新的矛盾，即语言体制与作家的思维、审美定势之间的内在矛盾。对于一个在文学创作上理性传统并不丰厚的民族来说，这种矛盾的调节以至于最后消弭，必然需要一个十分漫长的过程。它一方面有赖于作家心态的现代性强化，尤其是理性的强化；另一方面则需要这种在本质上带有舶来意味的语言体制适应作家的审美心态，尤其是对那种深藏不露的、构成一个民族内在传统的集体无意识的适应。这种适应实际上是一种文化适应，必须经历移植、整合、同化的历史命运。唯其这种适应的必要而且艰难，当年人们才会为白话小品文中那为数不多的几篇美文，发出那样纵情的欢呼。

早在白话文学语言模式建设之初，便有人意识到了这种语言体制的超前性，因而认为在“文学的国语”建设上应对白话和文言取兼收而不偏废的审慎态度[1]，主张“现在讲改良文学，第一当在实质上用功夫；第二要有完全驱使文字的能力，能用工具而不为工具所用”[2]。后来的“五四”白话文学，果然出现了某种为语言所累的现象。我们应该注意到这样一种事实：“五四”作家中的许多人，诸如胡适、郭沫若、周作

1 朱经农语，转引自朱德发：《中国五四文学史》，山东文艺出版社，1986 年。
2 任鸿隽语，转引自朱德发：《中国五四文学史》，山东文艺出版社，1986 年。

人、冯沅君、朱自清、郑振铎、闻一多，等等，他们都曾在中国文学与历史的研究中，对传统文化中的道、佛、禅以及神话的境界心向往之，且褒扬有加。作为作家，他们与传统对话的最便捷、生动、感性的渠道应该是创作，然而，为何他们偏偏在创作上放弃了这种境界或最终达不到这种境界呢？合理的解释应该是，我们所说的那种真正具有活力的传统在本质上与这种语言方式相隔绝。白话文的优长在于理性的分析力，因而，在无法或无意打破白话文现存模式的前提下，他们只好以对文化传统的理性分析取代对于这种传统的感性表现。记得毛泽东曾不无感伤地发出新诗迄今无成就的喟叹，并在一封信笺中谈及白话文学语言在感性、形象性上的缺陷。作为一个从深厚的传统中走来，同时又十分重视传统的创化的现代诗人，毛泽东确乎深切感受了“五四”文学语言对表达这种创化了的传统的隔膜和阻碍。

在这里，我完全无意于对“五四”白话文运动的必然性持某种怀疑或否定态度。任何一次真正的思维解放，必定导致一场语言革命，这是别无选择的。而且，任何一场真正的语言革命，也必定带有某种超前性，这同样是别无选择的。思维的解放诱发了语言的革命，语言的革命又促进了思维的解放，这是人们常说的那种反作用力。而语言模式的超前性，正是这种反作用力的动力场。“五四”作家在思想革命意义上的那种反传统的自觉意识，正好与白话语言模式的超前性相契合。甚至从某种意义来说，正是白话文的这种性质，使“五四”文学的反传统主题达到了作家在主观上还不曾意识到的那种深刻性和彻底性。在这里，我想指出的是，白话作为一种正统语言被新文学接纳之后，那种旨在缩小和消弭其超前性的整合与同化的适应过程，便本质地成为这种语言必然而且合理的发展轨迹。而且，促进这种语言的文化适应的努力，在“五四”以降的每一代小说家那里都持续地进行着。从废名、赵树理、汪曾祺到浩然、陆文夫、邓友梅，他们都曾致力于小说语言欧化的改造。当然，这种改造是以不触动“五四”白话文的基本规范为前提的，因而，他们也就不可能真正弥合这种语言模式与作家深层审美心理间的裂痕。

当然，更重要的是“五四”以降的任何一代作家，都不曾像新时期实验小说家们如此深切地感受到文化失托后的虚空、惶惑和晕眩。时代文化的精神失范，现实生存的价值困扰，日甚一日地强化着实验作家文化上的审父意识，以及在与历史时空的对话中以确证自我的形而上渴望。正是这种内在的精神渴求，隐秘地制约了其语言实验的文化指向，使他们由对新文学的文体恢复最终导向了对突破和超越“五四”白话文规范的可能性的寻求。也许敏感的读者早已从实验小说的文体，特别是新近发表的余华、格非、苏童、苗长水等的文体中，品味出了一种似曾相识的语言的异味儿。只是他们似乎还来不及对其进行一种冷静的文化坐标的测定，或者他们的理性承受力尚不足以使他们平静地接受自己的测定结果。毕竟“五四”白话是划分古典与现代文学的唯一可靠的界碑。跨越了这一界碑，实验小说的性质归宿便可质疑了。在中国文学走向现代化的阵阵号角声中，谁又愿意承认先头部队已悄无声息地调转马头扬鞭驰向传统呢？然而实验小说文体的存在是毋庸置疑的，它以神话的重建、原型意象的复活及想象史和心态史的表现为标志，在有限的程度上实现了传统向着小说文体的导入，同时也构成了对白话文学语言规范的冲击和跨越。

现代神话的重建，是实验小说的基本主题之一。在韩少功、王安忆、扎西达娃、刘恒、史铁生等小说家那里，神话模式成为他们小说内在结构的主要形态。神话在本质上只属于人类的童年时代，现代人对于神话的迷恋及重构，只不过是对原始人类思维方式的追慕和求助。他们企图从原始人感知世界的方式中，寻找到现代人类及其艺术早已丢失了的理性与感性的混沌统一和原始和谐。神话，每每是一个民族文化传统的精髓的滋生息壤和贮藏宝库。希腊神话几乎孕育了整个的欧洲文化，那种由希腊神话所开创的艺术传统，横贯了包括以反传统形态出现的现代文学在内的欧洲文学的历史。因而，当寻根及其他派别的实验小说家企图在小说中重建神话时，他们实际上已将自己小说的精神吸管，探入了民族传统的最深的泉眼。这吸管便是小说语言。因为，就本质而言，神话是一种转瞬即逝的一重化精神体验，只能由体验者独自享有。不论是对瞬息神还是人格神的体验，对现代作家来说都是难以用规范的白话进行模拟的。它那独特的时空感所呼唤的，是一种与之相吻合的思维符号，而这种符号恰恰是“五四”白话所抛弃了的。因而，对于实验小说家来说，重构现代神话最困难的便是对这种可以捕捉和物化其神话体验，并使之由瞬息变为永恒的语言方式的寻找。读蔡测海的《蓝岩》和《崖上白马》，我们总感到这种小说语言的缠夹和费解，总感到他是在极吃力地驱赶着执拗的语言向自己的思维境界靠近。《蓝岩》的开篇，大抵是那些读惯了蔡测海早期小说的读者最难以适应的。那究竟是关于存在本质的一种思辨，还是语言向着神话境界的一种试探性导入？蓝岩不是蓝岩也不是白岩，它应该属于另一种概念。这概念在原始人类那里或许可以轻而易举地说出，但现代语言却不行，需要翻来覆去颠来倒去地绕圈子。作家要告诉读者他所说的这种岩石不是蓝色的不是白色的也不是蓝白色的，他就必须通过语言的纠缠来使读者意识到他小说所用的概念相对现代白话来说是不准确的，是一种只属于他所建构的这一则神话的概念。要进入这神话，你得借助这种语言的混乱以突破现代白话语言结构的语义临界。因而，现代神话的重建实质上是小说语言向着神话思维的逼近和归返。因为只有如此，被我们称为传统的那种感悟世界、营构艺术的时空观念才可能真正进入语言，化为文体。阿城小说文体的空、史铁生的寂、韩少功的轮回、扎西达娃的超验，都是来源于这种重构神话的语言努力。而这种努力，显然已经违背了白话文不犯文法、不模仿古人的律条。在对语言的认识和使用上，他们模仿的不仅是古人，而且是古人的古人。

与神话重建相伴随的，是原始意象在小说语言中的复活。因为原型是一种集体无意识的心理存在形式，是一种神话母题，原型所负载的是一个民族共同的心理经验，它是民族深层心理及情感的一种相对固定的表达形式，因而它总是在历史过程中不断重现。它所表达的往往不是某种个体的心理特征，而是民族心理中那种深刻而富有魅力的同一性，所以荣格说："谁讲到了原型意象谁就道出了一千个人的声音。"[1] 我这里所

1 ［瑞士］荣格：《论分析心理学与诗的关系》，载叶舒宪选编《神话——原型批评》，陕西师范大学出版社，1987 年。

说的原型意象，是指在古典文学中反复运用并因此而成为约定性的文学象征或象征群，其中包括神话、传说，民间文化或古诗文中带有原型意味的意象，也就是被“五四”白话文明令禁用的“典”。当然，现代文学中也有极少的人使用典故，但那往往是用以论证某一论点，因而完全失却了审美意味，也就是说它根本就不是作为原型被使用；另外，早期的“五四”白话诗中也偶见用典，但那每每是作为一个故事被征引，在故事的叙述中原型意象的审美整体性便被破坏了。在实验小说中，太阳、月亮、流水、清猿、杜鹃，等等，大多不是作为一种纯粹的自然景观被描写，而是在典型的原型意义上进入文本。如《伏羲伏羲》中的伏羲、《小鲍庄》中的洪水、《往前往后》中的太阳堡、《古典爱情》中的闺楼、《鲜血梅花》中的游侠、《冬天与夏天的区别》中的季令等，它们在小说中都负载着某种人类或民族共同的审美体验和典型的人生情境，唤起了接受主体对某种集体无意识的感知，构成了当代心灵与文化传统的精神共振。因为，这“每一个意象中都凝聚着一些人类心理和人类命运的因素，渗透着我们祖先历史中大致按照同样的方式无数次重复产生的欢乐与悲伤的残留物”[1]。《鲜血梅花》就完全浸淫在这种原型意象的氛围中，其语言仿佛是混沌中飘荡的浓雾，将一个子报父仇的通俗故事隐隐遮没了。主人公寻找杀父仇敌的漫游，究竟是对命运的遵从还是对命运的逃避呢？那结局又究竟是命运的宠爱还是命运的嘲弄呢？而小说中的漫游究竟是一种生命的漫游还是一种精神的漫游呢？小说自然不会回

1 ［瑞士］荣格：《论分析心理学与诗的关系》，载叶舒宪选编《神话——原型批评》，陕西师范大学出版社，1987年。

答这一切，然而这一切却不由分说地引导着我们走向人类对人生和命运的那种幽冥深远的心理体验。关于这种原型的复活，康定斯基曾经有精辟的论述："在各种艺术形式当中，还存在着另一种基于基本需要的外在类似。正如有时会发生的那样，当出现一种在整个道德和精神方面的内在趋势的类似、一种曾经起初为人热烈追求而后来却消失得无影无踪的理想之间的类似、一种在两个时代之间的'内在情调'的类似时，那些在过去曾经被用来表达人们各类见解的形式便复活了。"[1] 这说明，实验小说语言的原型复活，导源于当代与过去某一时代的精神、道德、理想，以及内在情调的类似。也就是说，小说语言的原型化，其目的就在于接通两个时代之间精神对话的感性线路。因此，原型意象的复活，使实验小说获得的不仅仅是一种幽古典雅的文体风格，而且是一种将传统引入文本并与创作主体和接受主体进行精神对话的可能性。

或许人们已经注意到近来实验小说叙述那种返回故事本身的倾向。这种返回故事，其实也就是返回人物，返回人物的心态史和想象史。这种返回当然不是经典现实主义那种认识论上的归返，而是一种现象学的还原。它沟通的是作家与他的历史人物之间心灵的意向性关联。是作家在剔除了那些文化表象（准确地说是将这些表象悬置起来或暂时放入括号中）后，对人物所做的一种纯粹主体的精神探求。这种还原其实是克罗齐早就向历史学家们倡导的："你想要了解新石器时代利古里亚人或西西里人的真实历史吗？那么你就试着（如果你能够做到的话）在你的

1 ［俄］瓦西里·康定斯基著，查立译：《论艺术的精神》，中国社会科学出版社，1987年。

心灵里变成一个新石器时代的利古里亚人或西西里人吧。如果你做不到或者不肯做到这一点，那么你就使自己满足于描述和编排已经发现属于这些新石器时代人的头盖骨、工具和绘画吧。”[1]在当代，乃至新时期文坛上，我们同样可以找到这种用头盖骨、工具和绘画编排而成的历史小说，不过，这种小说很难构成与传统的真正对话。因为只有在想象史和心态史的领域内，那种最具有集体性的社会文化层次和最内心化的个人精神层次才是合而为一的。在这一领域中，包括了人类文化中那些无论就种属还是就个体而言都是恒久而常新的主题，诸如“探求时间、空间最远边界的好奇心；希望了解未知地域及人类和民族起源的强烈愿望；由于前途和现实中存在着令人不安的未知因素而引起的忧虑；对人体实在的意识；对灵魂的不由自主的运动如梦幻等的注意；对死亡的探究；渴望以及受压抑的渴望之间的协调；导致逃避或抛弃现实的社会制约……”[2]在余华、格非、苏童等的小说中，我们读到的正是这些可以构成与当代人对话的精神主题。当他们面对历史题材时，首先关注的不是政治史和经济史，不是头盖骨和石器，而是想象史和心态史，是梦幻和感觉。他们进入到历史人物的心理空间和想象空间中去，切身地体验人物感知世界和幻想世界的方式，感受人物在那种时空背景下心灵的希望和绝望。这也就要求小说语言以感性的方式接近人物的心态和想象。读《妻妾成群》，我们便可以从小说的叙述语言中感受到一种时空的落差，

1 ［英］柯林武德著，何兆武、张文杰译：《历史学的观念》，中国社会科学出版社，1986年。
2 ［法］艾芙琳娜·帕特拉让：《想象史学》，载勒高夫等主编、姚蒙编译《新史学》，上海译文出版社，1989年。

感受到从这种语言所建构的时空结构中流泻出来的一种古典式凄迷。读苏童的小说如观旧画，准确地说是仿古画。你知道这画的作者是当代人，但面对那古香古色的线条和色泽，你便会不由自主地走进那古老的时间和空间中去。读《古典爱情》《鲜血梅花》《染坊之子》等，你会从它们的语言中获得与此相同的审美感受。记得苏珊·朗格说过，艺术就是有情感的生活投射成空间和时间的结构。[1]那么，实验小说家的这种语言实验，正是为了使语言结构在时空本质上表现出人物的想象方式和心理状态。

实验小说的这种语言趋势，就本质而言，是"五四"白话语言文化适应的内在必然，甚至可以说在某种意义上这是白话小说语言即将步入成熟期的一种先兆。当然，作为一种发生契机，这也是对 20 世纪外国文学语言流向的一种锐敏而深沉的感应。马尔克斯、福克纳、略萨等世界级大作家，其小说语言都在谋求一种与传统对话的可能性。所以，美国著名文论家威廉·范·俄康纳说："福克纳的文字和他的小说世界召唤着远古，换句话我们可以说，他的文字和小说世界把古代焊接到现代来。读福克纳的小说，我们觉得是融会在一部悠远的历史中，有痛苦、挣扎、忧患，也有忍耐、奉献和爱。"[2]近年来的实验小说，分明已或多或少地获得了这种福克纳式的传统感。他们的语言实验，是为接通当代人与传统对话的感性线路所进行的一种语言努力。他们期望通过对话以

---

1 ［美］苏珊·朗格著，刘大基、傅志强译：《情感与形式》，中国社会科学出版社，1986 年。

2 ［美］威廉·范·俄康纳编，张爱玲等译：《美国现代七大小说家》，生活·读书·新知三联书店，1988 年。

激活那些在人类或民族历史中带有永恒意义的精神传统，并将它们导入当代文化结构。或许应该说，他们的语言实验，已经在构成与传统的某种对话，某些传统主题正在他们的小说中获得一种当代性价值。

不过，这种估价应该是极有限制的。因为文学语言的变化，是一种潜在而缓慢的运动，任何一种太过急躁的人为努力往往都无济于事。作为一代企图在文学语言的改造上有所作为的小说家，其作品的真正意义将只是一种探索性、启示性。遥想百年之前，近代中国的作家们就曾以自己悲壮的努力和英勇的牺牲，谱写了一部中国文学的现代启示录。就个人的艺术成就而言，他们远远不能彪炳古今，有的甚至不足挂齿，然而，辉煌的“五四”白话文学正是从他们以自己的成功和失败（更多的是失败）所开拓的曲折河床上奔涌而来的。今日实验作家的这种语言实验，或许可以为21世纪的作家们提供一种深刻的艺术启示，并使他们写出真正融会传统与现代精神的大作品来。然而，作为一代世纪末人，他们似乎命定要以失败昭示成功、以生涩滋养圆熟、以浅陋升华博大、以牺牲成熟的个人风格甚至整个的艺术声名为新的世纪探路。在这种意义上，他们的语言实验越是义无反顾，越是一如既往，便越显示出一种艺术殉道的悲壮和神圣来。

1990年5月4日成稿于湘西

原载《文艺理论家》1990年第3期

叙述的意义
——对实验小说时空结构的理论描述

小说是一种虚拟的散文的叙述。叙述，构成了小说作为一种文学样式的独特属性，20 世纪以来，小说艺术的变革与创新纵然林林总总、南辕北辙，最终却无不指向一种新的叙述态度、叙述方式，以及对这种态度与方式营构而成的新的叙述结构的谋求。

如果说，叙述首先是人们认识世界的一种基本依据，是个体的人作为一种存在与其他存在相关联的方式，那么，无论叙述者自觉与否，都必然表达出某种时空观念。因为“一切存在的基本方式是空间和时间”[1]，“空间和时间是一切实在与之相关联的构架”[2]。因此，小说的叙述结构，其实也就是一种时空结构，是一种时空结构的物化形态。小说家通过作品的叙述结构，表达了自己对时间和空间的最具体的形式感悟和

1 ［德］恩格斯：《反杜林论》，人民出版社，1970 年。
2 ［德］恩斯特·卡西尔著，甘阳译：《人论》，上海译文出版社，1985 年。

最抽象的哲学理解。

在实验小说中，无论是叙述时间、故事时间与人物心理时间的平行切割，还是心理时间与物理时间的永恒轮回；无论是经验时间与超验时间的重叠交错，还是心理扩张对生存环境的物理顽固性的摧毁；无论是空间构架的非完形组合，还是多维空间结构的张力场的设置，都构成了对现实时间和空间的逻辑悖反。

这种叙述的时空悖反，在极广阔的意域上指示了中国当代小说发展的一种新的可能性，构成了当代小说整体形态的深刻裂变。然而，迄今为止与此有关的诸多论著和论文，大都只在一种形式论意义上理解和阐释这种裂变。这种理论的偏颇不仅带来了对小说本身意义理解的戕害，而且造成了对这种艺术变革总体价值评判上褒贬轩轾的失当。鉴于此种研究现状，本文拟从一种文本批评导向一种形式社会学和形式哲学的考察，从具体的结构剖析导向对作家精神主体的形而上把握，以图在更完全的意义上理解这类小说，并对这种现实悖反式的小说叙述革命做出较为恰切的价值审定。

为了行文之便，我将以这种叙述方式结构的小说称为“实验小说”。在本文中，这只是一种自我限定的具体指称，因而不具备通常意义上的广泛的涵盖性及因缺少严格的科学规定而产生的含混性与歧义性。本文将以现实时空逻辑结构的小说称为“传统小说”，这里主要指作为当代文坛现存传统而存在的此类小说。

一

法国作家阿兰·罗伯-格里耶曾经写过一部名曰《去年在马里安巴》的电影小说。作为影片背景现实的，是一幢与外界完全隔绝的大旅馆马里安巴。在这座自我封闭的豪华的花园式旅店中，没有人意识到岁月的流逝，也没有人打算从这种凝滞的现实中走出去。后来，男主人公X出现了，他对那位叫A的女主人公说他们去年见过，相爱了，并相约今年来接她一同逃出马里安巴。当然，实际上他们并不相识。但他却一次又一次反反复复地向她讲述他们去年在马里安巴的生活，硬是通过这种叙述，为A创造了一种不曾有过的去年的经历，以致她最终对此深信不疑，毅然丢下自己的未婚夫，与X一道逃出旅馆。在这里我们看到的不仅是一个神奇荒唐的骗局或一个司空见惯的婚变故事，故事的关键在于X不仅通过自己的叙述为A创造了一种过去的现实，而且还为她开创了一种未来的现实。是那虚构的去年的故事，使她终于从那死寂的既成现实中挣脱出来，投向了一种新的生活。一种假定的时间和空间，不仅在A的感知中获得了坚不可摧的客观性，而且通过时空叙述的颠倒与交错，使A所处的真实的现实时空反而失去了固有的真实性，成为一种非现实。虚拟的时空实现了对现实时空的本质否定。

这故事正好形象地说明了实验小说的叙述作为一种形式结构所蕴含的社会批判功能。如同X一样，实验小说家执拗地以自己的想象之刃，将他所叙述的现实肢解得七零八落，尔后通过叙述将这些碎片以新的时空逻辑组合成另一种现实，并诱惑着A似的读者从他们的生存现实走向这种虚拟的现实。在这里，叙述的过程，既是结构生存现实的过程，又是结构观念现实的过程。在这一过程中现实时空与虚构时空作为两种异质异构的现实形成了冲突，正是在这种冲突中，小说叙述作为一种形式结构的社会批判性便凸现出来了。

任何一种非纪实性小说，其时空结构都具有柏格森和铁纳所说的那种心理性质。也就是说，无论传统小说家还是实验小说家，在具体的艺术创造中，都在艺术的想象世界中，以一种确定的方式超越了时空的物理性。

然而，并非所有虚拟的、假定的时空都能构成一种严格意义上的现实悖反。传统小说家，他们所努力的，是要通过叙述使小说中虚拟的时空在更典型的意义上无限趋近于现实。他们不是通过叙述创造一种与现实时空相对抗的新的时空秩序，而是要使这种秩序成为他所表现的现实时空的一种永久性的历史实证。传统小说的叙述，是遵循着情节的自然持续和与之对应的空间转换的。在小说中，现实的时空逻辑是凌驾于人物与事件之上的、真正不可战胜的主宰。它不仅规定了人物的命运图式、情节的发展轨迹，而且规定了小说叙述的时序和空间组合。这种小说叙述的时空秩序与作为被叙述对象的故事的时空秩序的异质同构，表明了传统小说家的时空想象力对于现实时空逻辑的依赖与屈从。因而，这种时空虚拟，实质上丧失了它的虚拟性质，变成了一种对现实的纯然模塑。这种模塑不过是现实时空秩序的一种以语言作为物质材料的物化形态。所以，罗兰·巴特说传统小说的叙述是“作家和社会为了前者的自我辩护和后者的宁静而订的正式合同”[1]。

这当然不是说，传统小说家对现实所采取的都是一种屈从与认同的态度。不论是巴尔扎克时代，还是中国新时期，现实主义作家们都在作品中表现了尖锐的现实批判意向。新时期现实主义作家与实验小说家相比，前者的现实批判甚至更直接、更犀利、更具社会影响力。不过，他们的这种批判是通过作家对他所表现的现实且直接的哲学、政治、经济、道德的抨击辩驳实现的（包括人物形象所表达的思想倾向）。这种批判的直接表现形式是对现实生存状态的揭露。因此，传统小说叙述的目的，是为了给作家提供一个现实批判的真实矢的。而实验小说叙述的目的，则是要通过时空悖反构成对现实的整体否定，叙述本身便成为一种现实批判的手段。它通过叙述的反现实时空秩序，“凭借形式，超越了既有现实”[2]，从而构成了对整个社会秩序的一种隐蔽性反抗。

因此，将实验小说叙述的变革视为一种纯粹的形式上的花样翻新，这一观点是浅陋的。在对叙述变革的价值判断上，我倾向于美国作家马尔科姆·考利在论述20世纪20年代美国流亡作家时的观点：作家通过“征服‘内容’来满足他们的雄心，使‘内容’成为‘形式’的奴隶，成为他自己的奴隶”[3]。在实验小说家中，曾经流行一句口号：不管写什么，只管怎么写。这一口号的纯形式或唯艺术意味是显而易见的，

1 Roland Barthes, Susan Sontag, *Writing Degree Zero*, Beacon Press, 1970.

2 ［美］赫伯特·马尔库塞：《新的感受力》，载马尔库塞等著《现代美学析疑》，文化艺术出版社，1987年。

3 ［美］马尔科姆·考利著，张承谟译：《流放者的归来：二十年代的文学流浪生涯》，上海外语教育出版社，1986年。

不过，正像考利所说的那样，实验作家对写作内容的那种简慢和高傲的漠视，其实只是他们企图以形式征服内容的一种另辟蹊径的努力。在这种征服中，形式无可置疑地获得了内容的性质，因为它以形式创造了内容，或内容完全被形式化了。因此，对他们来说，“选择叙述语式、选择动词时态、选择句子节律、选择词汇，比故事情节本身更为重要”[1]。大概也只有在这种意义上，我们才能够理解卢卡契的“文学中真正的社会性是形式”[2]这一名言。

实验小说的这种社会性，是通过否定性的美学形式来体现的。作家通过叙述时空的绵延性与现实时空的机械化、抽象化、分割化的对立，实现了现实的陌生化，从而自律地同经验现实保持了批判性的距离。生存现实在叙述中被解构，实质上是现实作为整体被否定、被超越。这种否定的整体性与象征性，决定了实验小说社会批判的非意向性、非直接性特征。因此，实验小说并不是对生存现实的某种具体的再现性揭示与批判，也不是作家某种政治理想国和社会乌托邦的营造与建构。所以，我们不必那么固执地将它视为一种拨开现实讹误之后所能获得的有关现实或历史的纯粹真理，也不必那么执拗地从其中去寻找那种与现实的直接对应关系。

而这一点，恰恰是那些为传统小说所娇惯的读者们难以理解、难于做到的。传统小说家长期以来培养了读者从小说中寻找某种现实针对

1　［法］阿兰·罗伯-格里耶：《去年在马里安巴》，载柳鸣九编《新小说派研究》，中国社会科学出版社，1986 年。

2　［匈牙利］卢卡契：《卢卡契文学论文集》，中国社会科学出版社，1980 年。

性，以及被动接受某种现存真理结论的习惯和技能。尤其是在那些企图将现代主义绑架上现实主义马车的所谓“无边的现实主义”理论家们那里，这种对具体的现实针对性的寻求和对现存真理结论的揭示，便成为他们理解作品的一种基本的思维方式。罗杰·加洛蒂就曾将卡夫卡那种天才的形式幻想阐释为“一种经典现实主义式的具体、直接的社会现实针对性”[1]。这种加洛蒂式的理解方式，确乎一直主宰着新时期实验小说的研究。当然，这种方式在文本接受的过程中强化了那种多少被实验小说家淡化甚至漠视了的认识论价值，从实验小说对现实的那种整体的、象征的形式化否定中，发掘出了一种现实主义小说式的具体的、直接的现实批判力。这至少在客观上减弱了现实与实验小说间生存对艺术的敌意，为实验小说在现实对艺术的偏颇的要求和人们的审美定势之中，拓出了一片生存与发展的有限空间。但是，这种思维方式在本质上不属于实验小说而属于现实主义小说，因此，当我们试图从整体上、从基本的哲学和美学态度上把握实验小说时，这种完全拘于认识论向度的现实真实性价值的阐释，便难免有隔靴搔痒、捉襟见肘之虞。

韩少功的《归去来》写一个庄生梦蝶式的故事。小说通过“我”在一个僻远山寨的奇遇，展示了这样一道轨迹：“我”从城里走向山寨，在时间上是从现在走向未来，在空间上是从熟识走向陌生。然而，随着“我”迈向山寨的步伐，眼前渐次展现出来的时间与空间却分明带着某种过去的印记，仿佛曾经亲历，又仿佛跌进了一个遥远的旧梦。于是，

1 ［法］罗杰·加洛蒂：《论无边的现实主义》，上海译文出版社，1986 年。

“我”是那样别别扭扭地由黄治先变成了马眼镜，又是那样自自然然地由现在走向了过去。时间和空间的未来向度与过去向度巧妙地重合了，走向未来也便是走向过去，“我”完全被裹挟在一个无始无终的时间圈中了。人们可以说小说揭露了生存现实中某种文化和精神恶性凝滞和封闭的痼疾，也可以说它张扬了边地山民那种淳朴善良、热情好客的古风与美德，我们甚至还可以对主人公做一种克尔恺郭尔式的哲学理解。然而，这种种理解都未能从整体的结构意义上说明作者设置这种蝶非蝶式的时空迷阵的真正目的。小说中的时空圈是一股绵延不断的水流，完全超越了现在、过去、未来的分野。这种超越由“我”非“我”、梦非梦而推衍出现实亦非现实的时空逻辑。如此，现实作为一种时空秩序的客观可信性便发生了动摇，这是对现实作为一种时空存在方式的哲学否定。实验小说通过叙述的时空悖反，在基本的哲学意义上撼动着现实时空的神圣性与永恒性。可见，实验小说的叙述作为一种艺术形式的社会性，是通过哲学的否定性、超越性实现的，而不是通过对现实生存环境、生存方式的具体而直接的肯定或否定态度来实现的。

二

这种叙述的时空悖反，实质上构成了对时间和空间的存在形式及其终极的哲学意义的追问。这一追问的过程，对于实验小说家来说，就是由文化时空向个体的生命感悟时空还原的过程。还原的结果，是一种生命个体的时空体验的获得。实验小说家认为只有这种体验才表现了时间与空间存在的本质，因而才具备真实性。余华就曾宣称：现实世界的时空秩序是不可靠的，只有自己精神世界中的时空体验才真实可信。[1] 这种现实时空秩序与个人的时空体验的对立，实际上是一种文化时空观念与生命时空观念的对立。这种对立在作家由文化时空向生命感悟时空的还原中是不可避免的。

因为，在任何一个文化传喻和承诺可以正常实现的时代，更准确地说，在任何一个前喻文化没有发生断裂、对承诺者具备某种权威影响的时代，作为感知主体的个体生命，很难以一种纯粹的生命形式直接构成对时间和空间的自我感悟。在这种时代，我们几乎不可能在完全弃绝文化规范的前提下，获得一种个体的时空观念。在感知主体与客体间，前喻文化是一种难以逾越的中介。如果说"时间与空间是一种客观存在"只是人类文明史上一个杰出的假设，那么，我们对于时间和空间的那种物理客观性的确认，便实际上只是对这一假设及人类在长期的对世界本源探索中那种时空文化，尤其是近代牛顿物理学所创立的科学文化的客观性的确认，实际也便成了作为类存在的人的一种文化确认。

著名社会学家吉勒斯·普罗诺沃斯特曾对社会学、历史学与时间的关系进行过深入探讨。他的研究表明，在文化传喻正常的时代，任何个体的时空观都受制于一种集体的文化观念。他曾就时间的回忆来论述这种现象：个人"在头脑中复现往事以及整理流逝时间的种种方法，都是从一种集体的记忆里派生出来的。这种集体的记忆，为对时间的理解提

1 余华：《我的真实》，《人民文学》1983 年 3 月。

供了一个总框架”[1]，文化的传喻建构了现实的基本的时空秩序，同时也确立了个人的基本时空观念，而且协调了作为整体的现实时空秩序与作为个体的感知主体的时空感悟之间的差异和矛盾。

在传统现实主义小说中，这种文化传喻的调节功能是显而易见的。作为一种典型的再现型艺术，现实主义小说所提供的，应当是作家对时间和空间的一种真实体验的呈现，是对再现对象的一种逼真摹写。然而，实际上任何再现型艺术家对现实对象的临摹，都只是对自己头脑中的一种“预成图式”的再现与校正。这一点，无论古典哲学还是现代心理学，都已做出证明。它们不过是从各自的理论体系出发，使用了不同的概念和表述方式而已。当然，对这种现象研究最深、表述最明晰的，还是英国艺术理论家贡布里希。他说：“没有一种可以摹制和修正的预成图式，任何艺术家都不能摹仿现实。”[2] 这种所谓的预成图式，其实就是一种集体无意识的文化积淀物，一种文化传喻的结果。就这样，文化传喻一方面为传统小说家框定了预成的时空图式，一方面为现实建立了时空秩序，这就使小说的叙述时空与现实时空完全契合了，小说与现实在时空结构上获得了惊人的同一性。在这种同一性中，作家作为生命个体自由感悟时空的精神独立性不知不觉中被那种文化秩序的专制性扼杀了。

王蒙最初在论及实验小说时就曾将叙述的时空悖反称为“感觉的发

1 ［加拿大］吉勒斯·普罗诺沃斯特：《导论：从社会学和历史学的角度看时间》，《国际社会科学杂志（中文版）》1987 年第 1 期。

2 ［英］E. H. 贡布里希著，周彦译：《艺术与幻觉——绘画再现的心理研究》，湖南人民出版社，1987 年。

现”[1]。这表明，即使作为一名优秀的现实主义作家，也感到了传统小说叙述的非感觉化、非生命化，以及这种叙述作为一种文化的理性逻辑演绎造成的对感性生命的压抑与戕害。所以，我将实验小说的感觉化、意识中心的确立，以及小说进展的基本动因的内化，[2]都视为实验小说家企图从现存文化秩序的理性牢笼中拯救感性生命的努力。在这一意义上，实验小说的叙述作为一种形式结构，实现了个体对群体的反叛、生命对文化的冲击。如果将实验小说家们独特的生命历程，放到百年来中国文化激荡的历史中去考察，我们就不难理解他们这种文化反叛的动机和特殊方式。

无论将“文革”视为一场政治性的文化混乱，还是一场文化性的政治混乱，我们都不可能，也不应该抹煞它的文化性质。它以一种近乎病态的彻底与决绝的姿态，赓续了“五四”反文化传统的精神，它是在当时严密的自我封闭的文化圈中，对19世纪以来鼓荡于全球的文化虚无主义的一次浮躁响应。它企图凭借政治强力，建立一种以近代科学为基础的文化新秩序（在某种意义上，这种文化恰恰是西方反传统运动要加以破坏的传统的一部分）。作为这一运动的追随者，当时作为“红卫兵”的大多数实验小说家，实际上扫荡了一切传统文化。这样，科学主义时空观便成为他们无须选择也别无选择的文化承诺。

然而，一场声势浩大的上山下乡运动，将他们中的绝大多数从都

---

1 王蒙：《漫话小说创作》，上海文艺出版社，1983年。

2 C. B. Cox and A. E. Dyson, *The Twentieth-century Mind: History, Ideas and Literature in Britain*, Oxford University Press, 1972.

市驱赶到偏远的乡村，突然从现存文化秩序中分离出来。生存环境的剧变，不仅改变了他们的人生际遇，使他们从文化独尊的狂热中冷静下来，开始了文化的反思与悔悟，甚至开始了对这种新文化的强力统治的怀疑与反叛。正统文化传喻渠道的中断，使他们脱掉了最后一件也是唯一的一件文化衣衫，以赤裸的生命自由地感悟天地人生。这是一个千载难逢的时机。在脱离自己文化群落的陌生生存环境中，他们以自己锐敏的感性生命，重新感受日月流逝的节律，体验生存空间的辽阔与封闭。在这场抛弃了文化的理性中介的生命与时空的直接对话中，他们并非确信了某一种时空图式的永恒性与真理性，而是深刻地体验了时间和空间的随意性与可塑性。在剥去文化的坚硬外壳之后，他们确认了时空的主观性质。

当然，人终究是一种文化动物。这意味着人有反抗文化压抑的天性，亦有寻找文化依托的本能。个体的生命感悟，一方面构成对现存文化秩序的反抗，另一方面它自己也必将转化为一种文化形态，必须得到文化的印证和阐释，而且，也只有在转化为文化形态之后，它才可能真正构成对现存文化秩序的反抗。因而任何一种感性生命对文化秩序的冲击，都只能借助文化与文化对垒的形式。因此，实验作家的生命感悟，要么自己发展成为一种新的文化观念，要么从现存文化秩序之外的文化中寻求依托。因为任何一种全新观念的创建毕竟是困难的，所以他们在拒绝了对极权主义文化的承诺之后，不由自主地走向了温煦而亲切的民间文化。因为只有在那里才可以找到不受文化理性羁束的原始的生命支配力。于是，他们那种超文化的生命体验，又重新披上了文化的外衣。

也许，佛、道二教及其巫鬼文化中的那些具体的时空图式，在长期的流变中逐渐被人们客观化、神圣化而被赋予了某种绝对真理的性质，但这些图式在本质上所表现的，依旧是残存在这些文化原型中的原始初民对时空认识的主观随意性和驾驭时空的主体支配力。至少，实验小说家只是在这种意义上来复活这些原型图式。故实验小说的叙述所营构的具体的时空图式，都不意味着它是时空存在的唯一形式，它只有在与现实时空秩序的对抗中，才显示出生命哲学的本质意义。

因此，只要小说的叙述时空与现实时空相悖反，那么，作家选择哪一种具体的时空图式来表达，是可以相对自由的。所以在为数不少的实验小说家那里，其小说的时空图式是变幻不定的。如陈村的小说，时而是对现实时间的一种无情切割和挤压，时而是对生存空间与死亡空间的焊接与缝合，时而是对未来时间和空间的一种无期待、无目的的侵犯与历险……当然，尽管每个作家创造的时空图式多种多样，但当我们将所有实验小说所建构的时空模式合拢起来进行考察时便会发现，这形形色色、变幻不定的图式实际上分属于两大类别：一、中国传统文化积淀的时空原型的复活；二、现代心理学意义上意识流结构的创造。而且，一般说来，作家在时空形式的营造上相对稳定于其中的一类。如韩少功的轮回、王安忆的混沌、张承志的瞬间、马原的无序、扎西达娃的错位，大抵属于第一种类型；而残雪的异质空间的自由拼合，刘索拉的时间的音乐性展开，余华的隐蔽的意识中心的透视，史铁生的对逝水流年的追索、打捞和重构，则属于第二种类型。

表面看来，这两种类型在文化皈依向度上背道而驰，在营构方式上互不相涉，但在作家深层的心理动机上却获得了内在的一致性。他们在为了反抗现存文化秩序的重压而重构时空时，所凭借的实际上是同一种观照世界的反近代科学方式和以主观想象征服世界的原始生命的欲望。关于原型的复活，康定斯基有过精辟的论述：“在各种艺术形式当中还存在着另一种基于基本需要的外在类似。正如有时会发生的那样，当出现一种在整个道德和精神方面的内在趋势的类似，一种曾经起初为人热烈追求而后来却消失得无影无踪的理想之间的类似，一种两个时代之间的‘内在情调’的类似时，那些在过去曾被用来表达人们当时各类见解的形式便复活了。这是合乎逻辑的必然结果，这也部分地解释了我们为什么同情、喜爱并理解原始人类的作品的原因。”[1] 这同时也解释了实验小说家复活时空原型的内在精神原因：当他们企图从现存文化秩序的桎梏中救赎现代人孱弱的主体性时，便听从生命的呼唤，与那些自由支配时空的原始初民站立在一起了。而属于第二类型的作家们，则在现代文化意识强压下的潜意识中，寻找到了人类的原始支配力。因为，那种由原始文化积淀下来的集体无意识，在人的那股意识的潜流中“一直回溯到具体的人性，回溯到一种原始意识的状态”[2]。因而，这种以意识流图式构成的时空结构，实际上是一种准原型或亚原型。它同样是一种原始生命力对近代科学文化的反抗，是作家的独立个性对现实秩序的反抗。这一点，恰好印证了 T. W. 阿多尔诺的理论：现代艺术以它对原型的体

1 ［俄］瓦西里·康定斯基著，查立译：《论艺术的精神》，中国社会科学出版社，1987 年。
2 ［法］米盖尔·杜夫海纳著，孙非译：《美学与哲学》，五洲出版社，1987 年。

验抵抗外在物化，并把艺术形式作为这种体验的载体。[1] 因此，与其说实验小说家通过叙述的时空悖反构成的是两种文化的对垒（现存文化秩序与中国传统文化或现存文化秩序与西方现代文化的对垒），倒不如说是一种原始的感性生命对文化的理性板结层的奋力突破，是一种心理现实对物化现实的决绝背叛，是一种个人的自由意志对作为整体压抑机制的现存生存秩序的公开挑战。实验小说家通过叙述形式的变革，“打破了既成社会关系的物化的客观性，展开了经验的一个新方面：反抗的主观性的再生”[2]。正是这种从感性生命中再生的反抗的主观性，使实验小说成了现存文化秩序的反题。

三

当我们将实验小说的叙述过程视为一种时空还原的过程时，便认可了这样一种理论设定，即“每个社会，每个时代都盛行一种小说形式，这种小说实际上说明了一种秩序，即一种思考世界和在世界上生活的特殊方式”[3]。在每一种小说叙述的时空结构背后，都隐秘地支撑着某种关于存在的抽象理论骨架。

实验小说在关于存在的基本认识态度上，接近了一种现象学的方法。这一方法的确立与自然和现代西方哲学思潮的输入有关。但以胡塞

1 Theodor W. Adorno, Kierkegaard, *Konstruktion des Ästhetischen*, Suhrkamp Verlag, Frankurt a. M., 1962.

2 ［美］赫伯特·马尔库塞：《美学方面》，载《现代美学析疑》，文化艺术出版社，1987 年。

3 柳鸣九编：《新小说派研究》，中国社会科学出版社，1986 年。

尔为代表的现象学哲学对实验小说家的影响，仅仅表现为一种理论的刺激和启悟。“因为现象学虽然来自西方的现代哲学思潮，但它跟中国哲学有很多吻合之处。譬如，庄子的那种‘法天贵真’的思想，禅宗所说的‘顿悟’，都跟现象学强调人与自然相遇时刻的‘直接感知’一脉相通……既然事物本身可以让哲学家发生这种思维，那么同样也可能给作家提供包含着这种哲学意味的感知。”[1] 当然，也难免会有个别作家从胡塞尔那里转手倒卖，但如果他完全没有一种现象学式的生命感悟，要读通现象学并运用到艺术实践中去，那大约也不会是件很轻松的事情。

作为这种哲学态度的形式化，实验小说呈现出时空悖反式叙述。这种叙述在主体意义上表现为对现实的整体超越，其间隐含着这样一种哲学态度：“一切现实的东西，其对我们所以为现实纯然因为我是我自身。”[2] 当实验小说家拒绝依照故事本身的时空秩序进行叙述时，他们实际上已经不在传统小说家所专注的对象世界中寻找时空存在的本质。在他们看来，时空不过是一种生命形式的个体感悟，一个在主体的经验中不断构造自己的观念，一种本质直观中的纯粹的自我感觉。其本质不过是自己可以感觉到的“同时存在于我们周围的那些感觉和忘记之间的一种关系”[3]。因此，当实验作家将自己的感知时空通过叙述转化为一种创造时空时，他便在主体的世界中实现了本质力量的对象化。

---

1 李庆西、李杭育：《小说的哗变现象学的叙事态度》，《上海文学》1988 年第 5 期。

2 ［德］卡尔·雅斯贝尔斯：《生存哲学·导言》，载中国科学院哲学研究所西方哲学史组编《存在主义哲学》，商务印书馆，1963 年。

3 ［法］普鲁斯特：《复得的时间》，载崔道怡、朱伟等编《“冰山理论”：对话与潜对话——外国名作家论现代小说艺术》，工人出版社，1987 年。

当然，对于一位作家来说，一种瞬间的主观感觉的获得，并不能构成真正意义上的对于生命本质的确认。他只有同时承受着时空的现实逻辑与艺术形式的双重重压时，才可能获得通过认知的主体性强调以创造一种观念现实的可能性。因为，感觉是一种主体独享、一闪即逝的体验，只有在外化、形式化之后，方可能构成一种现实。也就是说，作家只有在为自己的内在体验寻找到一种独特的叙述方式之后，才可能实现本质力量的对象化。普鲁斯特说过，认识论上的主体性强化构成了人的个体差异。而这种个体差异，正是人的价值自我确认的一种内在方式。但是，“这种差异如果没有艺术，将永远是每个人自己的秘密。只有通过艺术，才能知道别人所见的宇宙和我们所见的有所不同，而别人所见的景物很可能会像月球上的景物那样陌生”[1]。在这里，普鲁斯特将艺术放置在接受过程中，强调了形式对于作家本质力量实现的重要性。其实，叙述形式之于实验小说家，其重要性远不只是表现在接受过程中。

因为，实验小说叙述的时空结构，并不像传统小说那样，仅仅是直接物化作家的时空感觉的一种形式，它首先是一种打乱一切陈旧的体验模式、破坏一切固有感觉秩序的手段。故叙述形式寻找的过程，便是一种感觉生成过程与感觉传达过程的重合，是一种生命的内在体验过程与生命的外向投射过程的重合。甚至可以说，在实验小说家那里，体验世界的生成仅仅是向着形式的生成、依照形式的生成。形式仿佛是先验的内在的规范，而体验和感觉是由形式创造的。因此，小说叙述的时空结

1 普鲁斯特语，转引自刘自强：《普鲁斯特的寻觅》，《当代外国文学》1983 年第 3 期。

构，既是作家的时空感觉的外化形式，又是这种感觉自身；既是感知主体生命之谜的外向展示，又是其生命意义的内在含有。

实验小说叙述形式建构的过程，是作家时空感觉生成的过程，也是作家将感觉转化为观念的自我经验的过程。感觉主体的时空体验，大多带有超验性质；而这种超验性一旦被叙述、被形式化，便转化为作家的经验。正是在这种生成与经验化的过程中，作家的理性与感性本质得到了形式化确认。

在从体验到经验的转化中，作家始终是通过小说叙述的形式结构，来实现其感性生命的直接经验的。那些超验的、非实践性的感觉形式，在经验中获得了一种实实在在的生命意义。诸如《灵旗》中那是非应由后人评议的历史主义的道德义愤、《红高粱》中那原始欲望迸发的快感、《古典爱情》中人性邪恶的泛滥所带来的震颤与恐惧、《死》中那生命过程逆向回溯时的价值诱惑与困惑……这一切真真切切的人生的感情经历，都不是在那种生存现实的人生实践中，也不是在对这种实践的逼真的记忆性再现中完成的，而是在一种非实践性的、虚拟的时空形式的创造中完成的。实验小说叙述的不是一次已有的经验，也不是记录在想象中业已完成的确定经验。小说的叙述方式本身就是一种正在体验的经验，一切都和形式建构的过程同时发生、进行和了结。作家叙述的是一个正在被叙述的故事，他往往将小说形式建构的过程也写进作品中去。因此，每一种叙述形式的创造，都是作家不可重复的人生探索和经历，都是作家生命的一次对象化投射。

假如说，体验是感性与理性融合的完整人的瞬间生成，那么，作为这种体验的物化形态的小说叙述过程，就是作家本质力量全面对象化的过程，是作家的生命在艺术形式中的一次历险，是作家征服现实的强烈欲望的一次形式化满足。马尔科姆说，每一个有创造力的艺术家，都有着一种强烈的“向客观世界施加影响以改变历史进程的欲望，而且每当这条路似乎肯定走不通时，雄心总要转向别处，像激流那样浸蚀泥沙进入其他水道——直到雄心，如果不是在生活中，至少也在想象中爆发出来”[1]。这种爆发，对传统小说家来说，不过是在想象中建立起某种社会理想国的努力；对实验小说家来说，则是建立某种形式乌托邦的努力。所以，实验小说家征服现实的雄心，最终是通过叙述的时空悖反在艺术形式的想象中爆发出来的。作家生存的现实困厄，在形式想象中得到了释解；作家作为生存个体在现存社会秩序禁锢下失却的那种生命自由，在小说叙述形式的建构中被救赎出来。如果说，“人的自由本质就在于选择一种超越既定现实的可能的历史实践”[2]，那么，实验小说家将这种可能的历史实践置换成了一种可能的形式化的艺术实践。

在现代心理学概念中，这被称为精神的一重化现象[3]。这一现象根源于作家认识论上的主体性倾斜。他们将作为认识对象的现实与作为认识结果的现实相分离，并以后者取代前者。于是，对象世界被悬置起来了，留下的只是作家的主观感觉。因而，可以构成本质直观（本质还

1 ［美］马尔科姆·考利著，张承谟译：《流放者的归来：二十年代的文学流浪生涯》，上海外语教育出版社，1986年。

2 ［美］马尔科姆·考利著，张承谟译：《流放者的归来：二十年代的文学流浪生涯》，上海外语教育出版社，1986年。

3 ［美］S.阿瑞提著，钱岗南译：《创造的秘密》，辽宁人民出版社，1987年。

原）的认识的主客体间的意向性联系被切断了，本质的明证性对于作家来说，成了不具备实在意义的象征性设定。它只是关于时空存在的一种影像，招引着、诱惑着作家不断以自己的生命去感悟它。这种感悟本身构成了作家的生命过程，物化这种感悟的叙述形式也便获得了生命的价值。本质依旧只是一种诱惑，对象依旧被主体放逐，只有作为一种时空形式的小说叙述，获得了实在的生命意义。这很自然地让人联想到史铁生的小说《命若琴弦》。叙述之于作家，宛如弹琴之于盲人，都只是实现生命价值的一种手段。小说叙述的形式创造，其实就是实验作家生命本质的一种外在化、物质化、永恒化。在这一意义上，我愿将这篇小说视为一帧实验小说家的精神自画像，视为一座通向其形而上世界的感性桥梁。

以上论述，是一种从文本出发，对作家创作意图及其过程所做的理论追溯。实验小说的叙述作为一种形式建构，其社会批判、文化批判，以及生命价值的对象化等功能，我是从创作主体的视点加以确认的。这意味着，我们首先必须将文本接受时的信息消耗和理解歧义假设为零。毫无疑问，这种情况在实际的文本接受过程中并不存在。实验小说所面对的读者，大多尚未具备从小说叙述的形式中深刻领悟其社会的、文化的、生命的内涵的鉴赏力。这便造成了作家与读者间巨大的审美落差。相对于传统小说，实验小说对读者素质的要求更高。有人说，传统小说的冲突在作品中，实验小说的冲突则在读者心中。这是说前者的冲突是由所叙述的故事构成的，而后者则是通过形式本身构成的。读者倘若不能对形式做敏锐的感性领悟与犀利的结构解剖，就根本无法领悟形式结构中的深层意蕴。如果读者不能感觉小说叙述对现实所做的抽象的逻辑解构，便意识不到作品对现实的颠覆与谋杀。可见，实验小说社会批判功能的正常发挥，就只能寄望于读者素质的提高了。

原载《百家》1990 年第 2 期

跋一

旧梦依稀念逝川

刘原

八年前，我从故乡的梦境中惊醒，忽然接到一位兄长的电话，说他的上司邀我到长沙一游。平生最爱臭豆腐的我当然不会客气，拔腿直奔“脚都”。然后，我在长沙头次见到了龚曙光先生。

那日聊天内容已不可考，我唯一记得的细节，是曙光先生在闲聊间隙，沉静地打量我的面相。后来我才听说，他曾向部属推荐过曾国藩的《冰鉴》，以免录用心术不正之人。我很庆幸他借鉴的是传统文化中的用人流程，相个面而已。据说万恶的西方资本主义国家，现在流行的是相臀术。

随后我爽了其他城市的约，移民长沙，成为以龚曙光为社长的《潇湘晨报》旗下一员。背地里，我们喜欢循湖南惯例，称呼他为“曙嗲”。长沙话里的“嗲嗲”，特指有成色有德望的男人，并非解放西路钢管舞女郎发的嗲。有人称他曙嗲时，他还只有三十几岁。

曙嗲满脑袋都是光环，不必赘述。他执掌的中南传媒经营规模是出版业全球第六和全国第一，他创建的《潇湘晨报》是中国报界的“枭雄”之一。我只想聊聊野史中的龚曙光。

曙嗲是一个不停跨界的人。他当过大学教授、省文联评论家、国企大集团董事长，我搞不懂他如何切换这些角色。先前我当他部下时，前一天刚听他在集团会议上谈各子分公司的KPI考核和危机意识，隔天便听他在书博会上与各路作家谈文化人的宿命与孤愤，心里就想：一个人吧，一会儿商人一会儿文人的，这内心这人格得多分裂啊。

在《潇湘晨报》，作为创始人的曙嗲，一直作为不怒自威的精神偶像而存在。当他执掌几万员工的出版集团之后，有次参加在宁夏召开的全国书博会，一个随团记者正吭哧吭哧写着稿，忽然收到据说是龚总转赠的两枚天鹅蛋，脸色遽变。同事来到他房间时，该记者正神色凝重地抚摩着鹅蛋，一副即将遁入空门的凄凉，同事惊问为何，记者恸曰：领导送我这庞然巨卵，定是让我择吉时滚蛋。

记者之骇，其来有自。曙嗲治军严格，属下倘若工作不到位，他可以妙语连珠地连骂三个小时，如飞瀑穿石，如乱云过岗，没一句狠话没一句重样，却让人冷汗涔涔。不过据说他觉得孺子可教的才会骂，我大概属于他眼中不可救药的那一类，所以竟然没被骂过。隔岸观火中，有回在私下场合听他斥责某同事不尽职时说“不生崽不知妈逼疼”，我如获至宝，心想这鲜活金句不可辜负，遂偷偷记下，回头便剽窃进了我的专栏。

曙嗲擅演讲，某年邻省邀他做报告，他没当回事没做准备径直而去，赴会场途中忽然问对方工作人员：今日你们要求演讲的主题是啥？要讲多久？工作人员骇然，说要讲点文化产业，时长两三个小时。他边回答边想，这位嘉宾居然没备课，怕要砸锅。没想到曙嗲胸有成竹，海阔天空信手拈来，讲话稿还被邻省下发到文化系统集体学习。这事倘摊我身上，我除了讲仨小时黄段子外，别无他法。

这样一位出口成章且文学底蕴深厚的领导，自然要被我们榨干。每年的文博会或书博会，以及报社的重大活动，曙嗲便被我们掳去压场子。他与国内著名作家的对谈，成为每届书博会一景。他骨子里终究是个文人，当文学已经式微，他依然怀揣芒种，企图为这微凉世道多留些薪火。被20世纪80年代淬洗过的老枪，往往皆有此情结。

世间众生之秉性养成，往往与其历经的地域相关。曙嗲生于常德，求学于齐鲁，曾执教于湘西，此为烙印。常德人之韬略，他用在了《潇湘晨报》、中南传媒的高歌猛进之中；山东人之崇文，令他在转型儒商之后仍对文学本行念念不忘；至于湘西人之拙勇，有件事可略见一斑：集团上市前，曙嗲出差北京，正好犯了牙疼，而翌日便要路演，他在宾馆里兀自将那病牙硬生生拽了下来，然后以“血口喷人”的狰狞架势将中南传媒推进了上交所。

我看过曙哆笔下的故乡童年，隐约有沈从文之湘西神韵，而他的直率无忌，亦像极早年的沈从文。某年在贵州的书博会，他在新闻发布会上阐述集团为何始终不投资手游，皆因自己有心结——龚家公子是北大高才生、留美硕士，但也一度沉迷网络游戏。曙哆峻然曰："我当时拍出一把菜刀，让他要么戒掉网瘾，要么剁下一根手指。"正在发布会现场的我听了魂飞魄散，心想好端端的文化人要变身家暴父亲了，直欲按住所有媒体记者的笔说："这句莫写，咱们龚总其实从不杀生的。"

曙哆只是不爱说官话套话，心中还是分寸严谨的。贵阳那夜，我快速审完各路稿件后送给他审，心想抓大放小即可，反正各媒体还有审稿流程。不料曙哆戴起眼镜，把每个病句和错别字都仔细校正——这不仅仅是文字洁癖，还因任何一句表述歧义，说不定就会直接给公司带来负面影响，他不能不如履薄冰。

此书收录了曙哆过去三十年来的文学评论和与各名家的对谈，于我这个文学中年是很亲切的。无论是对 20 世纪 80 年代文坛的锐利打量，还是对 21 世纪知识分子生存状态的怅惘诘问，在可见的未来，必将成为孤本。当年明月，昔日晚霞，只作铁马冰河入梦来。当我看到这部文集，脑中忽然浮起了二十多年前在大学图书馆看过的各种文艺批评，如此熟悉的语码，暌违多年，湮灭已久，早被重商的现世遗忘。它是结绳下的逝去繁花，它是属于几代人的似水年华。

80年代乱云飞渡，80年代繁星满天。在转身而去的曙嗲眼里，是旧梦，是逝川，而收录其中的旧时文字，是他借以打捞岁月容颜的渔网。

在不同辰光的照映下，命运之河会寄存着每个人的不同面容。21世纪的出版业大鳄，其实骨子里还是80年代的文艺青年，时光迫使他变成了怒目金刚，但在内心深处，他仍有菩萨低眉。十多年前《潇湘晨报》初创时极为艰苦，一位员工夜宿办公室，作为社长的曙嗲望见，心有不忍，后该员工终于离职，曙嗲在高层会议上言及此事，潸然泪下。

曙嗲身上，有湖湘式的仗义。八年前的盛夏，我因一组报道而去职离乡，正值岁月苍黄，他引我入湘，改变了我人生的航向。我偏生又属于见了领导便躲得远远的人，连一顿饭都没请他吃过，但他却始终关切着我这个异乡人。2016年初，我另觅生涯，曙嗲诚挚挽留我之后，见我去意已决，终究惆怅地说：将来若遇上生活上的难事，尽管跟我这个老哥说。

我心底涌起无限唏嘘。我晓得，这是在凉薄尘世里的烛照，是在茫茫人海中，两代文人之间的惺惺相惜。

跋二

关于长沙那场流动的盛宴，我应该对他说一声“谢谢”

袁复生

如果你能回到二十八岁，你会重新做一个什么样的选择？你会弥补哪些小遗憾？你会对谁说一声“我爱你”或者“对不起”？你会不会修正自己人生地图上的某些坐标，或者干脆重新起草一份？

读完曙光先生这部《一个经济人的文学观察》书稿，我不由地想问自己，二十八岁的我们，能为自己这一生锻造什么样的底色？

从文本上看，这本书的起点，始于 1987 年，那年的龚曙光二十八岁。

龚曙光的二十八岁，被这两篇文学评论刻录下了这样一种思考的底色：一篇是《西西弗的悲剧——评韩少功近作〈火宅〉》，另一篇是《面对一种新文体的困惑——对残雪小说艺术的一种读解》。韩少功与残雪，在当今的中国文坛上，依然是大浪淘沙之后留在高原之上的作家，他们也都是湖南籍作家。选择在评论中与他们的对话，印证着青年龚曙光作为一个文学评论者的品位，同时也流露出有些地域考量的思维惯性。不过我更感兴趣的是，龚曙光文本中那种思考文学的角度——这两篇评论的侧重点几乎没有考虑任何“文学湘军”的角度，而是聚焦于语言、文本、思辨的关系——韩少功的《火宅》小说本身就是指向语言的，大火焚烧了“语言管理局”的大楼。残雪的语言独树一帜，而最终呈现出一种“透明的、蠕动的、有生命的灰色晶体”，这种晶体正是抽象思考的成果，这种辨识度极高的语言，以及语言背后的先锋性的文学思想特质，是让青年龚曙光兴奋的，也是他作为一个评论者高于同龄人的起点。

对于语言和文本的敏感，也体现在《寂寞心态下的印象世界——何立伟小说文体论》《语言在文学中的躁动——论部分青年小说家的语言探索》等篇章之中。这基本贯穿在青年评论家龚曙光思考文学的主轴之中，这已经比只会关注“题材”“主旨”的同年代批评家们高明多了，这种从文学内部去观察作品的评论刀法，注定了一个批评者的起点与其逻辑结构——基于对最先锋最前沿的作品敏感，加入全球性的理论工具，但最终又指向本土本乡。

这种本土意识里，让我最有感触的是他写湘西作家蔡测海的一篇文章《生命的告白——读蔡测海小说的感受》，这篇文章是《一个经济人的文学观察》一书中，最有诗意的一篇评论，文字十分漂亮，我想这不仅是因为评论者与作家之间关于“湘西”的交集，还因为蔡测海的作品，似乎有一种令人动情的“少年气象”，呼之欲出、情绪饱满，却又像尚未完成，马上就要继续狂奔而去，解读这样的作品，用诗意的文字是般配的。除此之外，我似乎也能读出评论者笔下那种特别的代入感，感知到一个怀抱着对本土文化的野心、感觉自己掌握着高出众人的“屠龙之技”、对自己熟悉又陌生的乡土摩拳擦掌的青年形象，一脸认真，一脸骄傲，特别在乎，非常关注，又打算出门远行，带着一些浪荡不羁。

这种不羁，在我看来，到龚曙光三十六岁的时候达到了顶峰。

1995年，他写了那篇《“湘军”：一支缺乏修炼的队伍》，简直像一篇檄文，仍在湖南省文联任职的龚曙光，公然“讨伐”起“文学湘军”这个曾经被许多人引以为傲的群体。

果然，这种不忿最终导向告别，在1997年，时任湖南文联办公室主任的龚曙光告别湖南文坛，下海，成为湖南某五星级酒店的老总。他此后的人生成了传奇，酒店老总，报社社长，上市公司董事长……

我第一次见到他，正是他传奇的巅峰时刻。2006年，我二十四岁，第一次见到龚曙光先生。

我是为谋生而来，只想在《潇湘晨报》找一个职位，赖以在故乡糊口，照顾家人。他是《潇湘晨报》的创刊社长。其时，晨报正风头无二，从长沙“一家独大”升级为在全中国都颇有影响力的媒体，我们那一批人也因此获得一个岗位，乃至一个舞台。那时，我从未想过多年以后还能受邀给他的书写一篇跋。我随大流叫他“龚老板”，我当时觉得这无非是湖南人的江湖气，直接粗暴。那时，社会上尚未流行互联网创业的词汇，十几年之后，再想起来，这个称呼倒也契合了大家对一个机构创始人的认同感，对一个创业型媒体的一种归属感。对于我来说，《潇湘晨报》的职业履历，已经成了我的一种底色。在长沙的韶山南路258号，我似乎感知到大众媒体还能为这个城市的生活与文化做一些努力、一些改变、一些成绩。但这种底色，色彩并不单一，情绪还很复杂，思辨还很迷茫，像是开始，又像是仓促的结束，像是沸腾，又像是积蓄沉潜。

慢慢从谋生感到职业感，或许是自我催眠，或许是思想真逐渐成熟了，我开始进入了媒体与城市的纠葛与交互之中。这其中相对关键的几年，正好也是我二十八岁前后的那些日子，一直到三十一岁离开长沙。

我在这段年龄的相当长一段时间里，负责着《潇湘晨报》或晨报系其他媒体的文化副刊的工作。我的理想所在，就是改变城市的文化与思想生态。有一段时间，不管是书评、访谈、读书沙龙、作家讲座、晨报大讲堂、中国烂书榜、话剧演出，还是民谣现场演出、户外音乐节、抗战老兵肖像展、湖湘青年导演电影展，我都不忘去插上一脚，能放大就放大，能吆喝就吆喝，能捧场就捧场，时日一久，也被朋友称为“长沙文艺招待所所长”。当同城的其他媒体竭尽全力地娱乐至死时，我们在竭力想象：长沙文艺生活的版图，究竟能扩展到一种怎样的边界？这个时候，我们所面临的日常，兴奋与挫折并存。往往一边是面对公共议题、面对历史打捞、面对文艺创意，另一边就是所谓的“醇酒美人”、纵情当歌，还有时常的幻灭感与深刻的迷茫。我们的生活像一个更喧嚣的剧场，作为一个小镇青年，我在长沙这个省城，怀抱着一个过于宏大的关于城市文化的抱负，在其中来来去去，有些声势，却又并不如意。

如今想起那时的长沙，时常让我恍惚，会让我迅速切换到伍迪·艾伦的电影《午夜巴黎》。就像海明威说巴黎那样：“假如你有幸年轻时在巴黎生活过，那么你此后一生中不论去到哪里她都与你同在，因为巴黎是一席流动的盛宴。”长沙正是我流动的盛宴。在我所经历的长沙这一场流动的盛宴里，我们都在热闹的台前，作为董事长的曙光先生隐于遥远的幕后。这一切也似乎有因有果，他多年前对“文学湘军”的凝视，对本土的凝视，我们换成了“潇湘风尚大典”向度的，换成《湖湘地理》向度的，换成了民谣演出向度的……我们从五湖四海赶来，也一路邀请着世界上的风流人物，赶来长沙这座沸腾的古城，开始一场一场的希望永不落幕的风云际会。而为这一切打下了框架、创造了条件、承受压力的东道主，就是我们的“龚董”。我们腾挪翻转所需的空间、资源与文化方向，是他默默提供的。其时其地，每个人的站位不同，对同一件事的认知也会有诸多差异，但大家因为有了对吾乡吾土的一层敬畏与回馈之心的共识，才能最终各司其职，合奏一曲。完成工作，也接近理想。

从职位上来说，龚董已经与我相隔着不少的距离，我与他并未有足够多的交流机会，只是偶尔在会议上，或者邂逅在机场候机厅时能攀谈个几十分钟。

多年之后的今天，读完书稿之后的我想，如果像电影《午夜巴黎》一样，我们能够穿越时空偶遇，会有什么样的场景与微妙精彩的画面与思想火花的出现？是引为同道，互相勉励，还是相互看不上眼，针锋相对？是一起吵完架继续消夜喝酒，还是少年老成地只煮黑茶扯大词？遗憾的是，我当时并没有机会看到青年龚曙光时代的这些文字，无法获得更多的交流与启示。我们只能直接或间接地感知到，他通过出席某些活动表达的支持与鼓励，也有他的批评、他的无奈，以及他早年开创的晨报“有问题有责任领导先承担”的“潜规则”，以及在这个规则之下同事们往前冲、领导与报社做善后与后勤的创业传统。

在我的印象中，这个时候他似乎更强调自己作为一个企业领导人、一个经济人的身份，一直到 2011 年，他获得了“CCTV 中国经济年度人物”的荣誉，可谓实至名归，成为中国文化产业的领军者之一。

我将 2011 年视为龚曙光先生思想的一个转折，他刚过“知天命之年”不久，也是这本书第一篇章的开篇之年。那次，“在 1986 年的《古船》研讨会上开始惺惺相惜的年轻面孔，再一次因为文学的关系，生动坦诚”。著名作家张炜受邀到长沙演讲，龚曙光与张炜时隔二十五年，重新进行了一次历史与自我的对话，我理解那不仅是一次叙旧、一次对自己青春现场的重新检索，更是对自我的一种重新打量。从下午到夜晚，我也被安排进了会场，作为记者，记录并整理了这场对话的文稿。从《近二十年中国经济发展对中国文学的影响》开始，我觉得一个新的龚曙光已经站在我们面前。此后，陆续又有与韩少功、残雪、余秋雨、王跃文、阎真、李修文的对谈……

从可读性而言，这一系列的深度对话要比二十八岁到三十六岁的龚曙光的表达好很多，从文体上来看，两个高手的交锋对话体，一般都会比一个人的独白要好看。最主要的原因，应该还是"百战归来再读书"和"世事洞明皆学问，人情练达即文章"的那种经历形成了穿透力。

此外尤为重要的是，在话题与内容上来看，对话也更为宽阔、宏大、深入，他的视野从文学的文本，延展到文学的场域。文学作为社会与历史中的一个系统，它与经济发展、网络时代、知识人的身份认同与变迁、文明的传承、文化的传播方式等各种问题之间，存在着怎样的因果或伴生关系？中南传媒作为国内文化产业的第一方阵企业，本身就是文学场域中的核心推动力之一。

他从文学的角度去看世界，从时代的角度重新思考文学，对自己三十年前的思考进行一次回应，对自己的青春进行一次应答。在贵阳与王跃文的对话《文化人的宿命与抗争》中，龚曙光谈及自己的人生轨迹是“大顺受、小抗争”，这一次对谈，基本上可以看成是他对自己几十年人生的一次总结和省察，谈得很深很透，关于文化人与权力、经济、爱情之间的种种关系，富有洞见又充满坦诚。这种自我省察，在他与作家阎真的对话中得到了延展，充分解读了那种知识分子普遍的纠结与情感困境。在他与作家李修文的对话《远方和人们，都与我有关》中，又得到了一次非常精彩的总结，李修文说：“我觉得在今天这样一个时代，写作者面临另外一种可能，那就是我们重新创造自己的可能。”对于龚曙光先生而言，《一个经济人的文学观察》，也可以看成是他对自己的一次回归，以及对自己重新创造的一种尝试。这本书不是一本简单的文学评论集，他是一个非常典型也非常有高度的人生标本——一个文化人在中国这三十年里的变与不变。这本书，也是一次漫长的灵魂舞蹈，他以文学切入到这个急剧变化的时代与大千世界，又通过文学回归到自我精神世界的纯粹思辨之中，将诗性、见识与思辨熔为一炉，最终呈现出一种辽阔的生命力。

对于我这位后生而言，写下这些文字，不仅是因为感受到那种“以广度来标识生命的高度”的精彩，更多的是想对曙光先生说一声迟到的“谢谢”，在我引以为荣光的那一场关于长沙的流动的盛宴里，应该对他说一声迟来的“谢谢”。

致谢

本书付梓，皆因丁双平、彭兆平、刘清华、贺正举、黄隽青、陈垦、杨春丽、佘璐、王冠华、田毗诸君及蔡蕾等“浦睿文化”参与人员，在选题策划、文稿整理、装帧设计等事务中劳心劳力之襄助。

当此成书，以致以谢。

龚曙光

2017年9月9日

图书在版编目（CIP）数据

一个经济人的文学观察 / 龚曙光著．-- 北京：
生活·读书·新知三联书店，2018.3（2018.5 重印）
ISBN 978-7-108-06206-2

Ⅰ．①一… Ⅱ．①龚… Ⅲ．①文学评论－中国－文集
Ⅳ．① I206-53

中国版本图书馆 CIP 数据核字 (2018) 第 011974 号

责任编辑　赵甲思
装帧设计　王　媚
责任印制　卢　岳
出版统筹　王博文　姜仕侬
出版发行　生活·讀書·新知 三联书店
（北京市东城区美术馆东街 22 号　100010）
网　　址　www.sdxjpc.com
经　　销　新华书店
印　　刷　北京市松源印刷有限公司
版　　次　2018 年 3 月北京第 1 版
2018 年 3 月北京第 1 次印刷
2018 年 5 月北京第 2 次印刷
开　　本　880 毫米 ×1230 毫米　1/32　印张 11.5
字　　数　263 千字
印　　数　4,001-6,000 册
定　　价　58.00 元